Portu

Richtig Reisen

Gerd Hammer

DUMONT

Inhalt

Bekanntes Reiseziel – Fast unbekanntes Land

Reisen in Portugal

Lissabon erleben

Vor den Toren der Stadt

Gegensätze am Atlantik

Alentejo und Ribatejo

Die Küste entlang nach Norden

Eine Inlandstour

Von Porto bis zur Grenze – Costa Verde

›Das Land hinter den Bergen‹

Beira Alta

Serviceteil

Verzeichnis der Karten und Pläne

Bekanntes Reiseziel – Fast unbekanntes Land

Mehr als *fado, saudade* und *vinho verde*

Portugal, das Land der Seefahrer, der weiten Strände und der schwermütigen Musik liegt im Südwesten der iberischen Halbinsel, gewissermaßen am Ende Europas. Schon dieser Aussage mag mancher Portugiese nicht zustimmen, denn Portugal ist heute ein modernes Land, und je nach Perspektive könnte dort auch der Anfang Europas sein.

Portugal ist in den letzten Jahrzehnten zu einem der beliebtesten Reiseziele geworden. Nur etwas größer als Österreich bietet das Land nicht nur eine glorreiche Vergangenheit und eine lebendige Kultur, sondern von weiten Stränden über malerische Städte und ausgedehnte Naturparks auch verschiedenste Urlaubsmöglichkeiten. Obwohl die Mehrzahl der jährlich rund 20 Millionen Touristen die Strände der Algarve aufsucht, sollte das andere Portugal mit seiner grünen Küste im Alentejo, dem fruchtbaren Weingebiet Minho oder dem malerischen Douro-Tal nicht zu kurz kommen, dort erfährt man gewiß mehr über das Land und seine Bewohner als an der Küste. Und vor allem im Norden, etwa in Bragança, trifft der Reisende oft auf ältere Portugiesen, die als Arbeitsmigranten im Ausland gelebt haben und auch Deutsch sprechen. Rund ein Viertel der Bevölkerung lebt außerhalb der nationalen Grenzen, ein großer Teil auch in Deutschland, die meisten aber in Frankreich. Im Norden finden deshalb viele Hochzeiten in den Sommermonaten statt, wenn alle Familienmitglieder zu Hause sind. Auch ohne Kenntnisse des Portugiesischen findet sich mit diesen unaufdringlich freundlichen Menschen manch ein Anlaß zum Gespräch.

Seit das Land nach der Nelkenrevolution vom 25. April 1974 eine Demokratie wurde, öffnete es sich nach fast 50 Jahren Diktatur, wurde zum Mitgliedsstaat der Europäischen Union und zum Ziel großer touristischer Aktivitäten. Aber Nachrichten von hier und von den knapp zehn Millionen Einwohnern dringen nur recht spärlich nach Deutschland. Das ist ein gutes Zeichen, denn es bedeutet, daß die großen Katastrophen der Weltgeschichte anderswo stattfinden. Und es ist ein schlechtes Zeichen, weil die Probleme Portugals kaum wahrgenommen werden. An dieser Situation hat auch der Tourismus nur wenig ändern können, sehr viel mehr als Fußball, *fado,* der lusitanische Trauergesang, und *saudade,* die portugiesische Form der Sehnsucht, dringt kaum nach Deutschland. Und so kann es dem Reisenden, der auf seiner Fahrt unzählige Olivenbäume stehen sieht, z. B. entgehen, daß das Land Olivenöl importieren muß (s. S. 21).

Portugal heute, das ist ein Land der Widersprüche, ein Land im Umbruch. Immer geringer wird die Bedeutung der bäuerlichen Strukturen in einem Land, das mit Hilfe der Gelder aus Brüssel in atemberaubender Geschwindigkeit in die Moderne katapultiert wird – eine dennoch für den Reisenden überaus attraktive Mischung, denn man findet noch immer das ruhige, wenn auch bedrohte traditionelle Dorfleben im Minho, in Trás-os-Montes und im Alentejo – und in der Algarve eine Provinz mit touristischer Infrastruktur; nicht zuletzt besitzt Portugal mit Porto, der *cidade invicta,* der unbesiegten Stadt, und seiner Hauptstadt Lissabon zwei unterschiedliche und attraktive urbane Zentren.

Richtig Reisen *Tip*

Die wichtigsten Sehenswürdigkeiten in Portugal

- Lissabon: Castelo de São Jorge und Alfama (s. S. 48, 52)
- Lissabon: Jerónimo-Kloster (s. S. 69)
- Lissabon: Turm von Belém (s. S. 71)
- Sintra: Immer grün und unter Schutz der UNESCO (s. S. 76)
- Algarve: Erhabene Leere am Cabo de São Vicente (s. S. 111)
- Mértola: Arabische Spuren (s. S. 122)
- Évora: Schmuckstück im Alentejo (s. S. 123)
- Castelo de Vide: Mittelalter in herrlicher Landschaft (s. S. 133)
- Coimbra: Die barocke Pracht der Bibliothek (s. S. 142)
- Óbidos: Eine Stadt als Museum (s. S. 158)
- Batalha: Das Kloster (s. S. 161)
- Tomar: Ort der Templer (s. S. 165)
- Porto: Ribeira und Portweinkeller (s. S. 174)
- Braga: Bom Jesús do Monte (s. S. 194)
- Norden: Nationalpark Peneda-Gerês (s. S. 196)

Bis vor wenigen Jahren war der Weg von Lissabon nach Porto noch eine beschwerliche Tagesreise. Dank der neuen Autobahnen sind die 313 Kilometer bequem in drei Stunden zu bewältigen. Portugal ist immer noch von großen regionalen Unterschieden bestimmt, wie man leicht erkennen wird. Die Architektur im Süden etwa weist mehr maurische Einflüsse auf als die im Norden, dort wiederum ist die Landschaft zersiedelter als im Alentejo mit seinen riesigen leeren Flächen und den gepflegten kleinen Dörfern. Wer also über ein bißchen Zeit verfügt und nicht nur die Strände der Algarve sucht, der findet in Portugal so viel landschaftlich Verschiedenes und so viel Neues zu entdecken, daß er vielleicht einsieht, warum manch ein Portugiese den Sinn des Reisens nicht recht verstehen mag – schließlich ist ja (fast) alles da!

Landeskunde

Das portugiesische Festland ist mit 88 226 km² kaum größer als Österreich und schließt Europa im Südwesten zum Atlantik hin ab. Zu Portugal gehören noch die Inselgruppe der Azoren (2335 km²) und Madeira (796 km²). Das Festland mißt von Norden nach Süden 560 km und an seiner breitesten Stelle 218 km. Den westlichsten Punkt Europas bildet das Cabo da Roca; Cabo de São Vicente in der Nähe von Sagres den südwestlichsten. Von Norden nach Süden und zur Küste hin flacht das Land ab, und die Strände werden breiter. Die gemeinsame Grenze mit Spanien beträgt 1215 km. Dem mächtigen Nachbarn war es auch zu verdanken, daß Portugal zumeist seiner anderen Begrenzung zugewandt lebte, der Atlantikküste mit ihren ca. 850 km.

Wo das Land endet und das Meer beginnt

Die wichtigsten Flüsse sind Tejo, Douro, Minho und Guadiana, sie entspringen im spanischen Hochland.

Das Festland ist in 18 Verwaltungsbezirke unterteilt, aber diese Namen sind unter der Bevölkerung kaum gebräuchlich. Erhalten haben sich indes die alten Bezeichnungen für die Provinzen. Auf dieses Phänomen stößt man immer wieder, auch neue Namen für Straßen oder Plätze werden von der Bevölkerung oftmals nicht benutzt – so etwa bei der Praça do Comércio in Lissabon, die immer noch Terreiro do Paço genannt wird.

Der Norden: Minho, Douro Litoral, Trás-os-Montes, Beira Alta, Beira Baixa

Die Landschaft Portugals ist wegen unterschiedlicher klimatischer Einflüsse auch im relativ dicht besiedelten Norden mit seiner Hauptstadt Porto von großer Vielfalt.

Trás-os-Montes (›Hinter den Bergen‹) im Nordosten ist gebirgig und rauh. Granit und Schiefer herrschen vor, nur mühsam läßt sich hier der karge Boden bestellen.

Gebirgszüge schirmen die Region vom atlantischen Klima ab, das die Nachbarprovinz Minho zu einem der fruchtbarsten und regenreichsten Gebiete des Landes macht. Von dort stammt auch der *vinho verde,* ein junger und spritziger Wein.

In einer genau festgelegten Zone des oberen Douro-Tals stehen die Reben für den Portwein, der von dort mit speziellen Booten, den *barcos rabelos,* die man auf dem Douro vor den Portweinkellern in Vila Nova de Gaia noch sieht, verschifft wurde.

Im Landesinneren zwischen Beira Alta und Beira Baixa erhebt sich die Serra da Estrela, mit 1991 m ist der Torre der höchste Punkt des Festlands.

Der Norden des Landes wird von Kleinbauern bestimmt, die auch in der Industrie arbeiten. Durch die vielen kleinen und kleinsten Besitzungen wirkt die Gegend stark zersiedelt.

Das nicht eben üppige Auskommen als Fabrikarbeiter und Selbstversorger hat indes zu einem Fortbestehen dieser traditionellen Form der Landwirtschaft relativ unabhängig von den Schwankungen der allgemeinen europäischen Agrarpolitik geführt.

Portugals Mitte: Beira Litoral, Estremadura, Ribatejo

Das Zentrum wird zunehmend von der sich ausbreitenden Hauptstadt bestimmt, im Großraum Lissabon leben bereits mehr als 25 % der Portugiesen, etwa 2,5 Millionen Menschen. Im Jahr 2010 werden es bei anhaltender Landflucht etwa drei Millionen sein.

Landschaftlich besonders reizvoll sind im Norden Lissabons die Ausläufer der Serra da Estrela und Cabo da Roca, hier endet das europäische Festland 144 m hoch über dem Meer. Sintra, die ehemalige Sommerresidenz portugiesischer Könige, und die nähere Umgebung weisen aufgrund des milden Klimas eine der reichsten Vegetationen Südeuropas auf.

Die Küste von Ericeira bis Aveiro, dem Venedig Portugals, verläuft flach. Beliebtes Ausflugsziel ist die Ria de Aveiro, eine fast 50 km lange Lagune zwischen Ovar und Mira. Die einstmals kleinen Fischerorte wie Peniche oder Nazaré sind inzwischen herangewachsen, das gleiche gilt für Figueira da Foz und Aveiro, insgesamt führt die Landflucht zu einem Zuwachs im Küstengebiet. Im Ribatejo mit der Provinzhauptstadt Santarém beginnt die Tiefebene, ein Agrargebiet, in dem vor allem Reis, Weizen, Oliven und Orangen angebaut werden. Diese Landschaft beiderseits des Tejo bietet durch regelmäßiges Hochwasser fruchtbares Weideland. Im Ribatejo werden Pferde gezüchtet, und auch die Stiere für den Stierkampf kommen zumeist aus der Gegend um Vila Franca de Xira. Mit der ländlichen Ruhe auf der anderen Seite des Tejo dürfte es aber bald vorbei sein, denn die neue Brücke wird das Einzugsgebiet Lissabons bis hierher erweitern.

Gefährdete Küste – Die Sandsteinfelsen

Vor einigen Jahren gab es die ersten alarmierenden Hinweise, als sich an der Felsenalgarve Steine lösten, ein Tourist starb und ein weiterer schwer verletzt wurde. Die starken Regenfälle im Winter 95 beschleunigten ein Phänomen, vor dem schon lange gewarnt worden war: Die Sandsteinfelsen der Algarve bröckeln. Und an vielen Stellen warnen Schilder die Touristen, nicht zu nah an den Rand der Klippen zu treten.

Betroffen ist auch das noble Vale do Lobo mit seinen Villen und Golfplätzen. Bis dicht an den Rand der Klippen wurde hier gebaut, ohne Genehmigung, die wurde erst anschließend erteilt und mit deutlichem Hinweis darauf, daß diese Bauweise erhebliche Risiken in sich birgt. Das Schwimmbad dort ist nun vom Einsturz bedroht, auch die Villen in vorderster Front sind gefährdet.

Der portugiesische Staat sieht aber nicht im Falle des Vale do Lobo den größten Handlungsbedarf, der zuständige Staatssekretär meinte gar, erst einmal müßten die gewachsenen Strukturen bewahrt werden. Und das ist auch dringend notwendig, denn Orte wie Albufeira leben vom Tourismus. Und einstürzende Felsen sind keine gute Reklame. Durch Aufschüttung von Sand muß der Strand verbreitert werden, um die Felsen vor dem Meer zu schützen. Überall in der Algarve wird indes weiter gebaut, auch Golfplätze. Dabei wissen die Betreiber genau, daß dadurch die Erosion der Felsen beschleunigt wird, denn die permanente Bewässerung unterhöhlt den weichen Stein und beschleunigt den Zerfall. So wird die Küste dem portugiesischen Umweltministerium wohl auch in den nächsten Jahren noch einiges Kopfzerbrechen bereiten (s. Abb. S. 8).

Der Süden: Alentejo und Algarve

Das Wetter in Portugals Süden bot in den letzten Jahren wie auch im übrigen Europa schlimme Überraschungen. Die Regenfälle im Spätherbst und im Winter blieben vier Jahre aus, Wassermangel und Dürrekatastrophen vor allem im Alentejo waren die Folge. Tiere mußten wegen Futtermangel notgeschlachtet werden, der trockene Boden erlaubte keine Ernten. Ganze Dörfer litten wieder Hunger und mußten mit Hilfe des Roten Kreuz notversorgt werden. Im Winter 1995/96 fiel dann der Regen so intensiv, daß das halbe Land überschwemmt war. Für die nächsten Jahre reicht jetzt das Wasser in den gut gefüllten Stauseen.

Küste an der Ponta da Piedade, Algarve

Im Sommer wird es im Inneren des Alentejo fast unerträglich heiß, die Winter sind relativ kalt. Zu einer Besichtigung der schönen Städte Évora, Elvas, Estremoz, Vila Viçosa oder Beja sollte man im Sommer möglichst früh oder erst am Abend aufbrechen.

Der sehr dünn besiedelte Alentejo ist die Fortsetzung der kastilischen Meseta. Es ist das Land der Latifundien, auf denen extensive Landwirtschaft betrieben wird. Neben Weizen werden auch Oliven und Korkeichen angebaut.

Die kurze Zeit der »Hoffnung im Alentejo«, so der Titel eines Romans von José Saramago, die Zeit der Landbesetzungen und Kooperativen wurde durch die Rückgabe der Ländereien an die Großgrundbesitzer seitens der Regierung fast vollständig zunichte gemacht.

Die grüne Küste des Alentejo gehört zu den neu entdeckten Feriengebieten – bisher noch ohne allzu negative Folgen. In Porto Covo oder Vila Nova de Milfontes ist während der Sommermonate aber schon einiges von den Bemühungen um ein breiteres Angebot für Touristen zu spüren. Zwar steht die gesamte Küstenregion unter Naturschutz, aber die andauernde Krise in der Landwirtschaft führte dazu, daß die zumeist kommunistischen Bürgermeister in der Region ihre Hoffnungen auf die Reisenden setzen und Hotelkomplexe auch in geschützten Landschaften favorisieren. Die Serra de Monchique (900 m) und die Serra de Malhão (500 m) trennen den Alentejo von der Algarve, die auf einer Breite von ca. 50 km und einer Länge von 150 km von der spanischen Grenze bis zum südwestlichen Ende Europas reicht. Die südlichste Provinz Portugals weist architektonisch noch maurische Einflüsse auf. Der Tourismus, der sich vor allem zwischen der Landeshauptstadt Faro und Lagos im Bereich der Felsenalgarve konzentriert, ist der wichtigste Erwerbszweig der Region, gefolgt vom Fischfang. Im Südwesten hat der beständig und kräftig wehende Wind größere touristische Zentren verhindert, auch von Olhão in Richtung spanischer Grenze findet man noch relativ unberührte Zonen.

Das Klima hat aus der Algarve einen großen Garten gemacht, ab Februar beginnt die Mandelblüte, ein unvergleichliches Schauspiel. In der fruchtbaren roten Erde gedeihen Wein, Mandeln, Feigen, Orangen, Oliven und alle Arten von Gemüse. Neben den großen Touristenzentren finden sich wenige Kilometer entfernt im Inland noch ruhige Orte wie das beschauliche Thermalbad Caldas de Monchique oder die hübsche, ehemalige maurische Hauptstadt Silves.

Klima und Reisezeit

Portugal liegt auf denselben Breitengraden wie Rom und Athen, es herrscht mediterranes Klima, das aber auch atlantische und kontinentale Einflüsse aufweist. So sind Herbst und Frühjahr oft noch regnerisch, im Sommer kann mit längeren Trockenperioden gerechnet werden. Der Norden ist mit Niederschlägen bis zu 2500 mm regenreich und feucht, wie die auch im Sommer grüne Landschaft belegt. Im Winter können dort die Temperaturen auch in Porto um den Gefrierpunkt betragen, im Landesinneren wird es deutlich kälter, und in der Serra da Estrela liegt der Schnee oft noch bis Ostern. In den Sommermo-

Feuchter Eukalyptuswald bei Guimarães im Minho

naten betragen die durchschnittlichen Temperaturen im Norden am Tag 22 °C.

Für die gesamte Westküste gilt, daß der Atlantik oft rauh und das Wasser recht kühl ist, die Temperaturen kaum über 18 °C gelangen. Allein an der Algarve ist das Meer ruhiger, und die Wassertemperaturen liegen zwischen 18 °C und 22 °C.

Nach Süden hin wird es heißer und trockener, an der Algarve regnet es durchschnittlich 400 mm, hier steigen die Temperaturen im Sommer am Tage bis auf 30 °C.

Die angenehmste Zeit für einen Aufenthalt richtet sich nach den Reisezielen. Für Stadtbesuche in Porto oder Lissabon sind Frühling oder Herbst zu bevorzugen, nicht nur wegen der angenehmeren Temperaturen, sondern auch weil das Licht milder und die Schatten länger sind. Wer vor allem die Strände Portugals sucht, der kann von März bis oft noch in den November an die Algarve reisen. Hauptulaubszeit der Portugiesen ist der August, dann ist es relativ voll. Ab September werden die Strände jedoch wieder leerer.

Wirtschaft

Portugal galt in den Zeiten der Salazar-Herrschaft (1928–74) als das Armenhaus Europas. Auch heute noch begegnen dem Reisenden in den großen Städten Bettler, die ihre Wunden zur Schau stellen, an roten Ampeln möchte man den Autofahrern Pflaster und Papiertaschentücher verkaufen, und selbsternannte Parkplatzanweiser, *arrumadores,* hoffen durch diese Tätigkeit auf ein Trinkgeld. Der Mindestlohn lag 1996 bei 540 000 Escudos, etwa 530,- DM. Bedenkt man, daß die Lebenshaltungskosten ungefähr zwei Drittel von denen in Deutschland betragen, wird verständlich, daß die Portugiesen mehr als 90 % ihrer Einkommen für Wohnen, Auto und Essen verwenden und nur etwa 2 % für kulturelle Aktivitäten. Auch Urlaub ist für die überwiegende Mehrzahl nur noch zu Hause oder in Wohnungen von Freunden möglich.

Für Portugals Wirtschaft war die Mitgliedschaft in der Europäischen Union das wichtigste Datum der Zeit nach der Revolution (25. 4. 1974). Als das Land von 1986–90 ein jährliches Wachstum von 4–5 % und eine Arbeitslosenrate von ca. 3 % aufwies, allmählich auch die Inflationsrate von über 30 % (Mitte der 80er Jahre) zu sinken begann, galt der Staat als eine Art europäischer Musterschüler. Da Portugal aber seit dem Zeitalter der Entdeckungen extrem abhängig vom Ausland ist, machen sich Krisen sofort im Lande bemerkbar, und beispielsweise gerät die Textilindustrie im Norden immer stärker unter den Konkurrenzdruck aus Asien. Seit 1995 hat südlich von Lissabon in Palmela eine

Seetang wird geerntet

Weinlese im Douro-Tal bei Pinhão

neue, großzügig mit Geldern aus Brüssel subventionierte Autoproduktionsstätte von Ford und VW den Betrieb aufgenommen. Dort werden inzwischen 3 % des Bruttosozialprodukts erwirtschaftet.

Fast alle Großbetriebe, Banken und Versicherungen, die nach der Revolution verstaatlicht worden waren, wurden reprivatisiert. Inzwischen aber ist das Wirtschaftswachstum deutlich zurückgegangen und die Arbeitslosenquote auf 8 % gestiegen, die Inflation allerdings liegt nur noch bei 3–4 %.

Eines der ökologischen Hauptprobleme ist der Anbau von Eukalyptus, der seit den 50er Jahren von der Zelluloseindustrie intensiv betrieben wird. Die schnellwachsenden Bäume entziehen dem Boden extrem viel Wasser, die angrenzende Landwirtschaft wird dadurch zerstört, nach drei Ernten ist auch der Boden für den weiteren Eukalyptusanbau ruiniert. Aus dem Holz wird Rohmasse für die Papierherstellung gewonnen, ein extrem umweltbelastender und übelriechender Vorgang, von dem sich jeder, der auf der Autobahn die Zellulosefabriken bei Aveiro passiert, überzeugen kann. Das Rohprodukt wird anschließend ins Ausland verschickt, von wo es als teures Papier zurückgekauft wird.

Landwirtschaft und Fischerei

Die Landwirtschaft wurde während der Zeit der Diktatur staatlich geschützt und geregelt und war zudem stark auf Selbstversorgung ausgerichtet. So unterblieb die notwendige Modernisierung. Auf dem europäischen Binnen-

Richtig Reisen
Thema

So viele Olivenbäume ...

Wohin der Reisende auch in Portugal gelangt, überall auf dem Land und sogar in den Parkanlagen der Städte wird er auf Olivenbäume treffen. Bei diesem Baumbestand ist es kaum verwunderlich, daß, wie am Mittelmeer auch, in Portugal Olivenöl *(azeite)* produziert wird.

Ähnlich wie beim Wein gilt es aber, die verschiedenen Sorten für sich zu entdecken. So ist das Olivenöl aus dem nördlichen Alentejo und der angrenzenden Beira meist klar und goldgelb, das aus Trás-os-Montes und dem Douro-Gebiet leicht grünlich und fein, das aus dem Ribatejo eher dunkelgelb. Das beste Öl ist *azeite virgem extra,* kaltgepreßtes Olivenöl, das ohne chemische Eingriffe gewonnen wird.

Aber die Realität der Olivenbauern sieht nicht eben rosig aus. Gewiß hat Portugal für den Anbau das richtige Klima und eine lange Tradition, auch wird immer mehr Olivenöl konsumiert, und daß es auch noch gesund ist, steht außer Frage. Tatsächlich aber werden immer mehr Olivenbäume abgeholzt und es wird immer mehr Öl importiert. Und für das Vernichten der Bäume zahlt die EU Zuschüsse zwischen 600,– und 1000,– DM pro Hektar.

Das Problem beruht auf dem Rückgang des Olivenölkonsums in den 70er Jahren. Damals bevorzugten die Konsumenten andere Speiseöle. Seitdem schrumpfte die Produktion von etwa 70 000 Tonnen auf die Hälfte. Inzwischen könnten die Bauern sogar wieder Zuschüsse für Verbesserungen und Neuanbau bekommen. Aber bis der erste dieser Bäume reif für die Ernte ist, vergehen mindestens sechs Jahre. Und wenn Abholzen belohnt wird, wird wohl auch weiterhin kräftig importiert!

markt sind portugiesische Agrarprodukte nicht konkurrenzfähig, in den großen Supermärkten werden Kartoffeln, Orangen und Erdbeeren aus Spanien oder Tomaten aus Holland billiger angeboten als nationale Produkte. Diese Tendenz trägt zusammen mit einem Wertewandel zur Abwanderung vor allem der jüngeren Bevölkerung in die Städte und dadurch zur Verödung des Landesinneren bei.

Kaum anders sieht es im Bereich des Fischfangs aus. Portugals Flotte ist veraltet, der Anteil der Fischer an den Erwerbstätigen beträgt kaum noch 1 %. Die Fischkonservenindustrie forderte 1996 von der Regierung gar den Import von Sardinen, um Arbeitsplätze nicht zu gefährden. 1985 betrug der Anteil von Landwirtschaft, Fischerei und Forstwirtschaft am Bruttosozialprodukt 7,6 %, 1992 noch 4,7 %.

Eine Bank gegen den Hunger

Fährt man vom Lissaboner Stadtteil Alcântara aus Richtung Praça Espanha, sieht man auf der Avenida da Ceuta ein großes Lager mit der hellblauen Aufschrift: »Banco alimentar contra a fome« – Lebensmittelbank gegen den Hunger.

Der Jesuitenpfarrer Padre António Vaz ist Mitbegründer und Vorstandsmitglied dieser ebenso notwendigen wie sozialen Einrichtung. Mehr als 150 000 Menschen im Großraum Lissabon leiden buchstäblich Hunger, leben oft von weniger als der Hand in den Mund. Die Ursachen dafür sind vielfältig. Der Padre aber erwähnt nicht die zehn Jahre konservativer Wirtschaftspolitik, auch nicht die Verödung der Landwirtschaft, die immer mehr Menschen aus ihren Dörfern vertreibt. Der Padre ist kein Politiker. Als 1991 die Not immer größer wurde, handelte er und gründete die Bank. Das Lager wurde von der Eisenbahn gestiftet, die Stadt half bei der Renovierung. Ihre kleinen Wunder vollbringt die Bank mit lediglich vier fest Angestellten, alle anderen sind freiwillige Helfer.

Modell dafür standen ähnliche Einrichtungen in Amerika und Frankreich, dort gibt es inzwischen mehr als 55 dieser Banken.

Geht man an bestimmten Tagen im Jahr in Lissabon oder Porto, wo es ebenfalls eine solche Bank gibt, einkaufen, kann es geschehen, daß im Supermarkt ein Schild aufgebaut ist: »Wenn dir das Wunder der Brotvermehrung nicht gelingt, dann teile!« steht darauf zu lesen. Helfer überreichen den Kunden Einkaufszettel, auf denen die benötigten Produkte aufgelistet sind. Und die Kunden spenden bei den drei- bis viermal pro Jahr stattfindenden Sammlungen reichlich. Die Lebensmittel kommen dann in das Lager an der Avenida da Ceuta, von dort werden sie über karitative Organisationen an Bedürftige verteilt.

Mit den Spenden aus den Sammlungen, Produkten, deren Verfallsdatum bereits überschritten wurde, und Lebensmitteln von Firmen gelingt es der Bank 16 000 Menschen zu ernähren. Wer aber sind die Bedürftigen?

Oft sind es alte Menschen, die in Altersheimen leben und deren Renten von umgerechnet 120,– bis 300,– DM nicht einmal für das Notwendigste reichen.

Rund um Lissabon gibt es an die hundert Elendsviertel, die genaue Zahl ist unbekannt. Dort leben viele Schwarze aus den ehemaligen Kolonien, insbesondere von den Kapverdischen Inseln. Die Regierung gibt ihre offizielle Zahl mit 55 000 an, die tatsächliche Zahl dürfte aber wesentlich höher sein. Sie führen ein halbwegs geduldetes Dasein am Rande, weil sie als billige Arbeitskräfte für den Straßenbau oder für Großprojekte wie die neue Brücke über den Tejo oder die Expo '98 gebraucht werden. Der Hungerlohn, den

Fischverkäuferin am Cais do Sodré

sie dafür erhalten, reicht kaum zum Überleben.

Die Bank gegen den Hunger hilft diesen Menschen und hilft auch in Kindertagesstätten wie der in Pedreira dos Húngaros. Dort leben etwa 5000 Menschen in Holzhütten. Für die Kinder gäbe es ohne die Hilfe der Bank keine warme Mahlzeit am Tag, und gegen pädagogische Besserwisserei weiß man hier genau: Nur ein voller Bauch studiert gern.

Die Portugiesen

Die knapp 10 Millionen Portugiesen leben immer stärker im Bereich der Städte an der Küste, so daß ein Journalist schrieb, Portugal könne bei anhaltender Tendenz abbrechen und ins Meer stürzen. Mehr als 25 % der Menschen wohnen im Großraum Lissabon, weitere 15 % im Raum Porto. Mit 9690 Einwohnern pro km^2 ist Lissabon am dichtesten bewohnt, Bezirke im Landesinneren wie Évora, Beja oder Castelo Branco weisen eine Bevölkerungsdichte von weniger als 50 Einwohner pro km^2 auf.

Der Norden ist wegen der fruchtbaren Böden insgesamt stärker besiedelt als der Süden, aber auch dort gibt es die Tendenz zur Verödung des Landesinneren. Bei einer Fahrt durch die Dörfer in der Provinz wird der Reisende bemerken, daß das Durchschnittsalter dort sehr hoch ist. Umgekehrt wohnen in den Vororten der großen Städte sehr viele junge Leute, da Wohnraum dort preiswerter ist.

Viele alte Klischees finden sich jedoch kaum noch bestätigt; den schwermütig *fado* lauschenden und über einem Wein wehmutsvoll an die glorreichen Entdekkungen zurückdenkenden Portugiesen wird man schwerlich finden. Auch die ihnen nachgesagte Feindschaft mit den Spaniern läßt sich für die mittlere und jüngere Generation nicht mehr bestätigen, allenfalls finden sich noch in Witzen und Sprüchen Reste einstiger Ressentiments. Doch einige Eindrücke lassen sich als typisch für das Leben auf diesem Teil der iberischen Halbinsel feststellen: Auffallend ist die Friedfertigkeit und die Freundlichkeit der meisten Portugiesen. Ihr Leben ist noch wesentlich ruhiger und zurückhaltender als das

Frauen am Strand

Schwarzes Lissabon

Wohl kein Portugiese käme auf die Idee, sich als Rassist oder ausländerfeindlich zu bezeichnen. Schließlich waren es ja Portugiesen, die neue Seewege und damit den Europäern neue Kontinente erschlossen. Mário Soares wollte deshalb auch von dem Begriff ›Entdeckungen‹ nichts mehr wissen und schlug stattdessen ›Begegnung der Kulturen‹ vor. Und lebt nicht auch ein großer Teil der eigenen Bevölkerung als Arbeitsmigranten im Ausland?

Mehr als 80 Armenviertel finden sich am Stadtrand von Lissabon, überwiegend leben hier Schwarze aus den ehemaligen Kolonien, aus Angola, Mozambique, Guinea-Bissau und vor allem von den Kapverdischen Inseln. Ausländerorganisationen schätzen, daß es insgesamt etwa 200 000 sind, die Regierung spricht von der Hälfte. Viele von ihnen besitzen nach zwei Legalisierungsaktionen (1993/1995) einen portugiesischen Paß. Ihren Unterhalt verdienen sie vor allem auf dem Bau, Großprojekte wie die Expo 98 oder die neue Brücke über den Tejo wären ohne diese billigen Arbeitskräfte nur schwer zu finanzieren. Was allerdings nach dem Abschluß dieser Vorhaben geschieht, weiß im Augenblick niemand zu sagen. Hinzu kommt, daß eine neue, selbstbewußtere Generation von Schwarzen herangewachsen ist, die sich nicht mehr allein mit den allerschlechtesten Jobs zufriedengeben, sondern auch in

besser angesehene und entlohnte Berufe drängen – auch wenn der Anteil an Schwarzen an den Universitäten oder in akademischen Berufen verschwindend gering ist.

Die Organisation S.O.S. Racismo sieht inzwischen eine bedenkliche Steigerung ausländerfeindlicher Übergriffe und Parolen. Wo Arbeitsplätze knapp werden, sind die Schuldigen schnell ausgemacht ...

Der kulturelle Einfluß besonders der Kapverdianer ist in Lissabon deutlich zu spüren. *Morna* heißt der dem *fado* ähnliche Gesang, der durch Cesária Évora weltberühmt wurde, Musiker wie Tito Paris leben und spielen ständig in Lissabon. Schwarzafrikanische Musik bieten u. a. die Diskotheken Kudissanga in der Rua Carlos Reis, das Kussunguila in der Rua dos Lusíadas und das Lontra in der Rua de São Bento.

ihrer spanischen Nachbarn. Und wenn das Tempo des Alltags sich in den Städten auch in den letzten Jahren etwas erhöht hat, sieht man selbst in Lissabon kaum je einen durch die Stadt hasten. Immer scheint Zeit für ein kurzes Gespräch oder eine *bica,* einen Espresso, in einem der zahlreichen Cafés. Zwar sind die Arbeitszeiten deutlich länger als in der Bundesrepublik – in der Industrie werden noch 42–44 Wochenstunden bei einem Mindestlohn von etwas mehr als 500,- DM und vier Wochen Urlaub gearbeitet –, aber dennoch wirkt das Leben nicht hektisch. Und manch ein Deutscher wird sich fragen, wie die Portugiesen in den schier unendlichen Staus von Lissabon und Porto ihren Gleichmut wahren können. Und eines noch sollte man immer beachten, die Menschen mögen es auch hier nicht, wenn man schlecht über ihr Land redet – obgleich es eines der beliebteren Themen für Portugiesen ist. Aber wie die Portuenser Schriftstellerin Ilse Losa sagte: »Keinem gefällt es, wenn man Besuch hat und als erstes gesagt wird: Hier könnte auch mal wieder gestrichen werden.«

Kurze Geschichte Portugals

Die Anfänge

Schon früh, nachweislich bereits vor 20 000 Jahren, lebten auf der iberischen Halbinsel und im Gebiet des heutigen Portugal Menschen. Geräte und Waffen aus dieser Zeit weisen auf eine Besiedlung an den Mündungen von Tejo und Douro. Beispiele dieser frühesten Geschichte finden sich vor allem im Museu de Arqueologia in Lissabon, im Museum Martim Sarmento in Guimarães und im Museum Soares dos Reis in Porto.

Entlang der Küste finden sich noch heute Megalithbauten wie Dolmen, aus großen Natursteinen gebaute Steingräber, und Menhire (Steinsäulen) aus der Jungsteinzeit, etwa in Crato im Alentejo oder in der Nähe von Chaves.

Die Felszeichnungen aus der Steinzeit, die während der Arbeiten an einem Staudamm in Vila Nova de Foz Côa gefunden wurden, werden auf etwa 20 000 Jahre geschätzt und belegen die frühe Besiedlung dieses Gebietes im Landesinneren. Die Funde gelten mit den Höhlenzeichnungen von Lascaux als die bedeutendsten ihrer Art und sind nun auf dem in einen Archäologiepark umgewandelten Gelände zu besichtigen.

Felsritzungen bei Vila Nova de Foz Côa

Zeugnisse aus vorrömischer Zeit sind die Citânias oder Castros genannten befestigten Siedlungen vor allem nördlich des Douro. Gut erhalten sind in der Nähe von Braga die Ende des 19. Jh. entdeckten Siedlungen Sabroso und Barreiros, Bergsiedlungen der Keltiberer um 800 v. Chr. Etwa um diese Zeit kamen auch Phönizier und Griechen und gründeten Handelsniederlassungen. Allerdings wurden sie im 6. und 5. Jh. v. Chr. von den Karthagern verdrängt, die ihrerseits nach dem 2. Punischen Krieg (218–201 v. Chr.) den Römern weichen mußten.

Die römische Epoche

Schon dem Vordringen der Karthager hatten die Lusitaner sich erbittert widersetzt, nun richteten sie ihre Angriffe gegen die Eroberungspläne Roms. Einer der Anführer dieser Kämpfe war der erste portugiesische Nationalheld, Viriatus, der in einer Art Guerillakampf gegen die Eindringlinge in der Gegend von Viseu vorging. 139 v. Chr. wurde er in einen Hinterhalt gelockt und ermordet. Endgültig niedergeschlagen wurde der lusitanische Widerstand erst durch zwei Feldzüge Julius Cäsars 61 und 45 v. Chr., anschließend begannen die rund 500 Jahre römischer Herrschaft in Lusitanien, das 27 v. Chr. von Kaiser Augustus zur kaiserlichen Provinz ernannt wurde. Regierungssitz war das im heutigen Spanien liegende Merida. Unter Augustus galt die Pax Romana, neue Orte wurden angelegt. Aus dem Lateinischen entstand allmählich das Portugiesische, das Römische Recht wurde übernommen und christliche Gemeinden, von denen aus diese Religion sich schließlich durchsetzte, bildeten sich. Wichtige Zeugnisse aus dieser Zeit sind die Ruinen der Stadt Conímbriga in der Nähe von Coimbra, das antike Centobriga auf der Halbinsel Tróia, die Brücken in Chaves und in Ponte de Lima oder der Römische Tempel in Évora.

Völkerwanderung

Die für Portugals Entwicklung fruchtbare Zeit der Römer – noch heute verlaufen viele Straßen entlang der alten Handelswege – endete, als ab 409 im Zuge der Völkerwanderung Vandalen, Sueben, Alanen auf die iberische Halbinsel vordrangen und kurz darauf die Wisigoten kamen, die ab 585 die gesamte iberische Halbinsel beherrschten.

Interne Auseinandersetzungen unter den Wisigoten führten dazu, daß eine der Parteien Araber zu Hilfe rief, die 711 aus Nordafrika kommend die Iberische Halbinsel bei Cádiz erreichten. Sie besiegten die Wisigoten, deren letzter König Roderich in der Schlacht starb. Sehenswertes Relikt aus der Zeit der Wisigoten ist eines der ältesten christlichen Bauwerke Portugals, die Kirche São Pedro de Balsemão bei Lamego.

Die maurische Zeit

Obwohl die Reconquista bereits 718 begann, dauerte die Vorherrschaft der Araber in Portugal bis 1249, bis zur endgültigen Eroberung der Algarve. Abgeschlossen wurde die Reconquista erst mit der Einnahme von Granada 1492. In Nordportugal blieben die Mauren sehr viel kürzer, etwa eineinhalb Jahrhunderte. Lissabon wurde schon 1147 endgültig von Afonso Henrique unter Mithilfe von Kreuzrittern zurückerobert.

Der Einfluß der Araber war enorm: Sie tolerierten die Religion von Christen und Juden und unterdrückten auch nicht deren Sprache. Bald schon übernahmen die Mozaraber, an die arabische Zivilisation angepaßte Christen, die technischen und kaufmännischen Fertigkeiten der Araber. Den intensiven

Anbau von Oliven, Mandeln, Feigen und anderen landwirtschaftlichen Produkten verdankt man den Mauren ebenso wie Verbesserungen im Fischfang und beim Schiffsbau. Nachdem der Einfluß der Araber lange Zeit geringgeschätzt wurde, kaum mehr als die Lissaboner Stadtteile Alfama und Mouraria als Belege ihrer Anwesenheit betrachtet wurden, hat in Mértola und an der Algarve eine intensive Beschäftigung mit dieser Zeit begonnen. 1990 eröffnete in Silves, der ehemaligen Hauptstadt der maurischen Provinz *al gharb* (arabisch: der Westen) ein Museum mit Fundstücken dieser Zeit.

Die Dynastie Burgund (1112–1385)

Während der Zeit der Reconquista, dreißig Jahre nach der endgültigen Rückeroberung Coimbras, übergab König Afonso IV. von Léon seinem Schwiegersohn Heinrich von Burgund 1095 das Gebiet zwischen Minho und Mondego, die Grafschaft Portucale. Heinrichs Sohn Afonso Henriques übernahm 1128 als Afonso I. die Herrschaft, und nach dem Sieg über die Araber in Campo de Ourique ließ er sich 1139 zum König von Portugal ausrufen; dies wird 1143 auch von Kastilien und Léon anerkannt. Das Jahr 1140 gilt als das Geburtsdatum der portugiesischen Nation. Afonso I. Henriques weitete sein Reich nach Süden über den Tejo in den Alentejo aus. Die großen Burgen im Norden des Landes stammen fast alle aus dieser Zeit.

Unter der Dynastie der Burgunder wurde 1249 mit Afonso III. die Reconquista in Portugal beendet. Sein Nachfolger Dinis I. gründete 1290 in Lissabon die portugiesische Landesuniversität, die später nach Coimbra verlegt wurde. Auch die zahlreichen Burgen entlang der Grenze zu Spanien entstanden während seiner Regentschaft.

Westliches Portal des Klosters Batalha

Nach dieser Zeit des Aufschwungs kam es im folgenden Jahrhundert zu schweren Krisen. Die Pest wütete in den Städten, und immer wieder gab es Aufstände. Die Burgunder hatten 1385 keinen männlichen Thronfolger. Kastilien stellte daraufhin Ansprüche auf den portugiesischen Thron, denn Prinzessin Beatriz, Tochter von Pedro I., mußte nach dem Frieden von Badajoz König Juan I. zur Frau gegeben werden. Das Volk empörte sich gegen diese Ansprüche, und 1385 wird der uneheliche Sohn Pedro I., Dom João, der Großmeister von Avis, in Coimbra zum König gewählt.

Die Dynastie Avis (1385–1580)

Die Wahl von Dom João I. wurde von Kastilien nicht akzeptiert. Nachdem eine erste Invasion durch die Pest aufgehalten wurde, endete eine zweite Invasion mit dem Sieg der Portugiesen bei Aljubarrota. Als Dank für den Sieg wurde

Portugals Nationaldenkmal gegründet, das Kloster Batalha.

Dom João heiratete die englische Prinzessin Filipa von Lancaster, wodurch die lange Verbindung mit England begründet wurde. Ebenfalls unter diesem König begann die glorreiche Epoche Portugals, das Zeitalter der Entdekkungen. Henrique, genannt Heinrich der Seefahrer, war einer der Söhne dieses Königpaares. Nach der Eroberung von Ceuta (1415) ließ er sich in Sagres nieder und gründete in Lagos eine Werft. Mit dem dort entstandenen neuen Schiffstyp, der Karavelle, wurden die großen Seefahrten und Entdeckungen erst möglich. 1420 war es Madeira, 1431 die Azoren gefolgt von den Kapverdischen Inseln und Sierra Leone.

Unter João II. sollte der Seeweg nach Indien gefunden werden, und Bartolomeu Dias entdeckte 1487 das Kap der Guten Hoffnung; 1498 gelangte Vasco da Gama auf dem Seeweg nach Kalkutta. Entscheidend für die Aufteilung der Welt zwischen Spanien und Portugal war der 1494 unterzeichnete Vertrag von Tordesillas. Danach gehörten alle 370 Seemeilen östlich der Kapverden gelegenen neu zu entdeckenden Länder Portugal, alle westlich dieses Meridians liegenden Länder Spanien. 1500 nahm Pedro Alvarez Cabral das bereits zuvor entdeckte Brasilien für die portugiesische Krone in Besitz.

Unter der Herrschaft von João II. und dessen Söhnen Manuel I. und João III. erreichte das portugiesische Kolonialreich den Höhepunkt seiner Macht. Die Entdeckungen, Reisen und Eroberungen, die von dem kleinen Portugal aus in dieser Zeit gemacht wurden, sind gewaltig. Australien, Brasilien und Teile Südamerikas gehörten ebenso dazu wie Indien, China, der Persische Golf, Marokko und die afrikanische Westküste.

Westafrikanische Darstellung eines Portugiesen mit Helm und Dreizack (16./17.Jh.)

Die Entdeckung Amerikas durch die Portugiesen läßt sich nur vermuten und nicht mehr nachweisen, weil die Belege dafür bei der Zerstörung der Bibliothek Lissabons während des Erdbebens von 1755 vollständig vernichtet wurden.

Unendliche Reichtümer kamen durch die Kolonien: Gewürze, Seidenstoffe und Edelsteine strömten nach Portugal und machten Lissabon zum wichtigsten und blühendsten Hafen der damaligen Zeit. Im ganzen Land entstanden Kirchen und Paläste, der manuelinische Stil (s. S. 167) feierte seinen kurzen Höhepunkt, mit Camões und Gil Vicente erlebte auch die Literatur eine Blütezeit.

Die Kehrseite dieses sagenhaften Reichtums war die Vernachlässigung der einheimischen Wirtschaft, die Folgen sind noch heute spürbar. So sah sich Portugal gezwungen, Lebensmittel zu importieren, und die Gewinne aus dem Kolonialhandel reichten bald schon nicht mehr aus, um die Zinsen für die Auslandsschulden zu bezahlen, mit denen die Seereisen finanziert wurden.

Von allen Königen Portugals besaß João III. die größte Macht, er kümmerte sich hauptsächlich um den Erhalt der Kolonien. 1536 führte er die Inquisition in Portugal ein, wodurch viele, nicht nur jüdische Intellektuelle, Künstler und Handwerker zum Verlassen des Landes gezwungen wurden. Mit dem konfiszierten Vermögen versuchte der König die leeren Staatskassen zu füllen. Die kulturelle Hochzeit Portugals fand so ihr Ende.

Noch heute verbinden besonders konservative Kreise in Portugal mit dem Mythos von Dom Sebastião I., dem Enkel und Thronfolger João III., die Hoffnung auf eine Erneuerung alten Glanzes. 1578 starb der Thronanwärter in Marokko mit nur 24 Jahren in der Schlacht bei Alcácer-Quibir. Sein Leichnam blieb verschollen, wohl auch deshalb bildete sich ein Mythos um seine Rückkehr.

Spanisches Interregnum (1580–1640)

Da Dom Sebastião keine direkten Erben hinterließ, erhoben die Spanier erneut Ansprüche. Unterstützt von portugiesischen Adeligen und vom Klerus ließ Philipp II. von Spanien 1580 durch den Herzog von Alba Portugal besetzen. Ein Jahr später wurde er als Filipe I. zum König ausgerufen, Portugal wurde zu einer spanischen Provinz. Zugleich verlor es immer mehr Anteile im Kolonialhandel an die Engländer und Holländer – wichtige Besitzungen wie Ceylon konnten nicht mehr gehalten werden. Da Portugal gezwungen war, Geld, Soldaten und Schiffe für die Kriege Spaniens mit England, Frankreich und Holland zu stellen, verlor das Land auch einen beträchtlichen Teil seiner militärischen Macht.

Unter Filipe III. kam es 1634 zu einem ersten erfolglosen Aufstand der unzufriedenen Portugiesen gegen die spanische Vorherrschaft. 1640 dann nutzten die Lissaboner einen Aufstand der Katalanen, und der Herzog von Bragança wurde als João IV. zum König von Portugal ausgerufen.

Die Dynastie Bragança (1640–1910)

Unter João IV. begann die Wiederherstellung der nationalen Macht. 1642 schlug das portugiesische Heer in Montijo die Spanier, und 1655 befreite sich Brasilien selbst von der Vorherrschaft der Holländer, die zwischenzeitlich die Portugiesen abgelöst hatten. Die notwendige Hilfe Englands in den Kriegen gegen Spanien bezahlte Portugal teuer. England erlangte eine Vormachtstellung, die für die portugiesische Wirtschaft schwere Nachteile brachte. Weitere siegreiche Schlachten Portugals gegen Spanien folgten, 1659 in Elvas, 1664 bei Ciudad Rodrigo und 1665 bei Montes Claros. Aber erst 1668, ein Jahr nachdem Pedro II. seinen debilen Bruder Afonso II. abgelöst hatte, wurde Frieden mit Spanien geschlossen und die portugiesische Unabhängigkeit anerkannt. Die Infantin Catarina wurde mit Charles II. von England verheiratet, wodurch die Bindung beider Länder noch verstärkt wurde. 1703 schlossen Portugal und England den Vertrag von Methuen. Dadurch wurde die Entwicklung der Manufakturen und besonders die der Textilwirtschaft in Portugal nachhaltig beeinträchtigt, dafür aber die Ausfuhr von Wein und Portwein gesichert. So geriet auch der Portweinhandel unter englische Kontrolle.

Unter João V. wurden die Spanischen Erbfolgekriege, an denen sein Vorgänger sich beteiligt hatte, mit dem Frieden von Utrecht 1713 beendet. Portugal erlebte durch die Schätze aus Brasilien eine neue Blütezeit. Gold und Edelsteine aber brachten vor allem den Kirchen des Landes ihren reichen Schmuck. Es entstanden Bauwerke wie das mehr als kostspielige Kloster von Mafra, die Kirche São Roque und das Aquädukt Aguas Livres (beide in Lissabon). Mit den verbleibenden Reichtümern wurden die Lieferungen aus England beglichen, eine eigene moderne Wirtschaft entstand nicht.

Die prekäre Situation eines Landes, daß auf Rohstoffe aus Übersee angewiesen ist, um seine Importe bezahlen zu können, erkannte der Marquês de Pombal, Minister und Vertrauter José I. Der Marquês begann seine Karriere 1750 als Kriegs- und Außenminister. Nach dem Erdbeben von 1755 übernahm er die Leitung der Aufbauarbeiten und prägte dadurch das Erscheinungsbild der Hauptstadt bis auf den heutigen Tag. Mit fast diktatorischer Macht ausgestattet, führte der Minister, ein Vertreter des aufgeklärten Absolutismus, zwischen 1756 und 1777 zahlreiche Reformen durch, die Portugal zu wirtschaftlichem Aufschwung verhalfen. Indem er aber Widersacher in Adel und Klerus entmachtete, die Inquisition beschränkte und die Jesuiten des Landes verwies, schuf er sich viele Feinde. Bei Übernahme der Macht durch die Königin Maria I. wurde der Minister des Amtes entlassen. Ihm wurde der Prozeß gemacht, und man verbannte ihn aus Lissabon auf eines seiner Landgüter, wo er 1782 starb.

Die Zeit der Französischen Revolution spürte Portugal als Verbündeter Englands hauptsächlich in Form einer dreimaligen Besetzung durch Napoleons Truppen. König João VI. flüchtete rechtzeitig mit seiner Familie nach Brasilien, von wo er erst 1821 heimkehrte. In seiner Abwesenheit regierte der englische General Beresford das Land. Zurück aus

Im 18. Jh. kam der Portweinhandel unter englische Kontrolle

Lusitanische Trauer: *fado*

Eine der wichtigsten Attraktionen, die Portugal und insbesondere Lissabon dem Reisenden bereithält, ist der *fado,* dieser Trauergesang der historisch arg gepeinigten lusitanischen Seele, der durch die Sängerin Amália Rodrigues Weltruhm erlangte. Zusammen mit der *saudade,* der portugiesischen Form der Sehnsucht, gehört er zu den Stereotypen des Landes. Und ein bißchen Wahrheit ist auch dabei. In den Lokalen der Alfama oder des Bairro Alto bekommt der Reisende davon einen Eindruck. Lange Zeit kannte der *fado* nur begeisterte Anhänger oder entschiedene Gegner, von denen aber beide Seiten nicht so genau sagen konnten, was eigentlich *fado* ist! Nach der Revolution gerieten diese Lieder etwas in Vergessenheit, da mit ihnen das konservative, vergangene Portugal identifiziert wurde.

Erst 1994 erschien das Buch von J. R. Tinhorão »Fado, Tanz aus Brasilien, Lied aus Lissabon«. Manch einer war nicht gerade begeistert, daß dieses so ureigene Kulturgut aus Brasilien kommen sollte, aber offensichtlich ist der *fado* erst 1823 mit der Rückkehr des portugiesischen Königshofs aus Brasilien nach Portugal gekommen. So wie wir ihn heute hören, entwickelte er sich erst Ende der 20er Jahre dieses Jahrhunderts in den ärmeren Stadtteilen Lissabons, damals entstanden auch die ersten *fado*-Häuser. Amália Rodrigues, die als Straßensängerin begann, nie Gesangsunterricht hatte und sich selbst als iberische Sängerin bezeichnet, nannte als wichtigen Einfluß neben den Liedern, die sie auf der Straße hörte, die Tangos von Carlos Gardel, die sie in ihrer Jugend im Kino hörte.

Die Musikindustrie hat viel für die Verbreitung des *fado* und seine Popularität getan. Interpreten wie Dulce Pontes übernehmen inzwischen als auch international erfolgreiche Stars die Nachfolge der Amália, die in Portugal längst ein Nationaldenkmal ist. Heute ist es schwer, *fado* wirklich zu erleben. In manchen Kneipen der Alfama oder des Bairro Alto, die noch nicht für den Tourismus hergerichtet wurden, hört man ihn noch gelegentlich: Nicht in der musikalischen Qualität der großen Konzerte oder Aufnahmen, sondern in einer Atmosphäre, in der die Anwesenden die Lieder kennen und im Halbdunkel vor einem Glas Rotwein leise mitsingen. *Fado* gibt es allerdings nicht nur in Lissabon. In Coimbra hat sich der *fado* der Studenten entwickelt, eine eher akademische Variante, die reine Männersache ist und bei dem gern die schönen Mädchen am Ufer des Mondego besungen werden. Auch ist diese Musik mit ihren studentischen Trinkliedern wichtiger Teil der Queima das Fitas (s. S. 147), dem größten Studentenfest Anfang Mai in Coimbra.

Blick über die Alfama zum Hafen

Brasilien sah sich der König allgemeiner Unzufriedenheit gegenüber. Das führte nach Aufständen 1822 zur Anerkennung einer liberalen Verfassung. Erst ab 1851, nach dem Militärputsch von Marschall Saldanha, erlebte das Land wieder eine längere, halbwegs ruhige und stabile Periode. Dazu trug auch der Wohlstand bei, der nun nach der Unabhängigkeit Brasiliens vor allem aus Angola und Mozambique kam. Zu Beginn des 20. Jh. aber verschärften sich die politischen Auseinandersetzungen. 1908 wurden König Carlos I. und sein Sohn in Lissabon Opfer eines Attentats. Nur noch zwei Jahre konnte der jüngere Sohn, Manuel II., regieren, ehe er nach der Revolution am 4. Oktober 1910 nach England floh. Ab dem 5. Oktober 1910 wurde Portugal zur Republik.

Die Republik

Die Jahre der Republik bis zur Auflösung des Parlaments und der Errichtung der Diktatur durch General Gomes da Costa 1926 wurden durch Unruhen und Regierungswechsel bestimmt. Erster Präsident einer provisorischen Regierung war Teófilo Braga, 44 weitere Regierungen sollten folgen. Nach der Beteiligung Portugals am Ersten Weltkrieg und der dadurch sich verschärfenden wirtschaftlichen Probleme geriet die Republik einerseits unter den Druck des alten Landadels, der an den althergebrachten feudalistischen Strukturen festhalten wollte, andererseits stellten die entrechteten Landarbeiter des Alentejo und die sich entwickelnde Arbeiterschaft im Industriegürtel um die Hauptstadt ihre nun auch gewerkschaftlich unterstützten Forderungen.

Aber auch die Diktatur brachte anfangs keine Stabilität. 1928 machte General Carmona, Staatspräsident von 1928–51, António Oliveira Salazar zum Finanzminister. Salazar (1889–1970) war Professor für Nationalökonomie in Coimbra. Jesuitisch erzogen, blieb er sein Leben lang puristisch gesinnt. Seine Diktatur, die sich vor allem auf das Militär, die Kirche und Schichten des Bürgertums stützte, betrachtete er als Dienst am Vaterland, den er nur notgedrungen leistete. Von anderen Formen des Faschismus unterschied sich die portugiesische Variante dadurch, daß Personenkult abgelehnt wurde und das Regime nicht rassistisch war.

Von Präsident Carmona erhielt Salazar unbegrenzte Vollmachten. Er bestimmte während der folgenden 40 Jahre entscheidend nicht nur das politische Leben in Portugal. »Stolz und allein« hieß das Rezept, das der Diktator Portugal verabreichte. Um die miserable Finanzlage zu verbessern und die Auslandsschulden zu begleichen, wurde dem Armenhaus Europas eine drastische Sparpolitik auferlegt. Zunächst mit erstaunlichem Erfolg; es gelang, die Staatsfinanzen zu konsolidieren, und der Diktator erwarb sich dadurch internationale Anerkennung. Im Land selbst aber wurden Parteien und Gewerkschaften unterdrückt, die Zensur beschränkte drastisch Presse und Künste. Der *estado novo* (›Der neue Staat‹), dem Salazar ab 1932 auch als Ministerpräsident vorstand, schottete sich fast vollständig vom europäischen Ausland ab. Der Widerstand gegen die Diktatur wurde vor allem von der 1921 gegründeten und seit 1926 verbotenen Kommunistischen Partei organisiert, die schweren Verfolgungen von Polizei und Geheimpolizei ausgesetzt war (erst ab 1945 hieß diese Spezialeinheit *Pide*, ab 1969 DGS, der Name *Pide* aber ist der noch heute gebräuchliche).

Salazar gelang es, Portugal weitgehend aus dem Spanischen Bürgerkrieg herauszuhalten, auch wenn er Franco unterstützte. Im Zweiten Weltkrieg wurde eine strikte Neutralitätspolitik betrieben. 1949 wurde Portugal Mitglied der NATO.

Handelsbeziehungen hatte das Land vor allem mit seinen südafrikanischen Kolonien Angola und Mozambique. selbst war die Situation schlecht. Zur Fortführung des Kolonialkriegs betrug der Militärdienst vier Jahre, beinahe die Hälfte der Einnahmen des Staates mußte dafür ausgegeben werden. Und auch die NATO-Partner unterstützten nicht mehr selbstverständlich diesen Krieg, vor allem, als die USA einsahen,

Mai 1974: Marinesoldaten demonstrieren in Lissabon

1961 aber begann der dreizehnjährige Kolonialkrieg. Zuerst in Angola, 1963 in Guinea-Bissau und 1964 dann in Mozambique.

Wegen eines Gehirnschlags, den der Diktator sich bei einem Sturz von seinem Liegestuhl zuzog, wurde Salazar 1968 von Marcelo Caetano abgelöst. Der aber konnte seine Reformversprechen nicht einhalten, und der erhoffte ›liberale Frühling‹ endete unter dem Druck ultrakonservativer Kreise.

Das Ende der Diktatur

Die Wende kam schließlich von Militärs aus den Kolonien. Aber auch in Portugal daß er militärisch nicht mehr zu gewinnen war.

Die Bewegung der Hauptleute, die schließlich zum Sturz der Diktatur führte, vertrat anfangs Standesinteressen. Für Angehörige der armen Schichten war das Militär neben der Kirche nahezu die einzige Möglichkeit sozialen Aufstiegs. Als die Regierung auch den Pflichtsoldaten die Offizierslaufbahn offerierte, um das Militär attraktiver zu machen, versammelten sich die Hauptleute, um ihre angestammten Interessen zu wahren. Obwohl der Staat den Forderungen der Offiziere weitestgehend entgegenkam, entwickelte sich die

Álvaro Cunhal

Der Mann ist ein lebender Mythos, gerne wird bei seiner Beschreibung das Adjektiv charismatisch benutzt. Und als der historische Führer der KP Portugals 1993 seinen achtzigsten Geburtstag feierte, geschah, was in Deutschland nie geschehen wäre, Angehörige aller Parteien gratulierten und gaben sich in Interviews beeindruckt, auch Erzrivale Mário Soares lobte ausführlich die Verdienste Cunhals. Schließlich kannten die beiden sich schon, seit Cunhal einst in der Privatschule des Vaters von Soares in Lissabon den späteren Sozialistenchef unterrichtete.

Álvaro Cunhal verstand es stets, sein Privatleben wirklich privat zu halten, persönliche Daten von ihm sind spärlich. Und daß er auch als Mário Tiago Romane publizierte, wurde zwar vermutet, 1994 aber erst offiziell. An der Lissaboner Universität wurde Cunhal 1935 Jurist, allein elf Jahre verbringt er wegen Untergrundarbeit im Gefängnis für politische Gefangene in Peniche. Cunhal wird der Gegenspieler Salazars, einige Biographen sehen in ihm den linken Antipoden zum Diktator. Als Cunhal 1960 gemeinsam mit zehn anderen Gefangenen die spektakuläre Flucht aus Peniche gelingt, ist der Boden für die Heldensage bereitet. 1961 wird er zum Führer der PCP. Vom Exil in Moskau aus leitet er den Widerstand gegen die Diktatur. Erst nach der Revolution 1974

Bewegung weiter. Auch hier hatte sich die Einsicht durchgesetzt, daß der Krieg nicht zu gewinnen war und eine politische Lösung gefunden werden mußte.

Nach einem ersten übereilten und fehlgeschlagenen Versuch war es am 25. April 1974 soweit. Der katholische Sender Rádio Renascença spielte das verbotene Lied »Grândola Vila Morena« von José Afonso als Startsignal für die Truppen. Und das alte Regime war bereits so ausgehöhlt, daß es den Aufständischen keinen nennenswerten Widerstand mehr entgegensetzte. In den Tagen der später so genannten Nelkenrevolution – die Menschen steckten den Soldaten Blumen in die Gewehrläufe – fielen fast fünfzig Jahre Diktatur nahezu geräuschlos in sich zusammen.

Mit einer Analphabetenquote von über 50 %, einer ruinierten Wirtschaft und kaum entwickelter Industrie begab sich das Land auf den Weg in die Moderne.

Von 1974 bis heute

Der 25. April ist in Portugal Nationalfeiertag, die Brücke über den Tejo wurde ebenfalls danach benannt. Jahr für Jahr wird der Revolutionstag groß began-

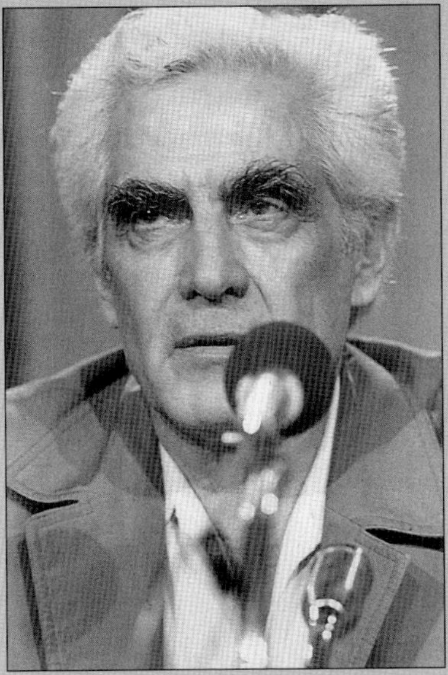

Álvaro Cunhal

kehrt er nach Portugal zurück, und trotz allen revolutionären Wortgeklingels er weist er sich dabei als überaus fähiger Realpolitiker, der großen Anteil daran hat, daß Portugal einen friedlichen Weg in die Demokratie nahm. Die Kommunisten sind seither immer mit etwa 10 % der Stimmen im Parlament vertreten. Krisen anderer kommunistischer Parteien haben ihnen wenig anhaben können, ob Prager Frühling oder das Ende der Sowjetunion. Die alten Kameraden sehen sich als Freunde aus der Zeit des Widerstands, als sich um und in der Partei viele versammelten, die den ideologischen Hintergrund nicht teilten. Und in einem kleinen Land wie Portugal, in dem sich alle kennen, werden die Dinge zwar gelegentlich radikal formuliert, aber eben eher moderat ausgeführt, auch wenn man formal Mitglied einer stalinistischen Organisation ist. Die Anhänger der Partei sind allerdings ins Alter gekommen, eine Versammlung in ihrer Hauptregion Alentejo oder die alljährlichen Feiern zum 25. April erinnern eher an einen Rentnerball. Und ohne Álvaro Cunhal und die Geschichte des Widerstands werden die jetzt schon absehbaren schweren Zeiten auch für Portugals Kommunisten wieder einmal kommen.

gen, inzwischen allerdings eher von den Älteren. Für die nachwachsenden Generationen ist das Datum fast ein Tag wie jeder andere.

Überraschend an der Entwicklung Portugals ist, wie nach einer weitgehend unblutigen Revolution nach fast 50 Jahren Diktatur sich innerhalb kurzer Zeit eine stabile, handlungsfähige parlamentarische Republik herausbilden konnte. Zunächst schritt die vorübergehend an der Macht stehende Junta an die Entkolonialisierung, noch heute ist dies eines der vieldiskutierten Probleme des Landes.

Sicher ist, daß Portugal sich dieses Ballastes so schnell wie möglich entledigen wollte. Die Aufgabe der Kolonien brachte zwischen 500 000 und 1 Million Rückkehrer, für die weder Wohnungen noch genügend Arbeitsplätze vorhanden waren.

Erster Präsident wurde General Spínola. Er wollte die Kolonien in einer Art Commonwealth für Portugal erhalten, scheiterte aber an dem Widerstand der Offiziere im MFA, der Bewegung der Streitkräfte. Nach nur fünf Monaten im Amt trat er zurück. Im Alentejo begannen unterdessen Landarbeiter spontan

Der 25. April

Das Datum ist längst zum Schlagwort geworden. Die Brücke über den Tejo, Plätze und Straßen sind nach diesem Tag benannt, und Jahr für Jahr wird an diesem Nationalfeiertag mit großen Worten und viel Feierlichkeit an den Übergang Portugals von der Diktatur zur Demokratie erinnert.

Vierzig Jahre hatte der Diktator Salazar regiert, bevor er aus seinem verschlissenen Stuhl fiel und sich eine Kopfverletzung zuzog, von der er sich nicht mehr erholen sollte. Bei vielen Menschen der älteren Generation wird der Teigschaber, mit dem die letzten Reste aus einer Schüssel gekratzt werden, *salazar* genannt.

Viele in der Opposition setzten große Hoffnungen auf den Nachfolger des Diktators, auf den Rechtswissenschaftler Marcelo Caetano. Bei ihm hatte übrigens PCP-Chef Cunhal mit einer Arbeit über das Problem der Abtreibung promoviert. Aber Caetano konnte sich gegen die ultrakonservativen Kräfte nicht durchsetzen, der erwartete Frühling blieb aus.

Der Sturz des ohnehin schon maroden Regimes bereitete sich in den Kolonien vor. Ein neues Gesetz sollte nicht mehr nur den Berufssoldaten die Offizierslaufbahn ermöglichen. Das Militär war während der Diktatur neben einer kirchlichen Karriere fast die einzige Aufstiegschance für Kinder aus armen Verhältnissen. Der Versuch, eines dieser Privilegien zu beschneiden, führte zur Versammlung der Hauptleute, dem eigentlichen Kern des Umsturzes.

Durch ihren Dienst in den afrikanischen Kolonien war diesen Offizieren klar, daß der seit 1961 geführte Kolonialkrieg nicht gewonnen werden konnte. In einem Buch publizierte General Spínola diese Meinung, worauf er und sein Vorgesetzter entlassen wurden.

Aber auch in Portugal selbst muß man sich bewußt gewesen sein, daß dieser Krieg das Land ruinierte. Mehr als 40 % des Staatshaushaltes mußten dafür verwendet werden, der Wehrdienst war inzwischen auf vier Jahre verlängert worden.

Nach einem ersten gescheiterten Versuch im März 1974 war es dann am 25. April soweit. Minutiös von Otelo de Carvalho geplant, wurde der Putsch durchgeführt. Radio Renascença spielte das verbotene Lied »Grândola Vila Morena« als Signal für die aufständischen Truppen. Und als sich die Lissaboner am nächsten Morgen die Augen rieben, da war die Diktatur ohne nennenswerten Widerstand, gewissermaßen über Nacht und lautlos in sich zusammengesunken. Lediglich die Geheimpolizei, Pide, verbarrikadierte sich am Largo do Carmo und schoß in die Menge, wobei es die einzigen Toten gab.

Die Militärs verhängten ein Ausgehverbot, aber die Bevölkerung strömte in die Straßen und feierte, Nelken wurden in Gewehrläufe gesteckt, noch heute heißt der 25. April >Revolution der Nelken<. All die politischen Auseinandersetzungen, Putschversuche von Links und Rechts haben letztlich der erstaunlich friedlichen und schnellen Etablierung einer parlamentarischen Demokratie nichts anhaben können.

Und wie normal dies alles schon ist, zeigt sich wiederum an jedem 25. April. Während die Linken vor allem der älteren Generation auf Lissabons Avenida da Liberdade an diese Zeit mit einem Umzug erinnern, ist es für jüngere Portugiesen ein willkommener Feiertag, den man auch gut badend oder surfend am Strand begehen kann.

Ganz so glücklich sind aber nicht alle mit der Entwicklung. Die Verlierer sind gewiß die Landarbeiter des Alentejo. Spontane Landbesetzungen führten nach dem 25. April zur Bildung von mehr als 500 Kooperativen.

Heute existieren gerade noch einmal 50, mehr als 70 000 Arbeitsplätze sind vernichtet worden. Das Land wurde den Großgrundbesitzern zurückgegeben, die dazu auch noch entschädigt wurden. In vielen Dörfern des Alentejo herrscht jetzt wieder Hunger.

Straßenszene in den letzten Apriltagen des Jahres 1974

mit Landbesetzungen und gründeten Kooperativen. Nach einer politisch und gesellschaftlich unruhigen Phase fanden am 25. April 1975 freie Wahlen statt, aus denen die sozialistische Partei (vergleichbar der SPD, die auch entscheidend bei der Gründung 1973 in Bad Münstereifel half) unter ihrem Führer Mário Soares als stärkste Partei hervorging.

Im selben Jahr gab es Umsturzversuche von Rechts (unter Beteiligung von General Spínola) im März und einen ebenso schlecht geplanten Aufstand linker Militärs im November. Mit dem Eingreifen des Militärs unter General Eanes endet am 25. November der sogenannte revolutionäre Prozeß in Portugal. Bei den Präsidentschaftswahlen 1976 wurde General Eanes mit 60 % der Stimmen gewählt.

Die sich allmählich konsolidierende parlamentarische Demokratie erlebte zahlreiche Koalitionen, Regierungswechsel und -umbildungen, bis 1987 nach 17 verschiedenen Regierungen die PSD, eine Mitte-Rechts-Partei, unter Ministerpräsident Cavaco Silva die absolute Mehrheit erreichte.

1986 wurde Portugal zum Vollmitglied der Europäischen Union, im selben Jahr wurde Mário Soares zum Staatspräsidenten gewählt.

Ebenso wie Ministerpräsident Cavaco Silva übte er sein Amt bis 1996 aus. Seither wird Portugal von einem sozialistischen Staatspräsidenten, Jorge Sampaio, und einem sozialistischen Ministerpräsidenten, António Guterres, regiert.

1994 richtete Lissabon die Europäische Kulturhauptstadt aus, im März 1998 wird die Weltausstellung, die EXPO ihre Pforten öffnen.

Mit dem Thema »Die Ozeane, Erbe für die Zukunft« möchte die alte Seefahrernation sich ganz offensichtlich auf das traditionelle Element besinnen, das ihr einst beträchtlichen Ruhm garantierte.

Politisches System

Portugal ist eine parlamentarische Demokratie. Die Verfassung ist – mit einigen Änderungen – seit 1976 in Kraft und garantiert die Grundrechte der Bürger ähnlich wie in anderen europäischen Ländern, allerdings wurde der in der revolutionären Phase noch geforderte Übergang zu einer klassenlosen Gesellschaft inzwischen aus dem Gesetzestext gestrichen. In der Verfassung festgeschrieben ist ebenfalls die Regionalisierung, eine Verwaltungsdezentralisierung, die aber politisch heftig umstritten ist. Einstweilen bleibt Lissabon der administrative Wasserkopf des Landes.

Das Parlament mit seinen 230 Abgeordneten wird alle vier Jahre gewählt, der Staatspräsident alle fünf Jahre. Der Staatspräsident hat anders als sein deutscher Kollege mehr politische Macht. Zwar hat auch Mário Soares in seiner zehnjährigen Amtszeit (1986–96) immer betont, Präsident aller Portugiesen zu sein, er war aber auch Widerpart von Ministerpräsident Cavaco Silva.

Von den vielen, kaum mehr überschaubaren neu gegründeten Parteien haben sich nur wenige behaupten können. Die beiden größten Parteien sind die PS (Partido Socialista), der deutschen SPD vergleichbar, und die PSD (Partido Social Democrata), eine Mitte-Rechts-Partei, die aber nach dem Rücktritt ihres Vorsitzenden Cavaco Silva Orientierungsschwierigkeiten hat.

Zwei kleinere, je zwischen 8 und 10 % der Stimmen auf sich vereinigende Parteien vervollständigen das Spektrum. Bei Wahlen tritt die PCP, Partido Comunista Português mit den portugiesischen Grünen an. Die rechtskonservative CDS/PP (Centro Democrático Social/Partido Popular) unter Führung von Manuel Monteiro hat nach einem heftigen internen Streit 1996 wieder stark an eben erst gewonnener Bedeutung verloren.

Ein gewisser politischer Einfluß kommt inzwischen auch Umweltschutzgruppen, wie etwa Quercus, die verstärkt Kritik bei Großprojekten im Lande wie dem Bau der neuen Tejo-Brücke oder Hotelkomplexen an der Küste des Alentejo anmelden, zu.

Portugiesische Könige und Präsidenten

Die Dynastie der Burgunder

Afonso I. Henriques	1128–1185
Sancho I.	1185–1211
Afonso II.	1211–1223
Sancho II.	1223–1248
Afonso III.	1248–1279
Dinis I.	1279–1325
Afonso IV.	1325–1357
Pedro I.	1357–1367
Fernando I.	1367–1383

Die Dynastie von Aviz

João I.	1385–1433
Duarte I.	1433–1438
Afonso V.	1438–1481
João II.	1481–1495
Manuel I.	1495–1521
João III.	1521–1557
Sebastião I.	1557–1578
Kardinal-König Henriques	1578–1580

Spanische Könige in Portugal

Filipe I.	1580–1598
Filipe II.	1598–1621
Filipe III.	1621–1640

Die Dynastie Bragança

João IV.	1640–1656
Afonso VI.	1656–1668
Pedro II.	1683–1706
João V.	1706–1750
José I.	1750–1777
Maria I.	1777–1792
Prinz João	1792–1816
João VI.	1816–1826
Miguel I.	1828–1834
Maria II.	1834–1853
Pedro V.	1855–1861
Luis I.	1861–1889
Carlos I.	1889–1908
Manuel II.	1908–1910

Präsidenten Portugals

Teófilo Braga	1910–1911
Manuel José de Arriaga	1911–1915
Teófilo Braga	1915
Bernardino Machado	1915–1917
Sidónio Pais	1917–1918
João do Canto e Castro	1918–1919
António José de Almeida	1919–1923
Manuel Teixeira Gomes	1923–1925
Bernadino Machado	1925–1926
Provisorische Regierung	1926
António Carmona	1926–1951
Francisco Craveiro Lopes	1951–1958
Américo Tomás	1958–1974

Nach der Revolution (1974)

António de Spínola	1974
Francisco da Costa Gomes	1974–1976
António Ramalho Eanes	1976–1986
Mário Soares	1986–1996
Jorge Sampaio	1996

FUNDÁDA
EM
1849.

Reisen in Portugal

YAMAHA
DIESEL
JOÃO BEATRIZ

Lissabon erleben

Lissabon

s. auch Karte hintere Innenklappe

■ (S. 232) Trotz des latenten Verkehrschaos' wirkt Lissabon für eine Großstadt ungewöhnlich friedfertig. Mit seinen unendlich vielen Cafés und Restaurants, Kiosken und Esplanaden, den zahlreichen attraktiven Geschäften, Galerien, Monumenten und Museen macht die Stadt es dem Besucher leicht, sich von ihrer Atmosphäre und ihrem Licht auch während eines Kurzaufenthaltes bezaubern zu lassen. Die schönste Zeit dafür ist das Frühjahr oder Ende September/Anfang Oktober, dann ist das Licht besonders sanft, und die Temperaturen lassen die Schritte nicht so bald schleppend werden. Der Monat August ist traditionell der Ferienmonat der Portugiesen, das hat den Vorteil, daß die Stadt relativ leer ist, man sich schneller von einem Ort zum anderen bewegen kann, allerdings den Nachteil, ein recht untypisches Lissabon zu erleben.

Erste Annäherung – Castelo São Jorge und Schloßhügel

Im Jahre 1794, knapp 20 Jahre nach dem ebenso furchtbaren wie berühmten Erdbeben, schreibt der dänische Geheimrat J. P. Texier: »Eine ausgedehnte Aussicht findet man auf dem Gipfel des Berges, wo das Schloß des heiligen Georg steht. Dies ist der höchste Punkt der Stadt, welcher mitteninne liegend alle Seiten beherrscht. Das Schloß ist sehr alt, und seine Werke sind in den Bürgerkriegen sowohl als in den Kriegen mit Spanien immer eine gute Verteidigung gewesen.«

Zu verteidigen gibt es hier nichts mehr, die Aussicht über den Tejo und die Dächer der Stadt vom 120 m hohen Schloßhügel aber ist beeindruckend. Hier ist der älteste Kern der Stadt, seit dem 14. Jh. wird er **São Jorge** 1 genannt, den Namen verdankt er dem Kriegsruf der Engländer, die Dom João I. in den Kriegen gegen Kastilien zu Hilfe eilten.

Umschlossen von der aus dem Mittelalter stammenden Schloßmauer befinden sich im Inneren die Überreste der einstigen Königsresidenz, hier wohnten bis ins 16. Jh. die portugiesischen Könige. Umgeben ist die Anlage von zehn Wehrtürmen. Schloß und Schloßhügel wurden bei den Erdbeben von 1531 und 1755 stark beschädigt, heute befindet sich die Anlage nach ihrer Restaurierung in sehr gepflegtem Zustand.

Die Aussicht vom Schloß bietet eine gute Orientierung über die Stadt. Von hier aus sieht man die Ponte do 25 de Abril, die gewaltige Brücke über den Tejo, die in 70 m Höhe Lissabon mit Almada verbindet. Nach vier Jahren Bauzeit wurde sie am 6. August 1966 freigegeben. Die Brücke mit ihren 3222 m Länge und vier Spuren reicht für den Großstadtverkehr längst nicht mehr aus. Sie wird um zwei Spuren erweitert, unter der Brücke ist eine Eisenbahntrasse geplant. Mindestens bis ins Jahr 2001 muß also mit gewissen Verkehrsbehinderungen in diesem Bereich gerechnet werden.

Südlich des Tejo, schon in Almada, erhebt sich das Cristo-Rei-Monument. Seine Erbauung verdankt es einem Gelübde, das am 20. April 1940 in Fátima gegeben wurde: Sollte Portugal nicht in den Zweiten Weltkrieg verwickelt werden, würde man diese Statue errichten. Das 109 m hohe Denkmal wurde am 17. Mai 1959 eingeweiht. Mit dem Aufzug kann man auf die Aussichtsterrasse gelangen und von dort aus das phantastische Panorama genießen.

Blickt man vom Schloßhügel in westlicher Richtung, sieht man über die Baixa und den Chiado bis hin zum Monsanto-Park. Und von hier sieht man auch die Türme des Amoreiras-Einkaufscenters, das so etwas wie das Symbol des neuen Lissabon geworden ist. 1985 wurde das von dem Lissaboner Architekten Tomás Taveira erbaute Zentrum eröffnet, bis heute ist es Anlaß öffentlicher Diskussionen. Hans Magnus Enzensberger beschreibt es als das Werk eines terroristischen Kindergartenonkels, der da seine bunten Bauklötzchen aufeinandertürmt. Die Lissaboner selbst sehen es gelassener und strömen zu Tausenden in die Geschäfte, Restaurants und Kinos dieses postmodernen Glaspalastes.

In unmittelbarer Nähe des Schlosses befinden sich einige Besonderheiten, die man nicht verpassen sollte. Am Largo do Menino de Deus steht die in italienischem Stil (18. Jh.) erbaute **Igreja do Menino Deus** 2, die als eine der schönsten Kirchen Lissabons gilt. Im Inneren sind noch wertvolle Bilder von Vieira Lusitano und Oliveira Bernardes erhalten.

Ein wenig nach Süden am Largo das Portas do Sol steht das **Museu de Artes Decorativas** 3, das in dem ehemaligen, aus dem 18. Jh. stammenden Palácio Azurara untergebracht ist.

Ganz in der Nähe in Richtung Baixa liegt der Largo Santa Luzia mit der gleichnamigen Kirche. Vom **Miradouro de Santa Luzia** 4 hat man einen herrlichen Ausblick. Hier läßt es sich auf Steinbänken auch an heißen Tagen angenehm ausruhen, und man kann die schönen Azulejos an den Wänden betrachten, auf denen noch das alte Lissabon zu sehen ist.

Folgt man den Schienen der Straßenbahn in Richtung Unterstadt, gelangt man zur **Sé** 5, der Kathedrale Lissabons. Begonnen wurde der Bau Mitte

Blick auf Lissabon mit der Sé

des 12. Jh. Die etwas unausgeglichene Architektur dieser ältesten Kirche Lissabons ist zurückzuführen auf verschiedene Erdbeben, durch die immer wieder Teile der Kirche zerstört wurden. 1990 begannen in den Klostergärten der Sé Ausgrabungsarbeiten, die fast die ganze Geschichte der Stadt seit den Phöniziern bezeugen. Und auch, daß die Sé über dem Innenhof einer alten Moschee errichtet wurde, nachdem die Mauren 1147 aus Lissabon vertrieben wurden.

Neben dem Eingang auf der linken Seite befindet sich das Taufbecken, wo 1195 der heilige Antonius getauft worden sein soll. Politische Bedeutung

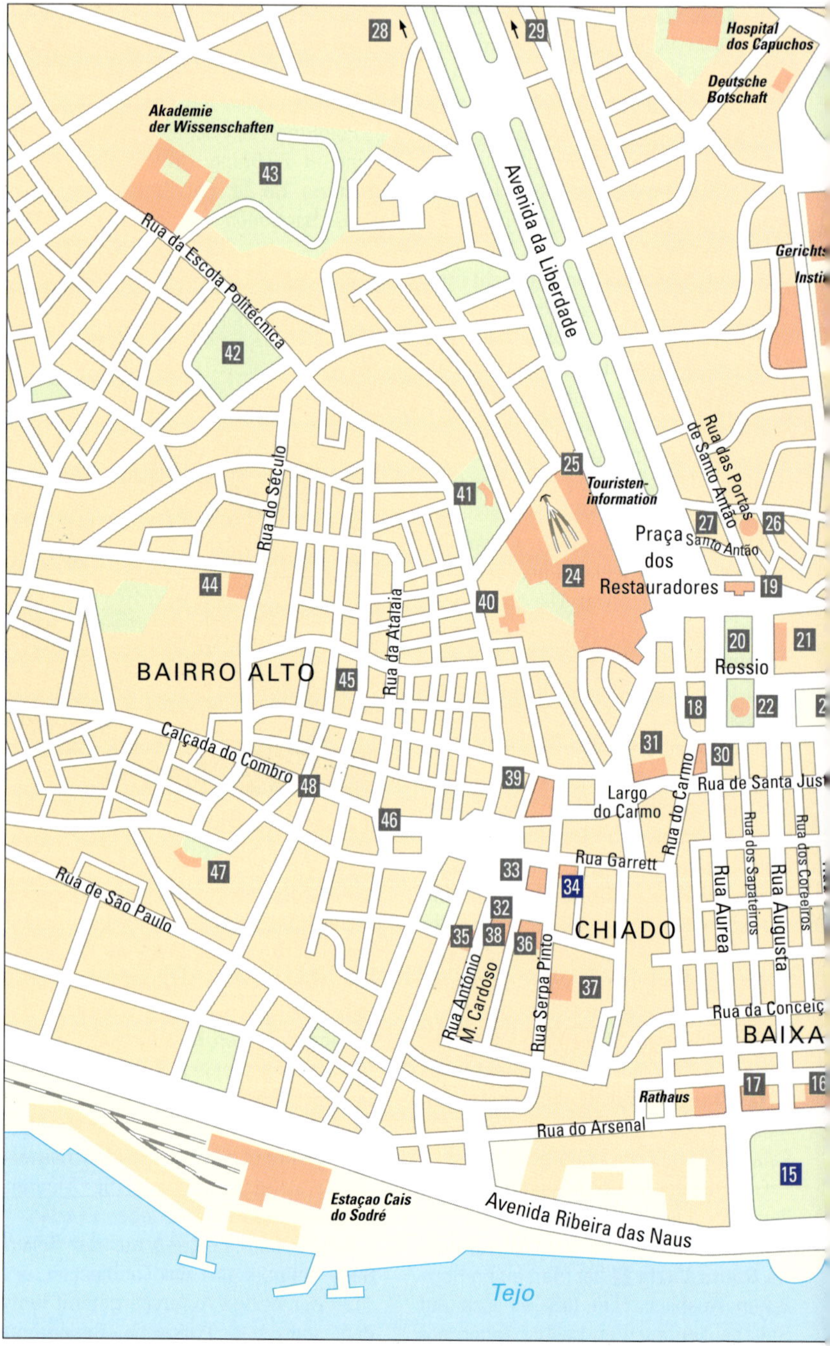
28
29
Hospital dos Capuchos
Deutsche Botschaft
Akademie der Wissenschaften
43
Avenida da Liberdade
Rua da Escola Politécnica
42
Rua do Século
Rua das Portas de Santo Antão
25
Touristen-information
41
27
26
Praça dos Restauradores
Santo Antão
44
24
19
40
Rua da Atalaia
20
21
Rossio
BAIRRO ALTO
45
18
22
31
30
Calçada do Combro
48
39
Largo do Carmo
Rua do Carmo
Rua de Santa Jus
46
Rua dos Sapateiros
Rua dos Correeiros
Rua Garrett
33
34
47
Rua Aurea
Rua Augusta
Rua de São Paulo
32
35
38
36
CHIADO
37
Rua António M. Cardoso
Rua Serpa Pinto
Rua da Conceiç
BAIXA
17
16
Rathaus
Rua do Arsenal
15
Estaçao Cais do Sodré
Avenida Ribeira das Naus
Tejo

GRAÇA
MOURARIA
ALFAMA
Miradouro da Nossa Senhora do Monte
Miradouro da Graça
Kloster/Kirche von Graça
Avenida Almirante Reis
Avenida General Roçadas
Largo da Graça
Bela Vista à Graça
Rua da Palma
Rua de Cavaleiros
C. de S. André
Rua da Voz do Operário de São Vicente
Rua da Verónica
do Castelo
Largo de São Vicente
Largo do Menino de Deus
Rua da Costa
Rua da Madalena
Rua das Escolas Gerais
Largo do Santo Estevão
Artillerie-Museum
Largo das Portas do Sol
Largo de Santa Luzia
Rua dos Remédios
do Trigo
Largo de San António da Sé
Largo de São Miguel
Rua Terreiro
Avenida Infante Dom Henrique
Rua dos Bacalheiros
ampo das Cebolas
Tejo
spital de Jorge
rse
1
2
3
4
5
6
7
8
9
10
11
12
13
14
N
0
200 m

Lissabon

1 *Castelo de São Jorge*
2 *Igreja do Menino Deus*
3 *Museu de Artes Decorativas*
4 *Miradouro de Santa Luzia*
5 *Sé Patriarchal*
6 *Santo António*
7 *Rua de Judiaria*
8 *Largo do Chafariz de Dentro*
9 *São Vicente de Fora*
10 *Santa Engrácia*
11 *Feira de Ladra*
12 *São Miguel*
13 *Santo Estévão*
14 *Casa dos Bicos*
15 *Praça do Comércio*
16 *Martinho da Arcada*
17 *Triumphbogen*
18 *Rossio (Dom Pedro IV.)*
19 *Theater Dona Maria II. (Nationaltheater)*
20 *Ginjinha-Ausschank*
21 *Kirche des heiligen Domingos*
22 *Pasteleria Suiça*
23 *Praça da Figueira*
24 *Estação do Rossio*
25 *Palácio Foz*
26 *Coliseu*
27 *Casa do Alentejo*
28 *Praça Marquês de Pombal*
29 *Gewächshaus (Estufa Fria)*
30 *Elevador de Santa Justa*
31 *Carmo-Kirche (Arch. Museum)*
32 *Igreja da Encarnação*
33 *Igreja do Loreto*
34 *Café A Brasileira*
35 *Ehemaliges Hauptquartier der Pide*
36 *Teatro São Carlos*
37 *Museu do Chiado*
38 *Teatro São Luis*
39 *Teatro da Trindade*
40 *Igreja de São Roque*
41 *São Pedro de Alcântara*
42 *Príncipe-Real-Platz*
43 *Jardim Botânico*
44 *Palácio dos Carvalhos*
45 *Restaurant Bota Alta*
46 *Praça Luis de Camões*
47 *Santa Catarina*
48 *Largo do Calhariz*

bekam die Kirche im 20. Jh. Im Kampf gegen die Salazar-Diktatur traf sich im Kreuzgang der Kathedrale eine Gruppe von Verschwörern. Sie planten den Sturz des Diktators und wurden in der Sé im März 1959 von der politischen Polizei verhaftet.

Am Largo de Santo António da Sé trafen sich früher vor der **Kirche des heiligen Antonius** 6 die Liebespaare. In der Krypta (18. Jh.) befindet sich das Zimmer, in dem der Heilige geboren sein soll. Er ist nicht nur der Stadtheilige, sondern auch der Schutzgott der Liebenden.

Maurische Erinnerungen: Die Alfama

■ Während an das alte Viertel Mouraria, das ab 1179 der arabischen Bevölkerung vorbehalten war, heute vor allem in den Liedern der *fado*-Sänger wehmütig erinnert wird, lebt in den engen Gassen der Alfama, die das große Erdbeben einigermaßen unbeschadet überstand, noch stärker das maurisch geprägte Lissabon. Präsent sind aber auch jüdische Einflüsse, die **Rua de Judiaria** 7 erinnert z. B. an das ehemaligen Judenviertel. Dieses bunte Labyrinth, in dem das Verlaufen ein Vergnügen ist, erstreckt sich vom Hauptplatz, dem **Largo do Chafariz de Dentro** 8, in dessen Nähe sich einige *fado*-Lokale befinden, bis zum Largo de São Vicente und bis zum Schloß. Häufig wurde dieses Viertel von Reisenden enthusiastisch beschrieben. José Saramago, zur Zeit Portugals bekanntester Schriftsteller, erläutert die Schwierigkeiten einer Begegnung:

»Der Reisende geht durch gewundene Gassen, wo die Häuser zu beiden Seiten gleichsam Schulter an Schulter stehen, der Himmel eine Spalte zwischen den Dachtraufen, die nur eine Handbreit trennt, oder über abschüssige Plätze, wo zwei oder drei Stufen die Steigung überwinden helfen, und er stellt fest, daß es in den Fenstern nicht an Blumen fehlt, an Käfigen mit Kanarienvögeln, aber der üble Abwassergeruch, den man auf der Straße spürt, der macht sich wohl in den Häusern noch deutlicher bemerkbar, und Häuser gibt es, in die noch nie ein Sonnenstrahl gefallen ist, und die Wohnungen im Erdgeschoß haben als einziges Fenster eine geöffnete Türluke. Der Reisende hat schon viel von der Welt und vom Leben gesehen und sich nie in der Haut des Touristen wohlgefühlt, der herumspaziert, schaut, so tut, als ob er alles verstünde, fotografiert und, wieder zu Hause, sagt, er kenne die Alfama. Der Reisende will ehrlich sein. Er war in der Alfama, aber was die Alfama ist, das weiß er nicht.«

Von einigen der alten Häuser stehen heute nur noch die Fassaden. Dahinter wurde die dringend notwendige Renovierung begonnen. Das Viertel ist beliebt, hier wird luxuriös saniert, ohne das Erscheinungsbild zu beeinträchtigen. Noch findet der Spaziergänger in der Alfama viele kleine Läden und Restaurants, in denen man preiswert gegrillte Sardinen und Wein bekommt. Mit den alten Einwohnern sterben allmählich aber auch die kleinen, Tasca genannten Kneipen.

Unweigerlich kommt der Spaziergänger auf seinem Zickzackkurs durch die Alfama an einigen Orten vorbei, die Aufmerksamkeit verdienen. Die Kirche **São Vicente de Fora** 9, am gleichnamigen Largo gelegen, mit ihrer klassischen Fassade und den schönen Stufen wurde zu Ehren des heiligen Vinzenz erbaut, dessen Gebeine aus einem Boot vor der stürmischen Küste der Algarve gerettet worden sein sollen. Die Urne mit der Asche des Heiligen befindet sich heute in der Kirche.

Eines der schönsten Bauwerke des 17. Jh. ist die ehemalige Kirche **Santa Engrácia** 10 am Campo de Santa Clara. Das barocke Bauwerk wurde 1630 begonnen. Als in der Kirche einige Heiligtümer gestohlen wurden, verhaftete man den Juden Simão Pires und verbrannte ihn bei lebendigem Leib. Es stellte sich aber heraus, daß er unschuldig war und lediglich geschwiegen hatte, um sein Verhältnis zu einer Nonne zu verbergen. Daraufhin wurde die Kirche geschlossen, abgerissen und kurz darauf die neue Kirche errichtet, die aber erst 1966 fertiggestellt und gleichzeitig zum nationalen Pantheon wurde.

Hausfassade in der Alfama

Seit 1881 findet auf dem Campo de Santa Clara die berühmte **Feira de Ladra** 11 (›Diebesmarkt‹) statt. Auf diesem von 7–18 Uhr stattfindenden Markt

Nr. 28 – Mit der Straßenbahn durch Lissabon

»Ein Rillendraht aus hartgezogenem Elektrolytkupfer, der sich kreuz und quer, bergauf und bergab durch die blaue Luft zieht, ist der Faden, der den Fremden am sichersten durch das labyrinthische Lissabon führt. Ich spreche vom Fahrtdraht der Linie 28.«
Hans Magnus Enzensberger

Eine Fahrt mit der Straßenbahn Nr. 28 von der Alfama bis zum Friedhof Prazeres gehört gewiß zu den bleibenden Erinnerungen, bei gemächlichem Tempo und vielen Stops hat man einen schönen Eindruck der hügeligen Stadt und ihrer manchmal recht engen Gassen. Je nach Verkehr dauert die Fahrt zwischen 60 und 90 Minuten. Früh am Morgen, wenn die Luft noch frisch und der Duft aus den Cafés am intensivsten ist, bekommt man auch noch problemlos einen Sitzplatz am Fenster.

Von der Alfama aus (natürlich kann man die Fahrt auch in umgekehrter Richtung machen) geht es durch enge Kurven und mit einigem Gerumpel durch die Baixa, vorbei am Bairro Alto nach São Bento. An der Calçada da Estrela sieht man dann auf der rechten Seite den imposanten Palácio da Assembleia da República, das Parlament, mit seinem riesigen Garten, den Besucher leider nicht betreten dürfen. Hier befand sich früher das Kloster São Bento da Saúde, mit dessen Bau 1598 begonnen und das 1615 beendet wurde.

Weiter oben, am Ende der Calçada da Estrela hält die Straßenbahn vor der Basílica da Estrela, einem der schönsten Bauwerke Lissabons des 18. Jh., das man auch vom Schloß aus in leuchtendem, nachts angestrahltem Weiß sehen kann. Die Kirche wurde von Dona Maria I. begründet, ihr Mausoleum findet sich im Inneren (zwischen 1779 und 1790 erbaut).

Gegenüber der Kirche ist der Eingang zum Jardim da Estrela, dem alten und sehr gepflegten Park. Zwischen 1842 und 1852 angelegt, ist er heute ein beliebtes Ziel für Jung und Alt, auch im Hochsommer bietet er unter großen Platanen und Ulmen einen angenehm frischen Aufenthalt.

Von Estrela aus geht es weiter nach Campo d'Ourique, einem der älteren Stadtviertel. In der Rua Coelho da Rocha ist das Pessoa-Haus (Museum), wo der große Dichter die letzten Jahre bis zu seinem Tod lebte.

Der Weg der 28 endet am Friedhof Prazeres: *»Der Prazeres-Garten, hoch über dem Tejo-Fluß gelegen und umgeben von hohen weißen Mauern, ist die Nekropole Lissabons. Der Friedhof ist die verkleinerte, aber exakte topologische Abbildung einer Hauptstadt mit all ihren Gebäuden, Straßen, Kirchen, Plätzen, Palästen, säuberlich in Viertel gegliedert, aber kaum bevölkert. Nur hie und da sieht man eine alte Frau, einen Gärtner oder eine streunende Katze.«*

An einigen Gräbern ist *abandonado* – ›aufgegeben‹ – zu lesen. Grabmäler, die mit halbgeöffneten Türen ein gewisses Gruseln erwecken.

Den Rückweg kann man wiederum mit der Straßenbahn machen, aber auch ein Spaziergang durch das bürgerliche Campo d'Ourique bis zum postmodernen Konsumtempel, dem Amoreiras-Zentrum, bietet sich an.

(Di, Sa) wird man allerdings wenig Antiquitäten, dafür aber viele alte Sachen finden. Bestimmt wird dieser fröhliche und gut besuchte Trödelmarkt von den dröhnenden Musikproben der Cassetten- und CD-Verkäufer. Auch Kleidung und Schuhe werden hier preiswert angeboten.

Inmitten der Alfama liegen noch zwei sehenswerte Kirchen: Am Largo de São Miguel das nach dem Erdbeben 1755 erbaute Gotteshaus **São Miguel** 12. Wegen der schönen Azulejos lohnt ein Besuch der Kirche **Santo Estévão** 13 am gleichnamigen Platz.

Vom Terreiro do Paço durch die Baixa zum Rossio

Karte S. 50/51

Geht man von der Alfama am Tejo entlang in Richtung Praça do Comércio (Terreiro do Paço) und wendet sich am Campo das Cebolas nach rechts, stößt man in der Rua dos Bacalhoeiros auf die **Casa dos Bicos** 14, eine ausgefallene architektonische Besonderheit der Stadt. Nach dem Erdbeben standen von den ursprünglich vier Stockwerken nur noch zwei. Das mit Spitzquadern versehene Haus mit seinem manuelinischen Portal wurde im 17. Jh. Haus der Diamanten genannt. Der Legende nach war die Fassade mit Edelsteinen besetzt.

Einer der schönsten Plätze Lissabons und der Eingang zur Unterstadt ist die **Praça do Comércio** 15, wegen seiner Lage am Fluß gilt der Platz als einer der beeindruckendsten Europas. Hier spielte sich in früheren Zeiten das Leben der Hauptstadt ab, auch das politische. Am Rande der Praça do Comércio wurden 1908 der König Dom Carlos und sein

Richtig Reisen *Tip*

Fado in der Alfama

Alfama und *fado* gehören in der Vorstellung der Lissaboner eng zusammen. Die meisten *fado*-Lokale haben sich auf Touristen eingestellt. Auf dem Weg durch die Alfama trifft man auf eine Reihe dieser Lokale, von denen nur zwei hier genannt werden. Auf jeden Fall lohnt sich ein Preisvergleich, da für Touristen oft ein recht hoher Konsumzwang besteht.

Parreirinha de Alfama, Beco do Espirito Santo Nr. 1 bietet typischen *fado* und gutes Essen; wie die meisten Lokale dieser Art ist es nicht eben preiswert.

Das Cabacinha am Largo do Limoeiro hat nur von Freitag bis Sonntag geöffnet, ist aber noch ein wenig urtümlicher geblieben und möchte vor allem Kenner des *fado* anziehen.

Thronfolger ermordet. Der Platz verdankt seinen aktuellen Namen dem Marquês de Pombal, bei der Bevölkerung heißt er indes fast immer noch Terreiro do Paço. Vor dem Erdbeben von 1755 befand sich hier der Königspalast und eine der reichsten Bibliotheken Europas.

Der Platz wurde beim Wiederaufbau etwas erweitert und mißt heute 177 m ξ 192 m. Insgesamt beeindruckt er durch seine architektonische Ausgeglichenheit und Harmonie. In der Mitte befindet sich die bronzene, 29 371 Kilo schwere und fast 7 m (mit Sockel 14 m) hohe Reiterstatue Dom José I. von Joaquim Machado de Castro. Den besten Eindruck vermittelt der Platz gegen Abend. Nachdem der Platz nun für Autos gesperrt ist, kann er wieder in alter Pracht bewundert werden. In den erneut im klassischen Gelb gestrichenen Häusern rund um den Platz sind Ministerien und die Börse untergebracht. Die Stadt möchte allerdings die unteren Etagen für Geschäfte reservieren, so daß diese Zone wieder belebter wird und sich besser in die Unterstadt integriert. Morgens und abends ist der Platz besonders lebendig, wenn die Arbeiter und Angestellten zu Tausenden von der anderen Seite des Tejo auf Fährschiffen in die Stadt kommen oder wieder nach Hause fahren.

An der Ecke zur Rua da Prata befindet sich das Café-Restaurant **Martinho da Arcada** 16, bevorzugter Ort Fernando Pessoas: »Jahr für Jahr saß er hier zwischen vier und sechs Uhr nachmittags am gleichen Tischchen, das stets für ihn freiblieb. Und der alte Kellner, der so hieß wie das Café, Martinho, trat herzu, und der Dichter sagte, wie an allen vorausgegangenen Tagen: ›Meinen Fruchtsaft, bitte.‹ Und der Kellner Martinho

Richtig Reisen
Tip

Kunst und Restaurants

Die Galerie Espaço Oikos, Rua Augusta Rosa 40, lohnt einen Besuch! Von der Baixa aus den Straßenbahnschienen Richtung Schloß folgend, gelangt man zur Galerie, die sich auf afrikanische Kunst und Kultur spezialisiert hat (Mo–Sa 11–19.30 Uhr).

Restaurants: Das Casa do Leão, Castelo São Jorge ist im Inneren des Schlosses wunderbar gelegen und hat eine hervorragende Küche. Schön ist die Terrasse mit Panoramablick. Das Antiga Casa de Pasto Estrela da Sé am Largo de Santo António da Sé 4 ist ein altes Restaurant mit eigener Konditorei. Die Separées waren für das Liebesleben früherer Zeiten von Bedeutung – auch heute eignen sie sich noch für eine intime Mahlzeit! Das Gargalhada Geral, Costa do Castelo 7, bietet einen der schönsten Blicke über die Stadt.

Arkaden in der Baixa

brachte die Cognacflasche mit der blumigen Aufschrift Macieira, drei Sterne, und schenkte den gelben Saft in das Gläschen. Und der Dichter kramte seinen Zettel aus der Rocktasche und begann zu schreiben.« (C. Meyer-Clason)

An der Nordseite des Platzes erhebt sich der **Triumphbogen** 17, mit dessen Bau 1755 begonnen, der aber erst 1873 fertiggestellt wurde. Das Tor ist der Eingang zur Baixa, dem Lissaboner Geschäfts- und Bankenviertel.

Die Baixa ist ein Rechteck, bestehend aus acht Längs- und acht Querstraßen, die Rua Augusta verbindet die Praça do Comércio mit dem Rossio. Die Straßen waren ursprünglich nach den Handwerken ausgerichtet (z. B. Rua dos Sapateiros, ›Straße der Schuster‹). Tagsüber ist die Baixa belebt, sind die Straßen vor den zahlreichen Schaufenstern voll. Nach Ladenschluß ist das Viertel wie

Die Praça do Comércio

ausgestorben, die alten Einwohner leben nicht mehr hier. Inzwischen plant die Stadt wie im Chiado ein Programm zur Wiederbelebung der Baixa, das aber wegen der Eigentumsrechte schwer durchzusetzen ist.

Ein Besuch im Café Lua del Mel in der Rua da Prata sollte schon wegen der Kekse und Kuchen eingeplant werden. In den kleineren Straßen finden sich viele Restaurants, in denen man mittags gut und preiswert ißt. Ebenfalls in der Baixa ist auch die Rua dos Douradores, die Straße, die Pessoa in seinem »Buch der Unruhe« weltberühmt machte.

Der Rossio

Karte S. 50/51

Eigentlich heißt der Platz Dom Pedro IV., wird aber unter diesem Namen nur Spezialisten bekannt sein. Der **Rossio** 18 ist der Verkehrsmittelpunkt, das Herz der Stadt, hier fand vom Markt bis zum Stierkampf, von öffentlichen Verbrennungen und Militärparaden bis zu Revolutionen alles statt, was das öffentliche Leben der Lissaboner bewegte. Viele beklagen, daß der Platz seine Funktion als Mittelpunkt des gesellschaftlichen Lebens verloren habe. Das Zentrum bildet die 1870 errichtete Reiterstatue Dom Pedro IV. An der Nordseite steht das neoklassizistische **Theater Dona Maria II.** 19, erbaut von 1842–46 nach dem Plan des italienischen Architekten Fortunato Lodi. Die sechs ionischen Säulen der Fassade stammen aus der Kirche São Francisco da Cidade. Das Innere des Nationaltheaters wurde am 2. Dezember 1964 bis auf die Bibliothek durch einen Brand vollständig zerstört und anschließend neu gestaltet.

Schräg gegenüber haben die Schuhputzer einen ihrer Hauptsitze, und dort befindet sich auch ein Ausschank für ***Ginjinha*** 20, ein Sauerkirschlikör, von dessen Klebrigkeit der Boden vor dem fluktuierenden Geschäft zeugt – man bestellt übrigens *com* oder *sem elas,* mit oder ohne Früchte.

Gegenüber dem Largo São Domingos befindet sich etwas versteckt und deshalb leicht zu übersehen die **Kirche des heiligen Domingos** 21. 1242 erbaut, überstand sie das Erdbeben 1755 nicht, wurde aber anschließend neu errichtet. Als eine der größten Kirchen der Stadt fanden hier Taufen, Hochzeiten und Begräbnisfeiern der Könige statt. Durch einen Brand wurde 1959 der Innenraum vollständig zerstört, ist aber inzwischen wieder renoviert.

Zum Ausruhen und Beobachten lädt die **Pastelaria Suiça** 22 ein. Sie war früher ein wichtiger Treffpunkt Lissaboner Bürger und wird auch heute noch stark frequentiert. In den vierziger Jahren trafen sich hier viele Menschen, die vor den Nationalsozialisten flüchten mußten. Damals waren ins Café gehende und in der Öffentlichkeit rauchende Frauen ein kleiner Schock für die portugiesische Männerwelt, denen die Cafés noch bis in die 70er Jahre vorbehalten waren. Vor der Pastelaria Suiça sitzend, läßt sich das rege Leben auf dem Rossio besonders gut verfolgen.

Östlich des Rossio liegt die **Praça da Figueira** 23 mit der Statue Dom João I. Auch hier gibt es zahlreiche Straßencafés.

Die Avenida da Liberdade und ihre Nebenstraßen

Karte S. 50/51

Westlich des Rossio befindet sich die **Estação do Rossio** 24. Von diesem Bahnhof mit seiner dem manuelinischen Stil nachempfundenen Fassade aus fahren Züge in Richtung Sintra.

1882 ließ der damalige Bürgermeister Rosa Araujo die rund 1500 m lange und 90 m breite Avenida da Liberdade anlegen. Sie verbindet die Praça dos Restauradores mit der nördlich gelegenen Praça Marquês de Pombal. Auf dem Restauradores befindet sich der 30 m hohe Obelisk, der am 28. April 1886 zum Gedenken an die Revolution von 1640 eingeweiht wurde. Damals vertrieb man die Spanier, und der Herzog von Bragança wurde König Portugals. Auf dem Sockel des Obelisken stehen die wichtigsten Daten der Restaurationszeit.

Rund um den Restauradores befinden sich viele Kioske, in denen man auch deutsche Zeitungen erhält, im Osten des Platzes befindet sich die Hauptpost. Auf der gegenüberliegenden Seite ist der **Palácio Foz** 25, Ende des 18. Jh. im neoklassizistischen Stil errichtet. Im Erdgeschoß befindet sich die Touristeninformation.

Neben dem Palast ist in das alte Eden-Filmtheater ein Hotel eingezogen. In Wim Wenders' Film »In weiter Ferne so nah« kann man es noch bewundern. Aber trotz aller Proteste konnte das Eden nicht als Veranstaltungshaus gerettet werden. Die meisten dieser Lissaboner Großraumkinos stammen aus den 30er Jahren, sie wurden inzwischen vollständig umgebaut, abgerissen oder werden wie das Europa in Campo d'Ourique als Fernsehstudio oder anderweitig genutzt.

Östlich vom Restauradores, in der Rua das Portas de Santo Antão ist einer der wichtigsten Veranstaltungsorte Lissabons, das **Coliseu** 26. Ein Teil der Gelder der Kulturhauptstadt wurden 1994 für die Renovierung dieses Hauses verwandt. In der Nähe des Coliseu befinden sich viele Restaurants, in denen man gut

Wie aus 1001 Nacht ...
Calouste Sarkis Gulbenkian

In der Avenida da Berna in Lissabon stehen die Gebäude der Stiftung Calouste Gulbenkian, eine der reichsten privaten Kulturstiftungen der Erde. Diese für das kleine Portugal wahrlich segensreiche Einrichtung verdanken wir dem sagenhaften Reichtum des in seiner Zeit vermögensten Mannes: Calouste Sarkis Gulbenkian, der als ›Mr. five per Cent‹ in die Geschichtsbücher einging, denn bei den größten Erdölfirmen hielt er fünf Prozent der Anteile, bzw. war er mit fünf Prozent an der Differenz zwischen Produktions- und Verkaufspreis beteiligt.

Auf den wenigen Fotografien, die von ihm existieren, sieht man einen kleinen, unscheinbaren Mann, gedrungen, kaum größer als 160 cm. Der Kopf ist eiförmig, schon früh gingen ihm die Haare aus. Ein Schnauzbart und eine Adlernase, kurze, dicke Finger. Von einem Hals ist nichts zu sehen, der Kopf sitzt auf den Schultern. Eine unauffällige, keineswegs imposante Erscheinung, die da ein bißchen griesgrämig, nicht eben zufrieden in die Kamera blickt.

Calouste Sarkis Gulbenkian wird am 29. März 1869 in Scutari, Istanbul, damals Konstantinopel, geboren. Im selben Jahr wird der Suezkanal eröffnet. Rückblickend läßt sich also von zwei Großereignissen für die Erdölindustrie sprechen. Der Vater, Sarkis Gulbenkian, ist ein Händler, der sich gemeinsam mit seinem Bruder in der anatolischen Stadt Kayseri niederließ, damals mit mehr als 50 000 Einwohnern eine gewaltige Stadt, später siedelt er nach Konstantinopel über. Die beiden Brüder handeln mit Schafen, Wolle und Teppichen, später auch mit Kaviar und dem damals für Beleuchtung unentbehrlichen Paraffin.

Die Gulbenkians gehören zum armenischen Volk. So ist ihnen das Leben als Händler und Kaufleute vertraut, auch heißt es, daß die Armenier ihre berühmtes diplomatisches Geschick und ihre außerordentliche Schlauheit den ewigen Verfolgungen und Pogromen verdanken, denen diese Menschen immer wieder ausgesetzt waren.

Die Jugend Gulbenkians und seiner zwei nachgeborenen Brüder, Karnig und Varhan, ist durch eine sorgfältige Erziehung geprägt. Bevorzugtes Ziel der väterlichen pädagogischen Bemühungen ist der Erstgeborene. Er besucht die französische Schule in Kadi Kói. Dorthin wird er auf den Schultern eines Sklaven getragen, der, um Kollisionen zu vermeiden, lautstark verkündet: »Platz da, hier kommt der Sohn des Calouste, der beste Schüler der Schule.« Und so war es dann auch.

Vor Beginn seines Studiums am Londoner King's College schickt der Vater ihn für ein Jahr nach Marseille. Dort erwartet ihn eine Gemeinde von Armeniern, allesamt Freunde oder direkt zur Familie gehörig. Die Vorbereitung auf die universitäre Aufnahmeprüfung nimmt er so genau, daß er sie im folgenden Jahr mit Glanz besteht und sich für Ingenieurwissenschaften einschreibt.

Gulbenkian beendet sein Studium am King's College mit einer Arbeit über Erdöl. Eine außergewöhnliche Arbeit. George Perrot, Direktor der École Normale Supérieure und Mitglied des Institut de France liest diese Arbeit und empfiehlt sie für eine Publikation in Frankreich.

Auch wenn dies der Grundstock für eine wissenschaftliche Karriere hätte sein können, hat der Vater doch anderes im Sinn. Er schenkt ihm eine Reise zu den Erdölfeldern von Baku. Calouste Gulbenkian faßt seine Eindrücke dieser Reise in dem Buch »La Transcaucasie et la Péninsule d'Apchéron – Souvenirs de Voyage« zusammen, einige Kapitel daraus werden in der »Revue des Deux Mondes« unter dem Titel »Le pétrole, source d'énergie« publiziert. Diese Beiträge werden der Grundstock seines späteren Erfolges, sie wecken das Interesse der Regierung des Osmanischen Reichs, und Gulbenkian wird beauftragt, einen Bericht über Erdölfelder im Osmanischen Reich, insbesondere in Mesopotamien zu erstellen.

Neben seinem außerordentlichen kaufmännischen Geschick erwacht in dem stets extrem mißtrauischen Einzelgänger früh schon eine große Leidenschaft: die Kunst. Und auch auf diesem Gebiet leistet er Außerordentliches. Nachdem er England verlassen hatte, läßt er sich in Paris nieder. Sein palastähnliches Haus dort war schon ein kleines Museum, errichtet für seine »kleinen Lieblinge«, die Kunstwerke: heute ist es eine Zweigstelle der Stiftung.

Während des Zweiten Weltkriegs kommt Gulbenkian 1942 nach Portugal und läßt sich in Lissabon nieder, dort stirbt er am 20. Juli 1955 in seiner Suite im Lissaboner Hotel Aviz.

Mehr als 6000 Werke trägt Gulbenkian in etwa vierzig Jahren zusammen, und es war sein Wunsch, diese einmal unter einem Dach versammelt zu sehen. In Portugal wurde ihm dieser Wunsch erfüllt, auch deshalb ist der Sitz der Stiftung nun Portugal. Sie lieh Teile seiner Kollektion an die Londoner National Gallery, an das British Museum und später an die National Gallery of Art in Washington aus. Seit Juni 1960 ist die vollständige Sammlung in Portugal, Teile davon waren von 1965 bis 1969 im Pombal-Palast in der Nähe Lissabons zu sehen. 1969 wurde extra für diese Sammlung das Gulbenkian-Museum in Lissabon errichtet.

Allein die dort vorhandene Sammlung mit Lalique-Schmuck besteht aus etwa 180 Objekten, aus kostbaren Armreifen, Ohrringen, Broschen, Haarnadeln und Halsschmuck, gefertigt aus Glas, Edelsteinen, Metall und Elfenbein. Mit ihren bizarren Formen, den Vögeln, Frauenköpfen, Schlangen und Blumen und ihren erlesenen Materialien faszinieren diese Stücke noch heute die Museumsbesucher. Seine Münzsammlung gilt als eine der besten der Welt, auch die ägyptischen Antiquitäten, seine Teppiche und Gemälde, unter anderem von Rembrandt und Watteau. Ein Besuch dieser ganz außergewöhnlichen Sammlung ist unbedingt empfehlenswert (s. Karte hintere Innenklappe). Zeitgenössische Kunst wird man allerdings dort nicht finden. Mit Ausnahme von René Lalique, mit dem Gulbenkian befreundet war, hatte er für die Moderne nicht allzu viel übrig.

ißt, auch wenn die Zone recht touristisch ist und es als unangenehm empfunden werden kann, wenn Schlepper immer wieder versuchen, Kunden in ihr Restaurant zu ziehen. Ein Preisvergleich auf den vor den Restaurants ausgestellten Speisekarten lohnt sich unbedingt. Bekannt ist vor allem das Gambrinus, eines der bekanntesten Restaurants Lissabons in der Rua das Portas do Santo Antão 23.

Zu empfehlen ist ein Blick in die im arabisch-französischen Stil gehaltene **Casa do Alentejo** 27 (Santo Antão 58), in der typische Feste stattfinden und die Küche dieser Region gepflegt wird.

Dort, wo der Restauradores endet und die Avenida da Liberdade beginnt, kann man mit der Schienenbahn die steile Straße Calçada da Glória entspannt bewältigen und nach Westen zum Bairro Alto gelangen.

Die Avenida da Liberdade endet am **Marquês de Pombal** 28. Nach ihrer vollständigen Renovierung präsentiert sich die Statue mit dem Marquês wieder in altem Glanz. Schöner aber als der Blick auf den Marquês ist der Blick auf den Boden, dort kann man die Mosaikkunst portugiesischer *calceteiros,* Pflasterer, bewundern, die in mühevoller Handarbeit, stundenlang hockend und traurig entlohnt, 1960 das Mosaik mit der *caravela* schufen. Aufgrund steigender Lohnkosten soll dieses einmalige Straßenpflaster bald nur noch im Zentrum zu finden sein, schlichter Asphalt ist in der Unterhaltung billiger.

Hinter dem Platz liegt der Park Eduardo VII. Von seinem oberen Rand aus hat man einen herrlichen Blick über die Unterstadt bis zum Tejo und auf die andere Seite des Flusses. Dort befindet sich auch der Eingang zum **Gewächshaus** 29 (Estufa Fria) mit seinen tropischen Pflanzen.

Chiado und Bairro Alto

Karte S. 50/51

Wo die Rua Aurea und die Rua de Santa Justa zusammentreffen, steht der von Raúl Mesnier (und nicht von Gustave Eiffel, wie manchmal behauptet) erbaute **Elevador de Santa Justa** 30. Mit ihm – oder auch zu Fuß – gelangt man zur **Carmo-Kirche** 31, und an den oberen Rand des Chiado, der im 19. Jh. das Zentrum der Künstler, Intellektuellen und Bohemiens war. Auf der Plattform des Aufzugs, die man über eine Wendeltreppe erreicht, befindet sich ein Café, von dem aus sich ein herrlicher Blick über die Stadt bietet. Am oberen Haltepunkt ist der Durchgang zur Carmo-Kirche, deren Dach 1755 zerstört wurde. Heute hat sich hier das Archäologische Museum eingerichtet.

Die Kirche aus dem 14. Jh. mit dem schönen Eingangsportal gilt als bedeutendstes gotisches Bauwerk Lissabons, und es ist ein Ort der Stille, an dem sogar trotz des Stadtlärms der Flügelschlag der Tauben noch zu hören ist. In dem angrenzenden ehemaligen Konvent ist heute die Nationalgarde untergebracht.

In der Nähe des Largo do Carmo stehen zwei einschiffige Kirchen, die Ende des 18. Jh. fertiggestellt wurden, die **Igreja da Encarnação** 32 und die **Igreja do Loreto** 33 mit Bildern italienischer Maler.

In der Rua Garrett Nr. 120 ist das berühmteste Café Lissabons: **A Brasileira** 34 do Chiado. Vor dem Café steht die Bronzestatue von Fernando Pessoa, dem bekanntesten Dichter Portugals in diesem Jahrhundert. Ein gemeinsames Foto mit dem Schriftsteller gehört zu den beliebteren Motiven; davon kann man sich leicht überzeugen, wenn man

Der Elevador de Santa Justa

von der angenehmen Esplanade aus die Lissaboner beim Einkaufsbummel beobachtet. Das Café-Restaurant war Treffpunkt der Intellektuellen und Künstler. Auch wenn das Brasileira heute stark von Touristen frequentiert wird, hat es diese Bedeutung noch nicht ganz verloren. Selbst während der Zeit des Salazarismus soll man hier angeblich offen diskutiert haben – mit den Spitzeln der Diktatur am Nebentisch. Deren Zentrale war in einer Nebenstraße der Rua Garrett, in der Rua António Maria Cardoso. Dort befand sich das **Hauptquartier der Pide** 35, der Geheimpolizei des Diktators. Während der Nelkenrevolution vom 25. April 1974 fielen hier die einzigen Schüsse – von Agenten der Pide auf die Bevölkerung.

In der Parallelstraße Rua Serpa Pinto gibt es zwei für das kulturelle Leben der Lissaboner wichtige Einrichtungen: Das **Teatro São Carlos** 36, dessen neoklassizistische Fassade dem gleichnamigen Theater in Neapel nachempfunden ist, wurde 1793 eingeweiht. Im Inneren befindet sich ein großzügiger, fünf Ränge hoher Veranstaltungssaal. In derselben Straße öffnete im Jahr der Kulturhauptstadt 1994 das **Museu do Chiado** 37 erneut seine Pforten (portugiesische Kunst der letzten 100 Jahre). Nur wenige Schritte vom Teatro São Carlos entfernt ist ein weiterer Veranstaltungsort, das 100 Jahre jüngere **Teatro São Luis** 38, das 1914 bei einem Brand vollkommen zerstört und anschließend sorgfältig renoviert wurde.

Von der Rua Garrett aus gelangt man über die Rua Nova da Trindade zum 1867 gegründeten **Teatro da Trindade** 39. Der Straße folgend kommt man zur Cervejaria da Trindade, einem der bekanntesten gastronomischen Orte Lissabons. Umgeben von schönen Azulejos wird hier selbstgebrautes Bier getrunken und *bife à Trindade* gegessen, im Sommer bietet es sich an, einen Platz im Innenhof zu suchen. Trotz der Größe des Gebäudes müssen Wartezeiten eingeplant werden. Die Portugiesen sind dabei sehr geduldig – wo sich Schlangen bilden, wird auch gut gegessen.

Am Ende der Rua Nova da Trindade ist der Largo de Trindade Coelho, dort befindet sich die **Igreja de São Roque** 40, eine der interessantesten Kirchen der Stadt. Das von außen eher schlichte Bauwerk hat als kostbaren Besitz im Inneren die Kapelle São João Baptista, ein unvergleichliches Werk italienischer Kunst des 18. Jh. König Dom João bestellte diese Kapelle 1742 auf Bitten der Jesuiten in Rom, wo sie von den besten Künstlern der Zeit aus erlesensten Materialien gefertigt wurde. Nachdem Papst Benedikt XIV. sie 1744 in Rom gesegnet und dafür vom portugiesischen König die beachtliche Summe von 100 000

Chiado aus der Asche

Von dem Feuer, das in den Morgenstunden des 25. August 1988 im 1904 entworfenen Kaufhaus Grandella im Lissaboner Chiado-Viertel ausbricht, sind 18 Gebäude in einem Gebiet von etwa 100 m ξ 200 m betroffen. Elf der Häuser werden von den Flammen zerstört, die anderen teilweise stark beschädigt. Vom Schloß aus läßt sich das Ausmaß der Zerstörung am deutlichsten ermessen.

Der Portuenser Architekt Álvaro Siza Vieira wird umgehend mit dem Wiederaufbau beauftragt. Einzige Vorgabe des zu der Zeit in Lissabon regierenden Bürgermeisters: Der Chiado soll in seiner alten Form wiedererstehen. Diese Entscheidung löst sogleich eine heftige Kontroverse zwischen Erneuerern und Bewahrern aus. Das Konzept von Siza, dem international renommierten Architekten, ist ein goldener Mittelweg, seinen eigenen Worten zufolge die Strategie der Erinnerung.

Der Chiado bildet die Achse zwischen dem Bairro Alto, der Oberstadt, und der Baixa, der Unterstadt. Nach dem Erdbeben und der dadurch verursachten Brandkatastrophe von 1755 hatte der Marquês de Pombal, ausgestattet mit der notwendigen Macht, in den betroffenen Teilen systematisch modernisiert. So wurde in Lissabon zum ersten Male ein urbanes Konzept nach aufklärerischen Ideen und pragmatischen Notwendigkeiten realisiert. Eine grundlegende Veränderung des Chiado bei seinem Wiederaufbau hätte die Anlage der gesamten Unterstadt zerstört.

Zu Beginn dieses Jahrhunderts und bis in die 70er Jahre war der Chiado äußerst beliebt, ein Treffpunkt Lissaboner Bürger. Hier waren traditionsreiche Geschäfte wie das Grandella, die

Cruzados erhalten hatte, wurde sie zerlegt und nach Lissabon verschifft. 1747 kam sie in Portugal zusammen mit den Künstlern an, die sie erschufen. 1749 war die Kapelle wieder aufgebaut. Im benachbarten Kirchenmuseum finden sich bedeutende Schätze italienischer religiöser Kunst des 18. Jh.

Am oberen Haltepunkt der Schienenbahn, die vom Restauradores aus die Calçada da Glória in Angriff nimmt, ist einer der schönsten Aussichtspunkte Lissabons, **São Pedro de Alcântara** 41, mit einem faszinierenden Blick auf die Unterstadt und den Schloßhügel. Das Monument auf dem Platz wurde zu Ehren des Journalisten Eduardo Coelho errichtet, dem Begründer der ältesten Lissaboner Tageszeitung, dem »Diário de Notícias«.

Von dort aus, der Rua da Escola Politécnica nordwestlich Richtung Rato

Armazéns do Chiado, die 1846 in der Rua Nova do Almada eröffnete Konditorei Ferrari oder das Musikgeschäft Valentim de Carvalho von 1826. Die Erinnerung an die goldene Zeit des Chiado wurde erst durch den Brand wiederbelebt. Zum Zeitpunkt der Katastrophe hatte das Viertel seine Bedeutung nahezu verloren.

Der Erneuerungsplan bezog eigentlich die gesamte Baixa mit ein, auch da verdrängten die Geschäfte allmählich den Wohnraum, sind nach Ladenschluß die Straßen menschenleer. Für die Erneuerung des Chiado war der Brand sogar hilfreich; auch dank städtischer Subventionen konnten die Eigentümer der Gebäude für einen gemeinsamen Plan gewonnen werden. Die Fassaden wurden nach langwierigen Materialstudien wieder originalgetreu errichtet. Entscheidend verändert wurde allerdings das Innenleben der Gebäude. Der Chiado sollte vor allem wieder belebt und bewohnt werden, etwa ein Drittel wird als Wohnraum genutzt.

Das 1904 von dem französischen Architekten George Demay entworfene Grandella wird von außen unverändert als multifunktionales Gebäude wiedererrichtet. Geschäfte, Büros und Räume für kulturelle Veranstaltungen teilen sich den Platz.

Als Hotel konzipierte Siza das Warenhaus Grandes Armazéns do Chiado, das auf den Ruinen eines Klosters in ähnlichem Stil wie das Grandella stand. Unter dem Gebäude ist der Zugang zur Metrostation Baixa, wodurch der Chiado in das Verkehrsnetz der Stadt eingegliedert wird.

Diese Tendenz zu Durchlässigkeit und Bewegung bestimmt auch die Erneuerung des Häuserblocks, der zwischen den Straßen Garrett, Nova do Almada und Ivens und dem engen Treppendurchgang São Francisco liegt. Hier wurde ein von drei Seiten aus zugänglicher Innenhof geschaffen, mit Cafés, kleinen Geschäften und einem Brunnen.

Auf mittelalterlichen Stichen war ein Fußweg von der Carmo-Kirche zum Chiado zu erkennen. Dieser alte Fußweg wird wiederhergestellt und der Chiado auch in diesem Bereich erneut zum Verbindungsstück zwischen der Baixa und der Oberstadt. Schon während der umfangreichen Bauarbeiten zeigte die architektonische Strategie Erfolge - der Chiado ist heute wieder ein belebtes Viertel.

folgend, gelangt man zu dem kleinen Park am **Príncipe-Real-Platz** 42, der in der Literatur als einer der angenehmsten der Stadt beschrieben wird. Weiter nördlich, rechts der Straße, befindet sich der **Jardim Botânico** 43. Ende des 19. Jh. begonnen, galt er als einer der schönsten botanischen Gärten Europas.

Im Bairro Alto, der Oberstadt, wohnten früher die Adeligen; architektonisches Beispiel dafür ist in der Rua do Século der **Palácio dos Carvalhos** 44 aus dem 17. Jh. Heute ist das Viertel mit seinen zahlreichen Bars, Restaurants und *fado*-Lokalen eines der wichtigsten Vergnügungsviertel der Stadt. Ein abendlicher Bummel durch die engen Gassen voller Musik und Essensdüfte gehört zum festen Programm Lissaboner Jugendlicher. (Achtung: Schlepper in die nicht eben preiswerten *fado*-Lokale erweisen sich mitunter als sehr

Das Flußufer mit seinen Restaurants ist zu einem beliebten Treffpunkt geworden

hartnäckig!) Zu empfehlen ist ein Besuch im **Bota Alta** 45. Das kleine Restaurant in der Rua da Atalaia ist längst schon ein Klassiker des Viertels.

Am Rande des Bairro Alto, auf der **Praça Luís de Camões** 46 mit ihrem schön gearbeiteten Straßenpflaster steht die Statue von Portugals Nationaldichter. Luís Vaz de Camões, der Verfasser des ersten modernen epischen Gedichts, der »Lusiaden«, wurde 1525 in Lissabon als Sohn einer verarmten adeligen Familie geboren. Als Soldat war er in Nordafrika, später im Orient, von wo er nach zahlreichen Abenteuern 1569 mittellos zurückkehrte. Bei einem Schiffbruch soll er das Manuskript seines berühmten Gedichts mit einem Arm über den Wellen gehalten und so gerettet haben. Camões, auch Verfasser von Sonetten und anderer Lyrik, verstarb 1580 völlig verarmt an der Pest in Lissabon. Der 10. Juni, Todestag des Dichters, ist auch einer der insgesamt vier Nationalfeiertage.

Der Aussichtspunkt **Santa Catarina** 47 am Ende der gleichnamigen Straße bietet einen schönen Blick über den Fluß und die andere Seite des Tejo.

Vom südlichen Rand des Bairro Alto aus kann man mit dem Aufzug vom **Largo do Calhariz** 48 durch die Rua da Bica in das Gebiet am Fluß gelangen.

Das Flußufer

s. Karte hintere Innenklappe

Wichtiges Zentrum des Lissaboner Freizeit- und Nachtlebens ist neben dem Bairro Alto und der Avenida 24 de Julho seit 1996 vor allem das Tejo-Ufer. Mit Hilfe einer Bürgerinitiative konnte der Plan verhindert werden, diesen Teil der Stadt hauptsächlich für Büros und Firmen zu nutzen. Mit einem neuen Plan wurde das Tejo-Ufer den Bürgern zurückgegeben. Allein im Bereich der Doca de Santo Amaro in Alcântara öffneten 32 neue Bars in ehemaligen Speichern oder Häusern der Hafenverwaltung. An den milden Sommerabenden pilgern die Lissaboner nun zu Tausenden dorthin, für einen Spaziergang entlang der Segeljachten und ein kühles Glas Wein.

Aber die Gegend wird nicht nur des abends geschätzt, tagsüber sieht man hier Jogger, Angler und Radfahrer, und einen Farradverleih gibt es ebenso wie eine Rollschuhbahn.

Belém und Ajuda

Kein Ort in Lissabon wirkt so eng mit den Seefahrern und der Zeit der Entdekkungen verbunden wie der am Tejo Richtung Cascais gelegene Stadtteil Belém (Bethlehem). Hier finden sich das Jéronimo-Kloster, der Turm von Belém, der Palácio de Ajuda, das Centro Cultural de Belém (s. S. 73) und andere interessante Sehenswürdigkeiten für einen längeren Besuch, der einen ganzen Tag in Anspruch nehmen kann.

Im 15. Jh. war Belém lediglich ein am Hafen gelegenes Dorf, in dem Heinrich der Seefahrer eine kleine Kapelle erbauen ließ. Dort hörten Vasco da Gama und seine Begleiter vor ihrer Fahrt nach Ostindien im Juli 1497 die Messe. Als Gama 1499 zurückkehrte, wurde er am gleichen Ort von Dom Manuel I. empfangen.

Einem verbreiteten Irrtum zufolge soll das **Jerónimo-Kloster** **1** zur Feier der Entdeckung des Seewegs nach Indien erbaut worden sein. Tatsächlich aber wandte sich Dom Manuel I. schon 1496 an den Heiligen Stuhl mit der Bitte, ein Kloster für die Mönche des Jerónimo-Ordens errichten zu dürfen. Die Grundsteinlegung fand wahrscheinlich am 6. Januar 1502, am Tag der Heiligen Drei Könige, statt. Architekt war von 1502–16 Diogo Boytac, der bereits die Igreja de Jesus in Setúbal erbaut hatte, der an der Kathedrale von Guarda, der Kirche Santa Cruz in Coimbra und auch in Batalha mitwirkte. Ihm folgte 1517 João de Castilho nach. Als Mitarbeiter wirkte auch der Bildhauer Nicolau Chanterène, der 1517 das Westportal schuf.

Das Kloster insgesamt ist der reichste Ausdruck des manuelinischen Stils (s. S. 167). Grob unterscheiden läßt es sich nach den Bauphasen seiner ersten Architekten. Die Struktur des Gebäudes und die naturalistische Ausschmückung verdankt es Boytac, die Dekoration der Säulen und Bögen, die obere Galerie des Kreuzgangs und die reiche Verzierung der Portale stammen von Castilho und seinen Mitarbeitern. Letzter Verantwortlicher der rund siebzig Jahre währenden Bauzeit war der spanische Architekt und Bildhauer Diogo Torralva, von dem der Chor stammt (von Jcan dc Rouen im Stil der Hochrenaissance vollendet). Wenn auch der direkte Anlaß für den Bau nicht die Entdeckung des Seewegs nach Indien war, so ist doch der äußere und innere Reichtum den Kolonien und ihren Schätzen zuzuschreiben.

Das reich verzierte Südportal von Boytac und Castilho ist 32 m hoch und 12 m breit. In der Mitte ist Heinrich der Seefahrer zu sehen, außerdem Plastiken der Apostel, Propheten und von weissagenden Sibyllen.

Das Westportal ist ein Meisterwerk von Chanterène und zeigt in den oberen Nischen die Verkündigung, die Geburt Jesus und die Anbetung der Heiligen Drei Könige. Seitlich der Torflügel die Figuren von Dom Manuel und Dona Maria, die von Jerónimo und Johannes dem Täufer gestützt werden.

Die drei Schiffe der Kirche Santa Maria haben eine Länge von 92 m und

Belém und Ajuda *1 Jerónimo-Kloster 2 Capela de São Jerónimo 3 Centro Cultural de Belém 4 Padrão dos Descobrimentos 5 Torre de Belém 6 Fábrica dos Pasteis de Belém 7 Palácio de Belém 8 Kutschenmuseum 9 Jardim Tropical 10 Igreja da Memória 11 Jardim Botânico de Ajuda 12 Palacio da Ajuda*

sind 25 m breit. Auf der Südseite ein Weihwasserbecken von Chanterène. Besondere Aufmerksamkeit verdient das Querschiff mit einer Höhe von 25 m, 29 m Länge und 19 m Breite.

Der quadratisch angelegte Kreuzgang ist von vollendeter Schönheit und das Schmuckstück der ganzen Anlage. Der untere Teil stammt von Boytac, das Obergeschoß von Castilho. Die perfekte Harmonie dieses Kreuzgangs, seine einmalige Struktur, das Material und die reiche Dekoration bewirken eine Leichtigkeit in Stein, die ihresgleichen sucht.

Von dem nordöstlichen Teil des Kreuzgangs kann man in den Kapitelsaal gelangen, hier befinden sich u. a. die Grabmäler von Vasco da Gama und Camões.

Oberhalb des Klosters liegt das Viertel Restelo, das zwischen 1949 und 1955 erbaut wurde. In der Nähe des Fußballstadions (Estadio do Belenenses) befindet sich die **Capela de São Jerónimo 2**, die auch von Boytac erbaut wurde. Die Kirche besticht durch ihre ausgewogenen Proportionen und die schönen Verzierungen. Von dem Platz vor der Kirche aus hat man im Herbst, wenn die Blätter der Bäume die Aussicht nicht verdekken, einen wundervollen Blick über Belém und den Tejo.

Richtig Reisen
Tip

Gut essen in Belém und Ajuda

Ein teures, aber ausgezeichnetes Restaurant ist A Comenda im Centro Cultural de Belém, wo eine Mischung aus internationaler und portugiesischer Küche gepflegt wird.

Am oberen Rand von Ajuda findet sich der Mercado do Peixe, der Fischmarkt, in der Estrada do Casal Pedro Teixeira. In dem ehemaligen Markt hat eines der besten (und teuersten) Fischrestaurants der Stadt eröffnet. Am Eingang wählt man den Fisch, der anschließend – hervorragend zubereitet – serviert wird.

Überquert man die Praça do Império vor dem Kloster, gelang man zu Lissabons neuem Kulturzentrum, dem **Centro Cultural de Belém** 3 (s. S. 73).

Auf die dem Fluß zugewandte Seite der Avenida da Índia gelangt man am besten und gefahrlosesten durch die Unterführung in Höhe des **Padrão dos Descobrimentos** 4, dem Denkmal der Entdeckungen. Das 1960 fertiggestellte Monument zeigt den vorderen Teil einer Karavelle, von der aus Heinrich und eine Besatzung aus Seefahrern, Missionaren und Künstlern nach Land Ausschau halten. Vor dem Denkmal auf dem Boden eine Windrose, auf der die portugiesischen Entdeckungen und Besitzungen (s. Abb. S. 66) verzeichnet sind. Die Windrose war ein Geschenk Südafrikas, das Monument selbst wurde 1940 aus Gips für die Ausstellung der portugiesischen Welt erbaut und erst später aus Stein gefertigt.

Unweit der Karavelle am Tejo steht das Wahrzeichen, das Aushängeschild Lissabons, der **Torre de Belém** 5. Der 1515 oder 1516 von Francisco de Arruda im Auftrag von Dom Manuel I. begonnene und 1521 fertiggestellte Turm gehört zu den elegantesten und gelungensten Bauwerken des Landes. Ursprünglich stand er inmitten des Tejo, etwa 200 m vom Ufer entfernt, aber durch die Veränderungen des Flußlaufes in südlicher Richtung ist er heute mit dem Land verbunden.

Der vierstöckige Turm, der auch lange Zeit als Staatsgefängnis diente, zeigt romanische, gotische, maurische und byzantinische Elemente. Der manuelinische Stil des Turms aber macht ihn zu einem einzigartigen Bauwerk. Im Inneren der Anlage befindet sich der sechseckige Hof; dadurch wirkt das Bauwerk insgesamt wie ein Schiffsbug. Wie aus dem Märchen wirkt der Turm bei Sonnenuntergang oder in hellen Mondnächten.

Überall wird in Lissaboner Cafès zu dem kleinen Café, der *bica,* eine kleine Blätterteigpastete mit einer Vanillecreme gegessen, *pastel de nata* oder

Der Torre de Belém

auch *pastel de Belém.* Eine Kultstätte für Verehrer dieser Kuchen ist die **Fábrica dos Pasteis de Belém** 6, die seit 1837 in der Rua de Belém in Betrieb ist und wo diese Köstlichkeiten ständig frisch aus den alten Öfen kommen. Ein Besuch dieses großen Cafés lohnt auch wegen der schönen Azulejos.

Ebenfalls in der Rua de Belém, an der Praça Afonso de Albuquerque, ist der **Palácio de Belém** 7, die aktuelle Residenz des portugiesischen Präsidenten. Im ehemaligen Pferdestall des Palastes ist das **Kutschenmuseum** 8 untergebracht.

Vom Largo dos Jerónimos aus gelangt man in den **Jardim Tropical** 9, wo es Hunderte von exotischen Pflanzen zu betrachten gibt.

In der Nähe befindet sich der Beco do Chão Salgado. Hier befand sich das Haus der Távoras, die am 3. September 1758 ein Attentat auf König Dom José I. verübten. Der Boden wurde mit Salz verunreinigt, damit dort nie wieder etwas wüchse. Am Ort des mißlungenen Anschlags hat der König aus Dankbarkeit den Bau der **Igreja da Memória** 10 bestimmt.

Weiter oben, der Calçada da Ajuda folgend, ist der **Jardim Botânico de Ajuda** 11, den der Marquês de Pombal errichten ließ.

Oberhalb des Gartens ließ König Dom José I. nach dem Erdbeben 1755 einen Palast aus Holz erbauen, den **Palácio da Ajuda** 12. 1794 wurde er bei einem Brand zerstört und an derselben Stelle 1802 mit dem Bau eines neuen begonnen, der aber nie vollendet wurde. In einem der Säle des Gebäudes schwor Dom Miguel 1828 auf die Verfassung. In dem schön ausgestalteten Palast befindet sich heute ein Museum.

Überdimensioniert – Das Centro Cultural de Belém

Ein Denkmal der eigenen Größe wollte sich Portugals von 1985 bis 1995 unter ihrem Ministerpräsidenten Cavaco Silva amtierende Regierung mit diesem Bauwerk setzen.

Den Erfolg der angeblich gelungenen Wirtschaftspolitik der Konservativen sollte das Centro Cultural de Belém krönen.

Da kam der Platz des Imperiums gerade recht, schließlich erinnert die Zone an den Aufbruch der portugiesischen Seefahrer zu ihren Entdeckungen.

Das umstrittene Bauwerk, das in der portugiesischen Presse oft als ›Bunker‹ bezeichnet wurde, steht direkt vor dem Kloster Dos Jerónimos, das von der UNESCO zum Kulturdenkmal der Menschheit erklärt wurde.

Das Centro Cultural de Belém wurde mit architektonischer Aggressivität in die für das Jerónimo-Kloster vorgesehene Schutzzone gesetzt. Auch der Blick auf den Turm von Belém ist nun verstellt.

Gebaut wurde das Kulturzentrum von Vittorio Gregotti und Manuel Salgado; Gregotti zeichnet u. a. für das Olympiastadion in Barcelona verantwortlich. Die beiden Architekten wollten kein einfaches Gebäude, sie entwarfen eine kleine Stadt mit Plätzen und rechtwinklig zum Tejo verlaufenden Straßen, ein kleines Lissabon, ein Symbol der Stadtstruktur.

Bei der Planung wurden leider die Kosten vollkommen unterschätzt, erst drei Jahre nach Baubeginn wurde eine Firma damit beauftragt, die tatsächlichen Kosten zu berechnen.

Der portugiesische Staat hatte sich hoffnungslos übernommen.

Von fünf geplanten Abschnitten konnten nur drei fertiggestellt werden, das Gebäude wird unvollendet bleiben. Das geplante Kongreßzentrum wäre ohnehin nicht nötig gewesen, dafür steht in der Stadt schon genügend Platz zur Verfügung, auch an Hotels und Einkaufsmöglichkeiten gibt es keinen Mangel.

Viel schlimmer ist die schwierige Finanzsituation für das ursprünglich im Zentrum vorgesehenen Museum, denn Geld zum Ankauf von Kunst und dem Aufbau einer eigenen Sammlung ist nun nicht mehr vorhanden, und so bleiben die hervorragend geeigneten Räume wechselnden Ausstellungen vorbehalten.

Nachdem sich die erste Aufregung um das Centro Cultural de Belém gelegt hat, scheinen die Lissaboner es heute zu akzeptieren, und es ist ein gut besuchter Ort für Musikveranstaltungen und Ausstellungen, gelegentlich auch für Theater. In den Sommermonaten finden abends auf der Terrasse vor dem Café regelmäßig Jazzveranstaltungen statt.

Vor den Toren der Stadt

Queluz und Sintra, Cascais und Estoril

Die hier vorgeschlagene Route läßt sich nördlich bis nach Mafra und Ericeira ausdehnen. Wer aber über etwas mehr Zeit verfügt und auf Erholung im Urlaub bedacht ist, sollte vielleicht zwei oder drei Touren daraus machen...

Queluz

(S. 238) **Queluz** 1 ist vor allem wegen seines Palácio Nacional bekannt, einem der schönsten Schlösser Portugals.

Die Stadt gehört zur Gemeinde Sintra und liegt in einer fruchtbaren Zone, etwa 16 km von Lissabon entfernt (Autobahn Richtung Sintra). Noch im 17. und 18. Jh. war Queluz lediglich ein Ort, an dem einige Adelige ihr Landhaus hatten. Heute gehört es zum Großraum Lissabon und hat fast 50 000 Einwohner. Die Fahrt dorthin und weiter nach Sintra führt vorbei an architektonisch wenig gelungenen Hochhaussiedlungen, die innerhalb kurzer Zeit in der Nähe Lissabons entstanden sind. Diese neuen Städte wachsen unterdessen genauso plan- und konzeptlos weiter, wie sie begonnen wurden. Bis dringend notwendige Infrastrukturen nachgeliefert werden, dauert es oft Jahre. Für viele junge Familien aber sind Cacém, Mem Martins oder Amadora die einzigen Orte, an denen sie sich eine Wohnung leisten können.

Seinen Aufschwung verdankt Queluz seinem schönen Schloß, das im Stile des Rokoko von 1758–94 erbaut wurde. Der größte Teil der Arbeiten wurde von dem portugiesischen Architekten Mateus Vicente Oliveira und dem französischen Künstler und Architekten Jean-Baptiste Robillon geplant und geleitet. (Vicente Oliveira war ein Schüler des deutschen Baumeisters Johann Friedrich Ludwig, der das Kloster in Mafra schuf.) Ursprünglich war das Schloß ein einfaches Landhaus, das 1747 unter Dona Maria I. als königliche Sommerresidenz ausgebaut und ab 1758 zu dem heutigen Palast erweitert wurde.

Besonders sehenswert sind die Löwentreppe und die Versailles nachempfundene Aussicht vor dem Don-Quichote-Saal. Alle Fassaden des Gebäudes sind so angelegt, daß sie dem Garten zugewandt sind. Prachtvoll sind die Gartenanlagen mit Obstbäumen, Brunnen, Skulpturen und Azulejos.

Der Palast wird heute für große Staatsempfänge genutzt, ist aber auch teilweise für das Publikum geöffnet. Sehenswert sind der Thron- und der Botschaftersaal sowie der Don-Quichote-Saal. Empfehlenswert ist auch das Restaurant in der alten Palastküche, die Cozinha Velha.

Sintra

(S. 239) Seit 1996 stehen die Stadt **Sintra** 2 und ihre Umgebung unter dem Schutz der UNESCO. Das 27 km von Lissabon entfernt gelegene Städtchen mit seinen etwas mehr als 20 000 Einwohnern, seinen steilen Hügeln und einer der reichsten Vegetationen Europas gehört zu den beliebtesten Zielen in- und ausländischer Touristen.

Seit den Zeiten Dom Dinis' war Sintra wegen seiner milden Witterung während fünf Jahrhunderten Sommerresidenz des portugiesischen Hofes. Schon die Araber erkannten das günstige Klima und errichteten eine Burg und

Der Palácio da Pena in Sintra

einen Palast. Der Paço Real, der Königspalast, soll unter Dom João I. auf den Resten dieses maurischen Gebäudes errichtet worden sein. Seine Existenz ist historisch nicht belegt, sicher aber ist, daß Dom João I. hier 1415 die Expedition nach Ceuta beschloß – der Auftakt zu den großen Entdeckungsfahrten. Von außen betrachtet sind an diesem Palast, der unter Dom Afonso V., Dom João II. und Dom Manuel I. umgebaut und erweitert wurde, besonders die beiden mächtigen Schornsteine der Küche und die Fenster im manuelinischen Stil auffällig. Im Inneren sind zahlreiche Azulejos zu bewundern; schön sind auch die Kapelle, die Sala dos Brasões (›Wappensaal‹) mit der Pyramidenkuppel, an den Wänden sind die Wappen der höchsten Adelsfamilien zu sehen; die Sala das Pegas (›Elsternsaal‹) hat genauso viele Elsternbilder wie damals Hofdamen, deren Vergnügen an Gerüchten so dargestellt wurde; von der Sala dos Cisnes (›Schwanensaal‹) aus gelangt man auf die Terrasse, auf der Camões Dom Sebastião die Lusiaden vorgetragen haben soll.

Eine recht enge und kurvige Straße führt von Sintra aus zu den Überresten des **Castelo dos Mouros** **3**. Der höchste Punkt hier, der Torre Real, mißt 454 m. Die zinnenbesetzten Mauern verdanken wir größtenteils Restaurierungen aus der Zeit Dom Fernando II., von den Arabern stammen vor allem die Grundmauern. Ein Spaziergang hier lohnt vor allem wegen der herrlichen Aussicht über Sintra bis zum Atlantik.

Folgt man der Straße vom Castelo dos Mouros weiter aufwärts, kommt man zu dem bizarren **Palácio da Pena** **4**, eine Art Märchenschloß inmitten eines riesigen, subtropischen Parks. Zwischen 1503 und 1511 hatte Dom Manuel I. hier ein Kloster errichten lassen, das teilweise in den Palast integriert wurde (Kreuzgang und Kapelle). Ab 1840

Von Sintra bis Setúbal

ließ dann Dom Fernando II., der zweite Mann Dona Maria II., den Palast von dem deutschen Baron von Eschwege errichten. Das 500 m hoch gelegene Schloß zeigt u. a. maurische Minarette, gotische Türme, Renaissancekuppeln, manuelinische Elemente und Einflüsse deutscher Romantik. Kunsthistoriker betrachten dieses Stilsammelsurium zumeist naserümpfend, auch wenn es in postmodernen Zeiten schon eher auf Akzeptanz stößt! Insgesamt wirkt der Palast in seiner Umgebung harmonisch und ist für Touristen aus aller Welt von großer Anziehungskraft.

In der Stadt sollte man dem Palast-Hotel Seteais in der Rua Barbosa do Bocage, einem Adelssitz aus dem 18. Jahrhundert, erbaut von dem holländischen Konsul Daniel Gildemeester mit wunderbarer Aussicht über die Serra da Sintra und Colares, einen Besuch abstatten. Reitfreunde können hier für 3000 Esc. (ca. 30.– DM) pro Stunde Pferde leihen.

Ausgedehnte Spaziergänge lassen sich auch im Sommer im angenehmen

Klima Sintras und seiner herrlichen, naturgeschützten Serra machen. Besonders geeignet dafür sind der Parque da Pena und der Parque de Monserrate.

Der Parque da Pena ist gewiß eine der Hauptattraktionen Sintras: Auf gut 200 ha in die Serra de Sintra eingefügt finden sich Bäche und terrassenförmig angelegte kleine Seen, Steinbänke und Monumente und Tausende verschiedener Pflanzen. Richard Strauß rief nach einem Besuch dieses Parks aus: »Heute ist der glücklichste Tag meines Lebens. – Ich kenne Italien, Sizilien, Griechenland und Ägypten, und habe nie etwas vergleichbares gesehen... dies ist der wahre Garten Klingsors – und da oben steht das Schloß des Heiligen Graal.« Von Pena aus führt ein Fußweg zum höchsten Punkt der Serra, dem 540 m hohen Cruz Alta mit herrlicher Aussicht.

Von ähnlicher Schönheit wie der Parque da Pena und momentan besser gepflegt ist der **Parque de Monserrate** 5. Der Mitte des 19. Jh. von dem Engländer Francis Cook angelegte botanische Garten ist einer der größten der Welt. In dem kleinen Palast im Park, der nicht besucht werden kann, lebte Ende des 18. Jh. der englische Schriftsteller William Beckford.

Über Colares auf Umwegen nach Cascais und Estoril

7 km westlich von Sintra und dicht am Meer liegt **Colares** 6. Die Gegend mit ihren zahlreichen Landhäusern *(quinta)* ist berühmt wegen ihrer Früchte. Von hier stammt ein ausgezeichneter Wein »Colares« (weiß und rot), der aber seltener wird, da die Weinhänge versanden. Im Ort gibt es die Kirche Nossa Senhora da Assunção mit schönen Azulejos und einen manuelinischen *pelourinho,* den Schandpfahl oder Pranger.

In der Nähe von Colares kann man einige schöne Strände, Alvidar, Adraga, Praia Grande, Praia das Maçãs und Azenhas do Mar besuchen. In dem wunderbar auf einem Hügel am Meer gelegenen Dorf Azenhas do Mar gibt es auch ein Meerwasser-Schwimmbad.

Auf der Straße von Colares Richtung Cascais findet tagsüber an der Abzweigung nach Praia Grande ein kleiner Straßenmarkt statt, wo es Obst und Gemüse aus der Gegend in bester Qualität gibt.

Weiter Richtung Cascais über Pé da Serra kann man der Beschilderung folgend das kleine, inmitten der Serra gelegene und aus großen Granitblöcken gefertigte **Convento dos Capuchos** 7 (16. Jh.) besuchen. Dieser Teil der Serra de Sintra wird vor allem am Wochenende zum Picknick und von Mountain-Bikers stark bevölkert. Die Straßen durch den Wald sind arg mitgenommen, wer sein Auto liebt, sollte sich lieber für einen längeren Fußweg entscheiden.

Weiter in Richtung Cascais gelangt man am westlichsten Punkt der Serra nach Azoia und von dort zum westlichsten Punkt des europäischen Festlands, dem Cabo da Roca mit seinem Leuchtturm aus dem Jahr 1772, hier, wo nach Camões »das Land endet und das Meer beginnt.« Eine eindrucksvolle Aussicht hat man von der 130 m über dem Meer liegenden Plattform. Sonntag vormittags ist hier ein beliebter Treffpunkt für Motorradfahrer.

Nach ca. 10 km kommt man zu einem der Paradiese für Windsurfer, der **Praia do Guincho** 8 mit klarem, aber meist recht kaltem Wasser. Wegen des stetig und stark wehenden Windes, der normalerweise nur im September schwächer ist, sollte man einen Windschutz mit zum Strand nehmen. Vorsicht ist ge-

Viele Deutsche, die in Lissabon arbeiten, leben in Cascais

boten wegen der Kraft der Wellen. Die Restaurants ab Guincho entlang der Küstenstraße sind bekannt für ihre frischen und ausgezeichneten Fischgerichte.

Auf dem Weg von Guincho nach Cascais, vorbei an Plätzen für Angler, Hotels und Luxusvillen, bietet sich noch ein kurzer Stop (Abzweigung kurz vor Cascais beachten) am **Boca do Inferno** 9 (›Höllenschlund‹) an. Ein Tip für Fans von Fast food: Mit erstaunlichem kommerziellen Erfolg hat sich an diesem Punkt der 20 m hohen Steilküste ein Hot-dog-Verkäufer installiert, der dank günstiger Lage und Musik ein beliebtes Ziel der portugiesischen Jugend geworden ist!

Cascais

(S. 228) **Cascais** 10 war um die Jahrhundertwende ein kleines Fischerdorf und ein eleganter Badeort. Im Spätherbst versammelte sich in der kleinen Badebucht die bessere Gesellschaft. Heute leben in dem 26 km westlich von Lissabon gelegenen Ort knapp 30 000 Einwohner, darunter viele der Deutschen, die in Lissabon und Umgebung arbeiten.

Trotz der Verbesserung der Wasserwerte und dem Bau einer Kläranlage ist das Meer zwischen Cascais und Lissabon zum Baden nicht allzu empfehlenswert – dennoch sind die Strände dort stark frequentiert.

In Cascais ist man auf Reisende eingestellt, vor allem auf englische Touristen (Pubs!); neben der Algarve gehört Cascais zu den bevorzugten Urlaubsorten der Briten.

Die Mitte des 16. Jh. erbaute Festung (im 17. Jh. neu errichtet) erlangte traurige Berühmtheit: Hier landete 1580 das spanische Heer unter Herzog Alba mit seinen 23 000 Soldaten; durch Verrat fiel die Festung und anschließend wurde der Gouverneur öffentlich enthauptet.

Aus dem 17. Jh. stammt die am Largo de Assunção gelegene einschiffige Igreja da Nossa Senhora da Assunção. Die modern gestaltete Decke bemalte José Malhoa, Hauptattraktion sind die farbigen Kacheln der Kapelle und vier Tafeln mit Motiven aus dem Leben Marias, die Gregório Lopes, einem der portugiesischen Meister des 16. Jh. zugeschrieben werden.

Estoril

Dieser Bade- und Kurort mit seiner reichen Vegetation müßte eigentlich im Plural genannt werden, denn er besteht aus São Pedro, São João, **Estoril** 11 und Monte Estoril. Zusammen bilden sie die Costa de Lisboa, bekanntester Strand ist die Praia da Tamariz vor den Kuranlagen. Der früh schon international bekannte Ort hat heute knapp 25 000 Einwohner. Fast alle prächtigen VIllen und kleinen Paläste, Hotels und das elegante Casino stammen aus diesem Jahrhundert. Der ›Glanz‹ von Estoril erschließt sich dem Reisenden allerdings nur, wenn er die Küstenstraße verläßt und sich die kleineren Straßen oberhalb des Casinos ansieht.

Die hiesigen Heilquellen mit ihrem 32° C warmen Wasser helfen bei Hautleiden und bei Gicht. Von Estoril geht es über die Marginal, die Küstenstraße, zurück nach Lissabon.

Malveira da Serra, Mafra und Ericeira

Von Lissabon aus wählt man den Weg über Odivelas, Lousa nach **Malveira** 12 (30 km). Seit 1985 darf sich Malveira mit seinen 4000 Einwohnern *vila,* ›Kleinstadt‹, nennen. Jedes Jahr am 25. März findet hier eine beliebte und gut besuchte *feira,* (›Messe, Jahrmarkt‹) statt. Auch der Markt an jedem Donnerstag zieht viele Kunden aus dem Umland an; deshalb sind dort inzwischen fast an jedem Tag Händler mit ihrem Gemüse, Körben und Tonwaren.

Das Kloster von Mafra

(S. 236) Eines der großen Bauwerke Portugals, auch im wörtlichen Sinne, ist das Kloster von **Mafra** 13. Das Städtchen hat heute 11 000 Einwohner und war schon zu Zeiten der Römer und Araber bewohnt. Das Plateau, auf dem Mafra in 237 m Höhe liegt, ist fruchtbar, Gemüse und Wein werden angebaut, es gibt eine fleischverarbeitende Industrie. All das aber wird unter dem Eindruck des mächtigen Klosters vergessen, dessen Bau José Saramago in seinem Roman »Das Memorial« beschrieben hat; einer der erfolgreichsten und gelungensten Romane Portugals und außerdem auch eine Oper.

Dom João V. hatte 1711 große Sorgen, weil seine Gemahlin Dona Mariana de Austria (Maria Anna von Österreich) ihm nach drei Jahren Ehe noch keinen Erben geschenkt hatte. Deshalb gelobte der König bei der Geburt eines Kindes dieses Kloster zu gründen. Sein Wunsch ging in Erfüllung, und am 4. Dezember dieses Jahres wurde Dona Maria Bárbara geboren, die spätere Königin Spaniens. Ende 1712 wurde in Erfüllung des Gelübdes das Gelände gewählt, 1713 angekauft und nach gewaltigen Grabungen am 17. November 1717 mit dem Bau begonnen.

Die Anlage, bestehend aus Basilika, Kloster und Königspalast, wurde ein Bauwerk der Superlative und wirkt auch heute noch mit der 221 m langen Fassade riesig, wenn nicht überdimensio-

Richtig Reisen *Tip*

Mode vom Markt in Carcavelos

Auf dem Rückweg von Estoril nach Lissabon liegt Carcavelos. Hier findet jeden Donnerstag von morgens bis zum frühen Nachmittag ein Kleidermarkt statt, auf dem sich Lissabons Jugend preiswert mit der neuesten Mode versorgt, die als leicht fehlerhafte Ware von vielen einheimischen Textilfabriken aufgekauft und hier angeboten wird.

niert. Architekten waren der aus Süddeutschland kommende Johann Friedrich Ludwig (oder João Ludovice, da er in Portugal eingebürgert war) und sein Sohn Johann Peter.

Bis der Bau 13 Jahre später mit der Einweihung der Basilika am 22. Oktober 1730 fertig war, waren gewaltige Anstrengungen notwendig. 1729 arbeiteten hier 50 000 Leute, bewacht von einem Heer von 7000 Soldaten. Während der Arbeiten starben 1338 Menschen. Endgültig beendet war das Bauwerk, das insgesamt mehr als 48 Millionen Cruzados kostete und wofür das Gold aus Brasilien fast nicht gereicht hätte, erst 1735. Die ersten Bewohner des Klosters waren Franziskaner, dann ab 1771 Augustiner. Seit 1834 sind in dem Kloster militärische Einrichtungen. Die Anlage breitet sich mit ihren Anbauten und dem Innengarten auf 40 000 m^2 aus und hat 4500 Fenster und Türen.

Das Zentrum bildet die klassisch proportionierte Basilika mit einer Front von 63 m und einer Höhe von 21,5 m. In den beiden Türme von 68 m Höhe hängen 114 Glocken, deren größte 10 000 kg wiegt. Die Wände der drei Schiffe und der sechs Seitenkapellen im Inneren sind mit kostbarem Marmor in verschiedenen Farben verkleidet, die Kuppel im Zentrum ist eine der größten der Welt – allerdings ist die des Petersdom in Rom etwa doppelt so groß; barocke Lust am Glanz zeigt auch das viele Gold, das zumeist aus Brasilien kam, sowie die Skulpturen von Meistern der Schule von Mafra.

Ebenfalls aus Brasilien kam das Holz für die sechs Orgeln, die Dom João VI. 1807 fertigen ließ und von denen Lord Byron schrieb, daß er schöner verzierte noch nicht gesehen habe.

Im Palast ist besonders die 88 m lange und 9,5 m breite Bibliothek mit ihren 50 Fenstern zu erwähnen. Unter den mehr als 30 000 Büchern finden sich einige bibliophile Schätze, darunter die Erstausgabe der Werke des Gil Vicente von 1562 und bedeutende Inkunabeln und Manuskripte. (Teile der Kunstwerke des Klosters sind im Museu de Escultura Contemporânea ausgestellt.)

Eine Windmühle bei Ericeira

Ericeira

(S. 229) Bei guter Sicht von Mafra aus zu sehen ist der 11 km entfernt gelegene kleine Fischerort **Ericeira** 14 mit seinen 4500 Einwohnern. In den letzten Jahren wuchs der Ort allerdings, und einige häßliche Appartementhäuser entstanden am Rande.

Mit den schönen, zwischen steilen Klippen gelegenen Stränden und einem kleinen Fischereihafen ist Ericeira ein beliebtes Ausflugsziel der Lissaboner, am Wochenende und in den Sommermonaten ist es hier recht voll. Ericeira ist auch beliebt wegen seiner *mariscos*. Wer Fisch oder Langusten mag, wird in Ericeira kaum enttäuscht werden.

Zwischen Tejo und Sado

Viele der Bewohner der Städte am südlichen Ufer des Tejo, in Trafaria, Almada, Barreiro – *a outra banda,* ›die andere Seite‹, sagen die Lissaboner – sind in der Hauptstadt beschäftigt. Diese Städte sind auch mit dem Schiff von Lissabon aus zu erreichen. Der Stadtkern ist oft noch schön erhalten, auch wenn Hochhäuser dort insgesamt das Erscheinungsbild prägen.

Wer nicht südlich des Tejo lebt, fährt meist zum Baden über die Ponte de 25 de Abril (Zahlstelle nur bei der Einfahrt in die Stadt, im August ist die Benutzung normalerweise frei). Den Schildern nach Costa da Caparica folgend, gelangt man zu dem inzwischen beliebtesten Strand der Lissaboner, die seit der Fertigstellung der Tejo-Brücke 1966 gerne ihre Ferien und Wochenenden hier verbringen. Mit größeren Staus ist zu rechnen, zumal im Sommer Schulbusse mit Tausenden von Kindern zum Strand fahren.

Costa da Caparica und Cabo Espichel

Das Städtchen **Costa da Caparica** 15 ist mittlerweile mit Appartementhäusern zugebaut, nur wenige der alten Villen haben die Bauwut überstanden. Der kilometerlange Strand gehört zu den besten Portugals. Vom Ort aus fährt eine kleine Eisenbahn den mehr als 15 km langen Strand entlang, und man steigt aus, wo es beliebt.

In den Sommermonaten findet im nahegelegenen Convento dos Capuchos (Abzweigung am Ortsende von Costa da Caparica Richtung Lissabon) ein Musikfestival statt. Das Kloster da Nossa Senhora da Piedade wurde 1558 erbaut, bei dem Erdbeben von 1755 zerstört und anschließend restauriert. Wer hier ein Konzert erlebt, mag nicht glauben, wie nah und mitunter hektisch der Tourismus an der Küste ist.

Auf der Autobahn nach Setúbal fährt man Richtung Sesimbra und dann nach **Cabo Espichel** 16. Hier ist der westliche Rand der Serra da Arrábida. Der kaum besuchte Ort hat einen herrlichen Blick aus 135 m Höhe auf das Meer. Das Gotteshaus Nossa Senhora do Cabo aus dem 17. Jh. war eine Wallfahrtskirche. Davon zeugen noch die rustikalen, jetzt bis auf ein Café leerstehenden Unterkünfte für die Pilger, die den ganzen Komplex wie eine Geisterstadt wirken lassen. Jedes Jahr am letzten Sonntag im Dezember findet hier noch das Fest zu Ehren der Nossa Senhora do Cabo statt.

Im Gebiet der nahegelegenen Praia dos Lagosteiros sind in den Felsen Millionen Jahre alte Fußspuren von Dinosauriern zu sehen.

Sesimbra

(S. 238) Badegäste und Fischer bestimmen das Leben der Stadt und ihrer 23 000 Einwohner. In den Sommermonaten ziehen die Fischer oft zu Verwandten ins Hinterland und vermieten ihre Häuser an Feriengäste. Gerade die großen Fische, die hier gefangen werden, Schwertfische und Thunfisch, haben den Ort bekannt gemacht. Schon im 15. und 16. Jh. war **Sesimbra** 17 ein wichtiger Ort für die Seefahrer und die Entdeckungen. Obwohl weitgehend auf Tourismus eingestellt, ist der Ort typisch geblieben, auch die meisten der größeren

Der Leuchtturm am Cabo Espichel

Hotels fügen sich architektonisch in die Landschaft ein. Der recht schmale Strand ist allerdings während der Ferien oft überlaufen, die besseren Reisezeiten sind Vor- und Nachsaison.

Von dem mittelalterlichen, 240 m hoch gelegenen Schloß aus hat man einen herrlichen Blick über die Bucht. 1165 vertrieben Dom Afonso Henriques und sein Heer die Araber von hier. Ende des Jahrhunderts kamen die Araber zurück, Anfang des 13. Jh. wurde das Schloß von Dom Sancho I. endgültig zurückerobert und rekonstruiert. Im Inneren der Igreja de Santa Maria aus der zweiten Hälfte des 18. Jahrhunderts befindet sich heute ein archäologisches Museum.

Ausgezeichnete Fischgerichte bekommt man im Ribamar in der Avenida dos Náufragos Nr. 29. Mit dem Meer auf der anderen Straßenseite und frischem Fisch kann auch nicht mehr viel schiefgehen...

Die Serra da Arrábida

35 km lang, von Palmela bis zum Cabo Espichel reicht dieses durchschnittlich 6 km breite **Naturschutzgebiet** 18. An ihrem höchsten Punkt steigt die Serra bis auf 501 m. Sie bietet sich gerade im Bereich östlich von Sesimbra, in der Serra do Risco, herrlich zum Wandern an. Die Serra wirkt wie eine typische Mittelmeerlandschaft: Hohe Pinien und Zypressen bieten Schatten, Wasserfälle rauschen, und grün schillert das Meer. **Portinho da Arrábida** 19 ist eine malerische Bucht mit wenigen Häusern, einer Handvoll guter Restaurants und einem herrlichen Strand. Das Wasser ist zwar kühl, aber es gibt fast keine Wellen und man kann ausgiebig schwimmen.

Den Berg hinauf kommt man von Portinho da Arrábida zur Grotte von Santa Margarida. Dicht am Wasser gelegen bietet diese Grotte bei religiösen Festen mehr als 500 Menschen Platz.

Der Mönch Agostinho da Cruz (1540–1619), der »Dichter der Arrábida«, lebte lange Jahre hier in der Serra und schrieb unter anderem die berühmte Elegie an Arrábida, mystisches Zwiegespräch zwischen Gott und Natur. 14 Jahre wohnte der Mönch und Dichter in einer kleinen Zelle des 1542 gegründeten Klosters von Arrábida, in dem 289 m hoch gelegenen Convento Novo. Das Kloster diente auch dem portugiesischen Regisseur Manuel de Oliveira als Drehort für den Film »O Convento« (1995) mit Cathérine Deneuve.

Setúbal

(S. 239) Über die Küstenstraße gelangt man von Arrábida aus am schönsten nach Setúbal. Die Entfernung von Lissabon beträgt 41 km (Autobahn).

Setúbal 20, an der Mündungsbucht des Sado gelegen, ist eine Industrie- und Arbeiterstadt mit fast 90 000 Einwohnern. Neben dem Hafen, dem drittgrößten des Landes, und dem Fischfang gibt es eine Zementfabrik, Düngemittelfabriken, Fischkonserven- und Autoindustrie, Schiffswerften und Papierproduktion. Diese Ansammlung prägt die Stadt. Setúbal wurde durch das Erdbeben von 1755 stark zerstört, beim Wiederaufbau dann modernisiert. Relativ unbeschadet überstanden hat die Naturkatastrophe das bedeutendste Monument der Stadt, die Igreja do Convento de Jesus an der Praça Miguel Bombarda. Die dreischiffige Hallenkirche in spätgotischem und manuelinischem Stil und dem quadratischen Chor wurde 1492 von Boytac, einem der Architekten des Jerónimo-Klosters in Lissabon, begonnen. In der Kirche befindet sich das Stadtmuseum mit Malerei (15. Jh. bis heute), Skulpturen und Schmuck.

Ebenfalls besuchenswert ist die Kirche Santa Maria da Graça (13. Jh.) an der Praça do Exército. Im 16. Jh. wurde sie vollständig restauriert; sie hat schöne Holzschnitzereien.

Im Stadtzentrum liegt die Praça do Bocage mit der 1871 aufgestellten Statue des Dichters (1765–1805). In der Rua de São Domingos findet man die Casa Bocage, sein Geburtshaus und eine ihm gewidmete Bibliothek. Am 15. September feiern die Einwohner zu Ehren des Dichters die Festas Bocageanas.

Auf einem Hügel und mit Blick auf den Hafen liegt das Castelo de São Filipe von 1590. In der von dem italienischen Architekten Filipe Terzi erbauten Festung, die auch vorübergehend als Staatsgefängnis diente, ist heute eine Pousada.

Tróia

Von Setúbal aus gelangt man mit der Fähre in 15 Minuten auf die Halbinsel **Tróia** 21, eine Landzunge mit schönem Strand. Hier sollte eine Art portugiesisches Benidorm entstehen, aber bis heute ist daraus nichts geworden. Auch das jährlich stattfindende Filmfestival hat den künstlichen Ferienort nicht lebendiger machen können.

Für archäologisch Interessierte bietet sich auf der Landzunge ein Besuch der Ausgrabungen von **Centobriga** 22 an. In dem ehemaligen römischen Hafen wurden Fische eingesalzen.

Die Gründung der Stadt geht vermutlich auf die Zeit der Phönizier zurück, zerstört wurde sie möglicherweise durch ein Erdbeben im Jahre 412. Bei Ausgrabungen fand man hier Münzen und weitere Gegenstände aus römischer Zeit, die aus Metall und Stein gearbeitet waren.

Azeitão und Palmela

12 km westlich von Setúbal entfernt finden sich in der Serra da Arrábida mehrere kleine Ansiedlungen zwischen fruchtbaren Obstgärten, Weinhängen und Pinienwäldern (S. 226).

Besonders sehenswert ist der Palácio da Bacalhoa in **Vila Fresca da Azeitão** 23. Der Ende des 15. Jh. erbaute Palast gehörte Dona Brites, der Mutter Dom Manuel I.

In **Aldeia de Irmãos** 24 findet man die Quinta da Conceição mit dem von dem holländischen Schießpulver-Fabrikanten António Cremer erbauten Palast (18. Jh.).

In **Vila Nogueira de Azeitão** 25 ist der Renaissance-Palast der Duques de Aveiro, der zwischen 1520 und 1523 errichtet wurde, einen Besuch wert. Im selben Ort lohnt es auch die Igreja de São Lourenço (14. Jh.) mit ihren schönen Azulejos anzusehen. Zu sehen sind weiterhin Ruinen des 1435 gegründeten Dominikanerklosters.

(S. 237) Sieben Kilometer nördlich von Setúbal liegt auf einer Anhöhe **Palmela** 26 mit seinem mittelalterlichen Schloß. In der Gegend von Palmela wachsen die süßen Trauben für den bekannten Likörwein Moscatel de Setúbal.

Die Burg hat ihren Ursprung in der Befestigung aus der Römerzeit, die dann von den Arabern auf- und ausgebaut wurde.

Nach dem Sieg von Dom Sancho I. 1166 und der Vertreibung der Araber lebte hier ab 1186 die Gemeinschaft der Mönche von São Tiago (das ist der Orden des heiligen Jakob). Das Schloß wurde in eine schöne Pousada umgewandelt.

Sehenswert sind in Palmela noch die Igreja de São Tiago mit dem Glockenturm aus dem 4. Jh., die Igreja de Santa Maria und ein *pelourinho* von 1645.

In einer Korkfabrik der Region

Tejo-Flußfischer bei Vila Franca de Xira

Auf dem Rückweg über die Autobahn nach Lissabon passiert man die Ausfahrt nach **Seixal** 27. Dort findet normalerweise in der ersten Septemberwoche die Festa do Avante in der Quinta da Atalaia statt, das Fest der Kommunistischen Partei. Es ist das größte Volksfest in Portugal und wird von Menschen fast jeder politischen Anschauung besucht.

Montijo und Alcochete

Anstatt direkt nach Lissabon zurückzufahren, kann man noch die hübsche Landschaft des Ribatejo am rechten Tejo-Ufer bis Vila Franca de Xira besuchen.

25 km von Setúbal und 18 km von Lissabon entfernt liegt **Montijo** 28 am Mar da Palha, dem Strohmeer.

Montijo ist eine Industriestadt mit über 60 Korkfabriken. Hier werden Tomaten, Wein und Gemüse angebaut.

Bis 1930 hieß der Ort noch Aldeia Galega do Ribatejo, aus dem Dorf wurde inzwischen eine Stadt mit 27 000 Einwohnern. Dennoch sind viele der alten Häuser mit ihren grünen Fensterläden erhalten.

Interessant ist die dreischiffige Igreja Matriz do Espirito Santo mit schönen, farbigen Azulejos und manuelinischer Kapelle. Die Praça de Touros, die ›Stierkampfarena‹, gilt als eine der besten Portugals.

Ländlich und friedlich ist noch immer **Alcochete** 29, 5 km von Montijo entfernt am Tejo gelegen. Hier wurde früher Salz gewonnen und in großen Mengen ins Ausland exportiert.

Wegen seiner Ruhe und der guten Luft war Alcochete ein bevorzugter Ort portugiesischer Herrscher, Dom Manuel I. wurde hier 1469 geboren.

Bis 1998 die neue Brücke über den Tejo fertig sein wird, bleibt die Ruhe in den Esplanaden am Fluß, am kleinen Hafen und an dem vorgelagerten Leuchtturm erhalten.

Die Befürchtungen sind allerdings groß, daß Alcochete danach zum großen Vorort Lissabons wird, das dann nur noch 18 km entfernt ist. Die Grundstücksspekulationen sind bereits in vollem Gange.

Vila Franca de Xira

Vila Franca de Xira 30 ist fast mit Lissabon zusammengewachsen, das Einzugsgebiet der Hauptstadt erstreckt sich etwa bis Azambuja. Vila Franca ist mit dem linken Tejo-Ufer durch die 1951 eingeweihte Brücke verbunden. Hier werden chemische Produkte und Zement hergestellt, es gibt metallverarbeitende Industrie.

Andererseits bestimmen Melonen, Weizen und Tomaten, Rinder- und Pferdezucht die Landwirtschaft dieser fruchtbaren Region.

Die Entwicklung der relativ spät besiedelten Stadt verdankt man der Anbindung an die Eisenbahn Mitte des 19. Jh. und dem Bau der Brücke.

Die Stadt gehört zu den weniger interessanten, hat aber einige schöne Kirchen – Igreja Matriz (1677 erbaut), Igreja da Misericórdia mit Azulejos aus dem 18. Jh. und vergoldeten Schnitzereien – sowie einen interessanten manuelinischen *pelourinho.*

Gegensätze am Atlantik

Algarve

Wie Portugal insgesamt, so ist auch die Algarve von Gegensätzen bestimmt. Die südlichste Provinz des Landes, die von mehr als der Hälfte aller Besucher als Reiseziel gewählt wird, ist ein blühender Garten – stellenweise leider mit Hochhäusern verschandelt. Relativ intakte Strände wechseln sich ab mit vom Tourismus arg bedrängten Zonen. Zwischen 1985 und 1995 hat sich die Zahl der Betten verdreifacht, obwohl die Einnahmen dieselben geblieben sind. Auswüchse wie im benachbarten Spanien gibt es hier allerdings nicht. Nebenher existiert auch noch ein relativ exklusiver qualitätsbewußter Tourismus. Man findet immer noch viel Reizvolles, vor allem im Inland und an der Westküste, wo die alten Cafés noch nicht durch Fast food-Restaurants ersetzt wurden und die älteren Dorfbewohner den Tag vor ihrem Kaffee sitzend verbringen.

Die Algarve ist geographisch eine Region; sie erstreckt sich an der Küste auf 150 km von der spanischen Grenze und dem Grenzfluß Guadiana bis zum Cabo São Vicente, dem südwestlichsten Punkt Europas. Etwa 50 km tief reicht sie ins Inland, vom Alentejo trennen sie die Serra de Monchique, die Serra de Espinhaço de Cão und die Serra do Caldeirão. Zwischen den Gebirgszügen und der Küste liegt eine breite, außerordentlich fruchtbare Zone mit Obst- und Mandelbäumen, Feldern und Gärten. Die Küste wiederum teilt sich in den sogenannten Sotavento zwischen der spanischen Grenze und Tavira, dem Zentrum zwischen Tavira und Albufeira und dem Barlavento ab Albufeira.

Bereits Phönizier, Griechen und Karthager siedelten im Bereich der heutigen Algarve, hinterließen jedoch kaum Spuren ihrer Anwesenheit – anders die Römer, von denen sich Tongefäße, Münzen, Skulpturen und bei Tavira die Reste eines Theaters finden.

Prägend aber waren die Araber, die im 8. Jh. die Algarve eroberten und für sich entdeckten und das heutige Silves zur bedeutenden Stadt machten. Erst 1249 wurden sie von hier durch die Reconquista vertrieben, Einflüsse aber sind noch allenthalben sichtbar. Nicht nur in den Bewässerungssystemen der Gärten, den Ortsnamen, der Bauweise mit den charakteristischen Kaminen, sondern vor allem in der Physiognomie und der dunklen Hautfarbe der Bewohner. Für die Araber hieß die Algarve *al gharb,* das westliche Land, und umfaßte auch die spanische Küste und Teile Marokkos. Bis ins 13. Jh. war auch für die Christen dieses ganze Gebiet die Algarve, und nach der Eroberung von Tanger und Arzila nannte sich Afonso V. König von Portugal und der Algarven, eben auch der in Afrika.

Bedeutend wurde die Algarve dann vor allem in der Zeit, als Heinrich der Seefahrer seinen Wohnort nach Süden verlegte und in Lagos die Karavellen entstanden, mit denen die portugiesischen Seefahrer zu neuen Ufern aufbrechen konnten.

Faro

1. *Museu Marítimo*
2. *Igreja da Misericórdia*
3. *Arco da Vila*
4. *Kathedrale*
5. *Rathaus*
6. *Archäologisches Museum*
7. *Kloster São Francisco*
8. *Museu Regional*
9. *Teatro Lethes*
10. *Igreja do Carmo*

Von Faro bis zur Grenze

Faro

(S. 230) Die Hauptstadt der Algarve ist allein schon wegen des internationalen Flughafens während der Sommermonate sehr belebt, dann geraten die etwa 40 000 Einwohner zwischen all den Engländern, Spaniern, Franzosen und Deutschen etwas in den Hintergrund. Mit gewohnter Gelassenheit gehen sie weiter ihren Geschäften nach, die Stadt lebt außer vom Tourismus hauptsächlich von der holz- und metallverarbeitenden Industrie.

Der Name Faro leitet sich von den arabischen Herrschern Harum ab, bis ins 16. Jh. wird es noch Farão geschrieben. Die Geschichte der Stadt ist die ihrer Katastrophen: 1217 wird Faro von Kreuzrittern geplündert, 1249 unter Dom Afonso III. endgültig erobert. 1596 ist es der Herzog von Essex, der mit 3000 Mann die Stadt erobert und fast vollständig niederbrennt, nur die Kirchen Misericórdia und São Pedro werden verschont. Die wertvolle Bibliothek des Bischofs nimmt er mit, sie findet sich heute in Oxford. Die Erdbeben von 1722 und 1755 schließlich zerstörten dann die Gebäude, die gerade wieder neu errichtet worden waren, deshalb finden sich in der Stadt kaum ältere Bauwerke. Faro ist seit 1979 auch Universitätsstadt und damit die jüngste staatliche Hochschule.

Wer mit dem Auto oder mit dem Bus vom Flughafen in die Stadt kommt, gelangt zum Jardim Manuel Bivar an dem kleinen Hafenbecken. Dort befindet sich das **Museu Marítimo** 1. Es hält, was sein Name verspricht, und zeigt Modelle verschiedener Schiffstypen seit der Zeit der Entdeckungen und die zum Fischfang notwendigen Utensilien.

Auf der anderen Seite des Gartens steht die **Igreja da Misericórdia** 2 aus dem 16. Jh., die sich an der Stelle eines ehemaligen Krankenhauses befindet. Erhalten hat sich von dem ursprünglichen Bau, der auf dem Grundriß eines griechischen Kreuzes errichtet wurde, allein das Portal.

Den Eingang in den ältesten Teil Faros, die Vila Adentro, bildet der **Arco da Vila** 3. Über dem Tor mit seinen zwei ionischen Säulen steht die Figur des Thomas von Aquin aus weißem, italienischem Marmor. Der 1816 verstorbene Bischof und Politiker Dom Francisco Gomes ließ diesen Eingang nach den Plänen des italienischen Architekten Fabri erbauen. Dieser Bischof war entscheidend für den Bau von Brücken, Schulen, Krankenhäusern und Kirchen in der Algarve nach dem Erdbeben und der französischen Invasion. Eine Statue vor der Kathedrale erinnert an ihn; ab 1789 war er Bischof der Algarve, ab 1807 auch Gouverneur der Region.

Durch den Arco da Vila gelangt man zum Largo da Sé und zur **Kathedrale** 4, deren auffälligstes Merkmal mangelnde architektonische Einheit ist. Gotisch ist von der in der Mitte des 13. Jh. errichteten Kirche nur noch der Turm. Im Inneren sind die drei Schiffe durch dorische Säulen getrennt. Sehenswert sind in der zweiten Kapelle des linken Kirchenschiffs das Azulejo-Bild aus holländischen Kacheln mit einer Darstellung der Flucht aus Ägypten sowie die orientalisch verzierte Orgel im Hochaltar. Stilistisch etwas dezenter haben sich Störche auf dem Dach des nebenstehenden **Rathauses** 5 ein Nest gebaut.

An der Praça Dom Afonso III. hat sich im ehemaligen Convento da Assunção seit 1973 das **Archäologische Museum** 6 eingerichtet. Das Kloster ließ Königin Leonor, dritte Frau von Dom Manuel I., 1518 erbauen; 1543 war es fertiggestellt. Im 19. Jh. diente das Gebäude, das die Katastrophen einigermaßen unbeschadet überstanden hatte, als Korkfabrik. Rund um den Renaissancekreuzgang, der als schönster seiner Art an der Algarve gilt, hat das Museum seine Räume. Vor allem Funde aus der Römerzeit sind hier zu sehen und eine gute Sammlung von Azulejos, außerdem sakrale Kunst, Malerei und Keramik.

Durch den Arco de Repouso verläßt man den alten Stadtteil und kommt auf den großen Largo de São Francisco. Das **Kloster São Francisco** 7 war ab dem 19. Jh. eine Militärkaserne und wird zur Hotelfachschule und Pousada umgebaut. Sehenswert sind die Azulejos in der einschiffigen Kirche (17. Jh.).

Im Stadtzentrum, im Gebäude der Bezirksverwaltung, findet sich das ethnographische **Museu Regional** 8. Vor allem ein Künstler aus Faro, Carlos Porfírio, Bekannter Picassos aus Pariser Zeiten, hat in 18jähriger Arbeit Kunsthandwerkliches aus der gesamten Region hier zusammengetragen. Auf zahlreichen Fotografien sieht man die typischen Lebens- und Wohnverhältnisse der Algarve.

Nördlich des Museums steht das **Teatro Lethes** 9 – benannt nach dem mythologischen Fluß des Vergessens – um mit diesem Namen die Feindschaft zwischen Liberalen und Absolutisten nach dem Bürgerkrieg zu überwinden. Das

Haus in der Altstadt

Theater befindet sich in einem ehemaligen Jesuitenkolleg und ist ein verkleinerter Nachbau der Mailänder Scala.

Dies ist die Gegend des alten Judenviertels, das in der Zeit Dom Manuels I. bedeutend war, von dem aber keine Spuren übriggeblieben sind. Hier druckte Samuel Gacon im 15. Jh. einen Pentateuch in Hebräisch. Vielleicht war es das erste Buch Portugals überhaupt, heute ist es im Britischen Museum in London.

Am Largo do Carmo liegt in einem der drei älteren Stadtteile die **Igreja do Carmo** 10 (18. Jh.). Die Glocken dieser Kirche sollen 1808 die Bürger Faros – und symbolisch sogar alle Bewohner der Algarve – zum Widerstand gegen die Franzosen versammelt haben. Im Inneren ist die Karmeliterkirche reich mit vergoldetem Schnitzwerk versehen. Sehenswert sind die vier Seitenaltäre, der Hochaltar und die Gestaltung der Sakristei. Etwas gruselig ist die Knochenkapelle auf dem Friedhof!

Ein im Sommer recht volles, aber traditionelle Küche anbietendes Restaurant ist A Taska (So geschl.) in der Rua do Alportel 38. Etwas außerhalb, auf der Ilha do Faro gibt es das Camané, Praia do Faro (Mo geschl.), ein gutes, aber wegen der Lage auch nicht sehr preiswertes Restaurant.

Ria Formosa

Die Ria Formosa ist ein langgestreckter Naturpark (16 000 Hektar) vor der Küste Faros zwischen Anacão im Westen und dem Strand von Manta Rota im Osten. In diesem Gewirr aus Kanälen und kleinen Inseln, das sich durch die Gezeiten ständig verändert, gibt es neben vielen Krusten- und Schalentieren auch zahlreiche Zugvögel, in der Nähe von Praia de Faro kann man Flamingos sehen. Von Faro oder Olhão aus kann man mit dem Boot zu den Inseln übersetzen. Das oben erwähnte Restaurant A Taska organisiert Bootsausflüge in die Ria, aber auch zu Fuß läßt sich diese faszinierende Landschaft erleben.

Wer mehr erfahren möchte, kann das in der **Quinta do Marim** 1 in Quelfes. Von 9–12.30 und 14–17 Uhr ist das traditionell hergerichtete Landhaus zu besichtigen. Außer zahlreichen Vogelarten und einer portugiesischen Hundezucht, *cão de água*, gibt es noch einen schönen Blick über die Ria.

Am Rand der Serra do Monte Figo, 10 km nördlich von Faro, liegt **Estói** 2 mit seinem Ende des 18. Jh. erbauten Palácio do Conde de Carvalhal. Nach dem Tod des Grafen, 1875, verfiel der Palast. Inzwischen gehört er der Stadt Faro und soll restauriert werden. Hier finden sich auch die 1878 entdeckten Ruinen von Milreu. Zu sehen sind Badehäuser, Reste von Mosaiken und Ruinen einer christlichen Basilika (4. Jh.), erbaut über einem römischen Tempel.

Olhão

(S. 237) »Es war einmal ein kleines Schiffchen...« Mit diesem Schlaflied spielen die Einwohner auf ein Ereignis aus dem Jahre 1808 an, als sich von

Olhão 3 aus ein Fischerboot auf den Weg nach Brasilien machte, um dem König die Nachricht von der Befreiung von den Franzosen zu überbringen. Da der Ort auch schon entscheidend am Unabhängigkeitskampf teilgenommen hatte, wurde Olhão zur Stadt erklärt.

Nur 9 km von Faro entfernt liegt die Stadt und hat doch eine ganz eigene Geschichte. Bis 1698 bestand der Ort lediglich aus einer Ansammlung von Fischerhütten, dann begannen die Einwohner mit dem Bau der Kirche. Nach 1755 entstand das Viertel rund um die Kirche, das einzige maurische Viertel Portugals *ohne* arabische Tradition. Häuser, Straßen, Innenhöfe, Dachterrassen, alles ist maurisch inspiriert, wahrscheinlich sahen die Fischer das Vorbild dafür auf ihren Fahrten nach Nordafrika.

Historisch wertvolle Bauwerke gibt es in Olhão nicht. Die Stadt ist geteilt in die Gegend bei der Eisenbahn und in das Viertel, das dem Meer zugewandt ist und von ihm lebt. Sehenswert ist vor allem der Hafen. Hier wird die zweitgrößte Menge Fisch im Land umgesetzt, auch deshalb lohnt ein Besuch auf dem Markt. Hier im alten Fischerviertel, dem Bairro dos Pescadores, ist die Stadt am interessantesten, jeden Sonntagmorgen findet bei den Markthallen ein attraktiver Straßenmarkt statt. (Vom Hafen aus kann man mit dem Boot zum Strand der Ilha da Culatra inmitten der Ria Formosa übersetzen.)

Auf dem Weg von Olhão nach Tavira ist in **Luz da Tavira** 4 die dreischiffige Renaissancekirche mit dem schönen Portal sehenswert. In dem Ort lebten Anfang des 16. Jh. viele Adelige. Weiter in Richtung Tavira kann man von der Feriensiedlung Pedras d'el-Rei aus mit einem kleinen Zug nach **Barril** 5 fah-

Algarve

ren, wo ein feiner Sandstrand zum Baden einlädt; Cafés und Restaurant sorgen für das leibliche Wohl.

Tavira

(S. 239) Die Stadt am Rio Gilão mit ihren knapp 15 000 Einwohnern ist in vier Teile untergliedert und besitzt 37 Kirchen, nahezu jeder religiöse Orden war hier präsent. Tavira lebt hauptsächlich vom Handel, vom Hafen und von der Salzgewinnung. Die Stadt hat eine lange Geschichte, die schon vor den Römern beginnt. In der Nähe war die römische Siedlung Balsa. Während der maurischen Zeit lebten hier berühmte arabische Dichter. Am 11. Juni 1242 wurde Tavira von den Rittern des Jakobsordens unter Führung von Dom Paio Peres Correia erobert. Trotz eines Waffenstillstands mit den Mauren hatten diese sieben Ritter, die sich auf der Jagd befanden, überfallen und getötet. Daraufhin wurde die Stadt fast vollständig zerstört. An der Stelle der alten Moschee wurde die Igreja de Santa Maria do Castelo errichtet, dort liegen die sieben zu Märtyrern stilisierten Ritter begraben.

Im 16. Jh. entwickelte sich Tavira zum wichtigsten Hafen der Algarve, 1755 wurde die Stadt, die den Königen Afonso III., João II. und Manuel I. als Residenz gedient hatte, durch das Erdbeben zerstört. Den Wiederaufbau leiteten der Marquês de Pombal und der Bischof von Faro, anschließend hatte die Stadt etwa schon so viele Einwohner wie heute. Bis etwa 1920 war der Fischereihafen wichtig, durch Versandung verlor er jedoch an Bedeutung.

Der älteste Stadtteil liegt rund um die Ruinen der Festung. Hier erhebt sich die

Saline in Tavira

ursprünglich gotische Igreja de Santa Maria do Castelo, allerdings blieb nur das Portal erhalten. 1244 übergab Dom Sancho II. sie dem Jakobsorden. Außer den Gräbern der Märtyrer sind die farbigen Azulejos in der manuelinischen Capela do Senhor dos Passos erwähnenswert. Angenehm ist ein Spaziergang durch die mittelalterlichen Straßen. Charakteristisch für die Häuser im Zentrum ist die besondere Bauweise der Dächer, bei der jedes Zimmer ein eigenes, vierwandiges Ziegeldach hat, ein System, das der Kühlung diente.

Die unterhalb in Richtung der Praça da República gelegene Igreja da Misericórdia (16. Jh.) gefällt vor allem wegen ihrer harmonisch gestalteten Fassade. Das Renaissanceportal mit den korinthischen Pfeilern und dem Figurenschmuck gilt als eines der schönsten der Algarve.

Das auffälligste Gebäude an der Praça da República ist das Rathaus mit den mittelalterlichen Arkaden und dem Kopf eines Kriegers (Dom Paio Peres Correia?).

Die Brücke mit den sieben Bögen, die über den Gilão führt, stammt aus römischer Zeit und wurde 1870 wieder aufgebaut. Über sie gelangt man in ein Viertel, das bereits Ende des 15. Jh. existierte, dann aber zerstört wurde. Die meisten Häuser sind um die 200 Jahre alt. In den letzten Jahren haben hier einige kleine Galerien, Bars und Restaurants eröffnet.

Mit dem Schiff erreicht man vom Hafen der Stadt die Ilha de Tavira, ein weitläufiger Strand, an dem es auch einige Bars gibt. In Cacela Velha lohnt der Blick über die Ria und auf die im 18. Jh. renovierte Festung. Dem Ort selbst merkt man seine große Bedeutung, die er zur Zeit der Araber hatte, nicht mehr an, heute ist es einfach ein Dorf am Meer. Sehenswert ist auch die dreischiffige Kirche aus dem 16. Jh.

Zu Cacela gehört die Praia da Manta Rota, hier endet die Ria Formosa. Bis zum Guadiana zieht sich ein schöner Strand, der aber vom Tourismus nicht verschont blieb. Der Ferienort Monte Gordo ist wegen der angenehmen Wassertemperaturen schon seit den 60er Jahren einer der beliebtesten der Algarve. Lange ist es her, daß hier junge Männer heiratswillige und betuchte Damen aus dem Alentejo umworben haben sollen, die einheimischen Fischer dienten damals als Postillon d'amour!

Vila Real de Santo António

Als es die Brücke über den Guadiana nach Ayamonte noch nicht gab, besaß Vila Real de Santo António noch stärker das Flair einer Grenzstadt. Mit dem Schiff mußte man den Fluß überqueren, von dem es hieß, man könne Zigaretten angeln, die von aufgebrachten Schmugglerbooten aus Afrika über Bord geworfen wurden und dann durch die Strömung hier antrieben. Die neue Brücke aber hat die Verbindung zwischen beiden Ländern belebt und Vorteile für die Grenzstädte gebracht.

Strategische Überlegungen führten zur Gründung der Stadt, und eine Besichtigung, die an der zentralen Praça do Marquês beginnen sollte, ist eine kleine Zeitreise in den Absolutismus. 1774 entschied der Marquês de Pombal, gegenüber von Ayamonte Präsenz zu zeigen. Militäringenieure legten das Gebiet trokken, und nach der Katastrophe von 1755 wurde Vila Real um einen zentralen Platz als administratives und religiöses Zentrum in nur fünf Monaten fertiggestellt. Daß die Lissaboner Baixa Vorbild war, ist noch heute ganz offensichtlich.

Pombal wollte aus der Königlichen Stadt ein Verwaltungs- und Wirtschaftszentrum machen und schuf einen Zoll, die Königliche Fischereigesellschaft und befahl sogar, daß sich die Wein- und Landwirtschaftsgesellschaft vom oberen Douro dort niederließ. Nur die Fischer aus Monte Gordo weigerten sich umzuziehen, selbst als Pombal ihre Hütten niederbrennen ließ, und nicht einmal der Bau einer Kapelle zu Ehren ihrer verehrten Nossa Senhora das Dores half. Und als Dona Maria I. den Thron bestieg und eilig den Marquês entmachtete, verödete die Stadt – sehr zum Vergnügen der Fischer aus Monte Gordo.

Gerettet hat Vila Real der Thunfisch. 1879 eröffnete ein Genueser Kaufmann die erste Konservenfabrik, Hafen und Flußlage waren sehr günstig, Salz wurde billig und ausreichend produziert. Anfangs brachten die Italiener zwar die Büchsen und selbst das Öl mit, aber allmählich entwickelte sich eine eigenständige Industrie und das Geschäft weitete sich aus, ebenso wie Zoll und Hafen. Heute befindet sich das alles im Niedergang, nur der Tourismus fängt es einigermaßen auf.

Am ersten Sonntag im September feiern die Einwohner ihr Fest zu Ehren der Nossa Senhora da Encarnação. Mit der vielzitierten Feindschaft zu den spanischen Nachbarn ist es nicht weit her: Zum Fest in Ayamonte fuhr man früher mit dem Schiff, heute mit dem Auto.

In 42 m Höhe und 3 km entfernt von Vila Real liegt unweit des Guadiana **Castro Marim** 6. Die Ruinen der alten Burg (13. Jh.) zeugen von den Konflikten mit Spanien und der Zeit, da Dom Dinis hier den Sitz des Christusritterordens hatte, bevor er ihn 1334 nach Tomar verlegte. Innerhalb der alten Mauern existiert noch eine weitere Burg aus dem 12. Jh., Castelo Velho genannt. Hier fin-

ESTAÇÃO C.F
6 ALCANTARILHA
FARO 42
ALCANTARILHA
PARAGEM

den sich auch die Reste der Igreja de São Tiago (14. Jh.). Auf dem gegenüberliegenden Hügel steht die Burg São Sebastião (17. Jh.). Zwischen den Festungen findet sich die Igreja de Nossa Senhora dos Mártires vom Ende des 18. Jh., die besonders wegen ihrer Kuppel bekannt ist. Die Festlichkeiten an Mariä Himmelfahrt (15. August) sind sehr gut besucht.

Zwischen der Stadt und dem Guadiana liegt das Naturschutzgebiet Sapal de Castro Marim, mehr als 2000 Hektar, in denen zahlreiche Pflanzen und Vögel zu sehen sind. Dieses Gebiet war das erste seiner Art nach der Revolution.

Die Kirche São Lourenço in Almansil

Von Faro bis an den Rand Europas

Westlich von Faro an der Küste wird es nobel. Inmitten von Wäldern und Hügeln entstanden hier die **Quinta do Lago** 7 und nebenan das **Vale do Lobo** 8, sehr gepflegte Anlagen mit ausreichend Platz zwischen den Villen. Hier existieren alle Arten von Wassersport, Golfplätze, Fünf-Sterne-Hotels, Restaurants und Diskotheken, am Strand trifft sich im Sommer ein Teil der Politiker Portugals; vom Popstar Madonna bis zu Cliff Richard gilt es als in, in dieser Zone eine Villa zu besitzen.

Viele der insgesamt 16 Golfplätze in der Algarve finden sich in dieser Gegend. Quinta do Lago verfügt über zwei mit je 18 Löchern, Vale do Lobo über einen mit 27. Vilamoura hat gleich vier Plätze mit je 18 Löchern.

(S. 226) Lohnend ist ein Besuch des Centro Cultural de São Lourenço in **Almansil** 9, direkt bei der Igreja de São

Lourenço gelegen. Das Haus bzw. die Galerie mit schönem Skulpturengarten besteht seit 1981, wird von einem Münchner Ehepaar geleitet und stellt moderne portugiesische Kunst sowie Bilder von Günter Grass aus, zudem finden Konzerte und Lesungen statt.

Von außen läßt sich der Reichtum der benachbarten Kirche kaum erahnen, innen ist sie vom Boden bis zur Decke vollständig mit weißblauen Azulejos verziert. Sehenswert ist auch das vergoldete Schnitzwerk des Altars.

Loulé

Während die Küste fast nur vom Tourismus lebt, werden in **Loulé** 10 hauptsächlich Agrarprodukte gehandelt, vor allem Feigen und Mandeln werden exportiert. Loulé ist die Hauptstadt des Karnevals an der Algarve, hat aber an Sehenswürdigkeiten recht wenig zu bieten. Von der maurischen Burg aus dem 9. Jh. blieb kaum etwas übrig, die Igreja da Misericórdia hat ein manuelinisches Portal und ein Fenster derselben Epoche aufzuweisen. Interessant ist das Granitkreuz, das auf der einen Seite Maria und auf der anderen Seite Jesus zeigt.

Etwas am Stadtrand liegt die Wallfahrtskirche Nossa Senhora da Piedade, am Ostersonntag ein vielbesuchter Ort.

Quarteira

12 km südwestlich von Loulé kommt man in eine andere Welt, die des verunglückten Tourismus. Im Winter, wenn zwischen den Hochhaussiedlungen kaum Menschen zu finden sind, wird es in **Quarteira** 11 besonders trist. Traurige Schlagzeilen macht der Ort gelegentlich wegen der Demonstrationen, mit denen die Einwohner auf das regionale Drogenproblem aufmerksam machen wollen. Jahrhundertelang war es ein einfacher Fischerort, davon zeugt fast nur noch der Markt. Der Tourismus der 60er Jahre ließ davon kaum etwas übrig.

Nahezu übergangslos schließt sich Vilamoura an, ein großes Feriengebiet mit Golfplätzen und dem modernsten, wenn auch nicht schönsten Jachthafen der Algarve. Westlich beginnt die lange, schöne und bei wohlbetuchten Portugiesen beliebte Praia da **Falésia** 12.

Albufeira

(S. 226) Wo das ehemalige Fischerdorf beginnt, wo es endet, ist kaum mehr auszumachen inmitten der Hochhäuser, die hier seit den 60er Jahren entstanden. Einmal in **Albufeira** 13, dem St. Tropez der Algarve, wie es früher auch genannt wurde, kann der Ort doch noch gefallen – auf das Auto sollte man allerdings verzichten. Durch einen Tunnel gelangt man an den Strand, der malerisch in einer Bucht liegt und wo man den Rummel etwas vergessen kann. Wendet man sich am Strand nach links, kommt man zum Gebiet der Fischer, wo an den vielen bunten Booten und den Männern beim Flicken der Netze noch erkennbar ist, daß Albufeira ein Fischerdorf war und ist, nur fällt es in den Sommermonaten eben nicht so auf. Und vielleicht stellt sich hier bei Sardinen und Rotwein – das darf man auch zu Fisch – mit dem Blick auf Landschaft und Meer doch noch etwas vom einstigen Zauber ein.

Nach dem Erdbeben und der anschließenden Flutwelle standen in Albufeira noch 27 Häuser, nur ein paar der höher gelegenen blieben verschont. Von der Igreja da Misericórdia beim Krankenhaus steht nur noch das Portal aus dem 16. Jh.

Der Weg oberhalb des Strandes führt bergauf in den alten Stadtteil, hier gibt es noch normales Dorfleben, ein gemütlicher Spaziergang durch die Straßen mit den kleinen Häusern, in die nach und nach auch Bars und Restaurants mit zum Teil phantastischem Meerblick einziehen, überzeugt davon.

Ein Ausflug ins Landesinnere führt nach **São Bartolomeu de Messines** 14 inmitten von Orangen-, Feigen- und Mandelbäumen. Von historischem Interesse ist die dreischiffige Igreja de Matriz (16. Jh.) mit ihrer Barockfassade.

Wenige Kilometer weiter östlich liegt **Alte** 15, das als das typischste Dorf der Algarve galt. Außer einer fruchtbaren Landschaft gibt es hier die Ruinen der maurischen Burg, 1248 von Dom Paio Peres Correia erobert. Die dreischiffige Igreja Matriz mit dem manuelinischen Hochaltar ist vom Beginn des 16. Jh., das manuelinische Portal stammt von einer 2 km entfernt liegenden Kirche.

Die Gegend ist reich an Kunsthandwerk. Ein Beispiel ist das Holzspielzeug, das in Alte in Da Torre, Sítio da Torre hergestellt wird.

Armação de Pêra

Für diesen Ort wie überhaupt für die Küste bis hinter Lagos gilt das gleiche wie für Albufeira: Die Siedlungen waren Fischerdörfer, die ihren Charme noch manchmal zwischen den Appartementhäusern bewahren konnten. Das läßt sich recht gut erkennen, wenn man diesen Teil der Algarve in der Vor- oder Nachsaison bereist.

Armação de Pêra 16 ist recht typisch für die Entwicklung. Erst standen am schönen Strand Fischerhütten, dann kamen Häuser und schließlich eine Festung, um sich vor Angriffen der Piraten zu schützen. Von der Festung existiert noch die vordere Mauer mit dem Wappen. Der Strand ist immer noch sehr schön und nach Osten etwa 4 km lang, so daß man fast immer Platz findet. Nach Westen gibt es die Steilküste und kleinere, meist sehr hübsche Buchten, außerdem gibt es viele Grotten zu besuchen. 5 km südwestlich von Armação de Pêra steht auf einem Felsen über dem Meer in 32 m Höhe eine kleine Kirche zu Ehren der Senhora da Rocha, Ort einer großen Wallfahrt am zweiten Sonntag im August.

Carvoeiro 17 lohnt noch immer einen Besuch. Die Lage in der engen Bucht hat verhindert, daß die Hotels überhand nahmen. Zwar wachsen Feriensiedlungen beständig an den Rändern, Hochhäuser sind aber selten, und der Ort hat sich eine gewisse Atmosphäre bewahren können.

Silves

(S. 239) Von weitem schon ist **Silves** 18 auf dem Hügel zu erkennen, Kathedrale und Burg überragen die Stadt. Etwa 10 000 Einwohner leben in dieser fruchtbaren Gegend, aus der ein Fünftel aller Orangen des Landes kommt, auch Weizen, Feigen, Mandeln und Oliven wachsen hier ebenso wie Gemüse.

Schon im 4. Jh. v. Chr. war die Stadt unter dem Namen Cilpes bekannt. Die Römer, die anschließend hier siedelten, hinterließen nur wenige Spuren. Erst unter den Arabern erlebte Silves seine Blütezeit, vier Jahrhunderte war es als Xelb Hauptstadt von *al gharb*. Mit den Arabern kamen auch die Mandelbäume, denn ein maurischer Herrscher verliebte sich der Sage nach in eine nordische

Prinzessin. Und da sie sich sehnlichst Schnee wünschte, ließ er Mandelbäume pflanzen, deren weiße Blüten das Sonnenland in einen Wintertraum verwandelten.

Mit der Hilfe von Kreuzrittern eroberte 1189 nach längerer Belagerung Dom Sancho I. die Stadt. Zu diesem Zeitpunkt hatte Silves 30 000 Einwohner und war nach dem Zeugnis eines Kreuzritters besser befestigt und mit schöneren Bauten versehen als Lissabon. Noch einmal gelang es den Arabern 1191, ihre Hauptstadt zurückzuerobern, bevor Dom Paio Peres Correia sie 1242 endgültig besiegte und vollständig zerstörte. Die blühende Stadt verwaiste, im 16. Jh. lebten hier nicht einmal mehr 150 Einwohner. Die Erdbeben besorgten den Rest, und nach 1755 standen in Silves kaum noch zehn Häuser. Der Niedergang der Stadt hatte aber auch entscheidend mit der Versandung des Flusses zu tun, jetzt wird versucht, ihn wieder schiffbar zu machen.

Eine interessante historische Figur war der letzte Bischof von Silves, Dom Jerónimo Osório, ein Gelehrter, der aufgrund seiner Schriften den Beinamen ›portugiesischer Cicero‹ erhielt. Er weigerte sich, nach der Verlegung des Sitzes seiner Diözese nach Faro 1577 dorthin zu wechseln. Den portugiesischen König versuchte der weitgereiste Kleriker 1578 vergeblich von der verhängnisvollen Expedition nach Alcácer-Quibir abzuhalten. Dom Sebastião starb bei dieser Unternehmung. Seitdem warten vor allem konservative Portugiesen auf seine Rückkehr, die mit dem Erstarken alter Macht in Verbindung gebracht wird.

Bei der Burg, von deren Festungsmauer sich ein schöner Blick auf das Tal mit dem Rio Arade eröffnet, handelt es sich um einen Wiederaufbau der einstmals als fast uneinnehmbar geltenden Anlage (9. Jh.). Unter Luftschächten verbergen sich im Innenhof unterirdische bis zu 60 m tiefe Zisternen, die im Falle

Stilleben mit Schwalbennestern

einer Belagerung die Wasserversorgung garantieren sollten.

Die romanisch-gotische Sé steht an der Stelle der alten Moschee und wurde 1189 begonnen, nach der Eroberung 1242 weitergeführt und bis ins 18. Jh. immer wieder erneuert. Ihr besonderes Aussehen verdankt die dreischiffige Kirche auch im Inneren dem roten Stein, der aus dieser Gegend stammt. In der Capela do Santissimo findet man vergoldetes Schnitzwerk und Azulejos. Ein Gedenkstein im Altarraum erinnert daran, daß hier Dom João II. von 1425 bis 1499 bestattet war, bevor er nach Batalha überführt wurde.

Die im unteren Teil der Stadt gelegene Capela de Nossa Senhora dos Mártires soll unter Dom Sancho I. erbaut worden sein, um dort die gefallenen Kreuzritter zu bestatten. Erhalten hat sich allein das manuelinische Portal, alles andere entstand erst nach dem Erdbeben von 1755.

Rund um eine Anfang der 80er Jahre entdeckte Zisterne aus der maurischen Zeit wurde das Muséu Municipal de Arqueologia in der Rua das Portas de Loulé 14 errichtet, in seiner Art eines der interessantesten Museen des Landes. Auf drei Etagen finden sich hier zahlreiche Zeugnisse der maurischen Präsenz vom 8. Jh. bis zum 12. Jh.

Das bekannteste Restaurant der Stadt ist die Marisqueira Rui (Mi geschl.) in der Rua Comendador Vilarinho 25 im Zentrum (✆ 0 82/44 26 82). Da viele auch extra deshalb anreisen, muß man anstehen in Kauf nehmen. Die Atmosphäre ist von reger Betriebsamkeit.

Am Ortsausgang in Richtung Messines kommt das sehenswerte, manuelinische Cruz de Portugal. Das Kreuz aus weißem Kalkstein ist 3 m hoch und zeigt vorne den Gekreuzigten, auf der Rückseite Jesus in den Armen Marias.

Abwechslung vom rauhen und salzigen Meer bietet der nordöstlich gelegene Stausee **Barragem do Arade** 19, dort gibt es gute Wassersportmöglichkeiten.

Monchique

(S. 237) Ob zum Wandern auf den 742 m hohen Picote, um in **Caldas de Monchique** 20 Rheumatismus zu kurieren oder vom Fóia aus (902 m) einen phantastischen Blick zu genießen – die Serra de Monchique sollte man besuchen. Der Weg führt durch eine blühende Landschaft, in der jedes Gemüse gedeiht, in der Orangen und Bananen ebenso reifen wie Walnüsse. Auf der gewundenen Straße in die ganzjährig grüne Serra lohnt ein Besuch im einstmals berühmtesten Thermalbad des Südens, in Caldas de Monchique. Hier suchte, allerdings vergeblich, schon Dom João II. Heilung. Er, auf den die Gründung des Städtchens Monchique zurückgeht, starb am 25. Oktober 1495 in Alvor. Das Thermalbad liegt 250 m hoch und 7 km von Monchique entfernt. Aus der kräftigsten Quelle strömen täglich 500 000 Liter 32,5 °C warmes Heilwasser. Hier kurten schon Römer und Araber; der Kurort atmet noch heute den Charme der Architektur der Jahrhundertwende, versehen mit arabischem Einfluß.

Obwohl der Algarve zugehörig, macht Monchique doch nicht den Eindruck eines für die Region typischen Städtchens, eher erinnert es an Sintra. Manuelinisch ist das Portal der Igreja Matriz, die Pfeiler erinnern an Schiffstaue, die in fünf Knoten über dem Eingang enden. Im Inneren der dreischiffigen Kirche findet sich eine schöne Darstellung der Senhora da Conceição, die Machado de Castro zugeschrieben wird.

Vielbesucht ist das im oberen Teil der Stadt gelegene Café Central, unzählige Reisende haben sich hier auf Zetteln an der Wand für gutes Essen und freundlichen Empfang bedankt.

Zwei Ausflüge bieten sich an. Zu Fuß kann man in knapp zwei Stunden von der Einsiedelei Pé da Cruz aus zum Picota laufen, der Weg wird durch eine weite Sicht von Faro bis zum Cabo de São Vicente belohnt.

Am besten geht es mit dem Auto zum höchsten Punkt der Algarve, nach Fóia. Zu Fuß ist man mehr als zwei Stunden (ca. 8 km) unterwegs. Es empfiehlt sich nicht, in der größten Hitze aufzubrechen, da dann die Sicht nicht so gut ist. Obwohl es hier weniger grün ist als auf dem Picota, kann man von Fóia aus sogar bis Aljezur und manchmal über den Alentejo bis zur Serra da Arrábida ein einmaliges Panorama genießen.

Portimão

(S. 237) Das Angenehme an Portimão ist, daß die Stadt mit ihren 27 000 Einwohnern nur zur Hälfte vom Fremdenverkehr lebt. Die andere Einnahmequelle dieses Ortes ohne große Tradition ist der Fischereihafen, der zweitgrößte der Algarve. Zu sehen, wie die Boote mit dem Sonnenaufgang im Hafen einlaufen, und anschließend eine Fischversteigerung zu beobachten, ist unbedingt empfehlenswert.

Im Zentrum des Ortes steht die Igreja Matriz, eine ursprünglich gotische Kirche. Nach dem Erdbeben blieb nur das Portal, rundherum wurde die neue Fassade hochgezogen. Sehenswert sind die Azulejos im Inneren und das Schnitzwerk aus Nußbaumholz im Hochaltar.

Ein ruhiger und angenehmer Ort sind die Straßencafés zwischen dem Hafen und dem Eingang zur Altstadt, dort finden während der Sommermonate gelegentlich folkloristische Veranstaltungen statt.

Ferragudo 21, 2 km östlich von Portimão gelegen, hat sich seine Ursprünglichkeit noch bewahrt. Bis ins 16. Jh. existierte das hübsche Dorf am Rio Arade nur im Sommer, dann lebten dort die Fischer, die im Winter im Hinterland Bauern waren. Rund um die Kirche, die am höchsten Punkt erbaut wurde, entstand später das Dorf mit dem schönen Blick auf Portimão und das Meer.

Wer von Portimão nach **Praia da Rocha** 22 fährt, sieht sich einer Skyline gegenüber, die wohl Frankfurt oder gar New York Konkurrenz machen könnte: Neonreklame, Diskotheken, Hamburger. Wer dafür eine Vorliebe hat, wird nicht enttäuscht. Übrig blieb allein ein ausgezeichneter Strand mit den bekannten, bizarren Felsen zu Wasser und zu Lande. Über entwickelte touristische Infrastrukturen mit allen Sportmöglichkeiten verfügt auch das Feriendorf **Alvor** 23. Das eigentliche Dorf hat allerdings seine Strukturen bewahrt, und ein Spaziergang durch die verwinkelten Gassen lohnt sehr. Von der Burg aus, von der nur noch Ruinen existieren, griffen die Kreuzritter Silves an. Das manuelinische Portal der Igreja Matriz gilt als das Schönste der ganzen Algarve.

Die Ria do Alvor ist 1400 Hektar groß und sollte zu Fuß entdeckt werden. Das Instituto de Conservação da Natureza in Mexilhoeira Grande hat ein Informationsblatt erstellt, in dem auch zwei Wege durch die Ria angegeben sind. Der Ort ist auch wegen des Restaurants Adega Vilalisa des Künstlers José Vila zu empfehlen: Ambiente und Küche lohnen einen Besuch. Allerdings sind Wartezeiten fast immer unumgänglich (Juli–Sept; ab Okt. geschl.).

Schönen Sand, Felsen und angenehmes Wasser bietet die Praia dos Três Irmãos im Osten von Alvor.

Lagos

(S. 232) Die Bucht von Lagos bestimmte das Geschick dieser hübschen Stadt und ihrer heute 13 000 Einwohner. In den Sommermonaten ist es hier sehr belebt, auf der Praça Lúis de Camões gibt es Musik, Maler stellen ihre Werke aus oder fertigen Porträts der Besucher an, unzählige Bars und Restaurants öffnen ihre Türen, und ab September zieht das Städtchen sich allmählich wieder in sich selbst zurück.

Die Geschichte von Lagos, der westlichsten Stadt der Algarve, ist die seiner Bucht. Von hier aus starteten die Karavellen, um neue Länder und Seewege zu entdecken, vom Meer kamen allzu oft Piraten, um den Ort zu plündern.

Schon vor den Römern war die Gegend besiedelt, ein erster heute noch bekannter Name war Lacóbriga. Thunfisch und Sardinen wurden gefischt und verschifft, mit den Karthagern begann im 4. Jh. v. Chr. der Anbau von Wein und Oliven.

Im 10. Jh. wurden unter arabischer Herrschaft die Stadtmauern erneuert, Dom Sancho I. eroberte 1189 die Stadt, die aber drei Jahre später von den Mauren erneut besetzt wurde. Erst 1241 wird sie von Dom Paio Peres Correia endgültig für Portugal erobert.

Von Lagos aus startete 1415 die Flotte von 232 Schiffen, die Ceuta eroberte, von hier aus umschiffte der aus Lagos stammende Gil Eanes das Kap Bojador an der Nordwestküste Afrikas.

Das Erd- und Seebeben von 1755 ließ von der Stadt wenig übrig, die sich anschließende 11 m hohe Flutwelle soll der Legende nach die Schiffe bis ins Inland gespült haben.

Straßenmusiker in Lagos

Von der Stadtmauer aus der Zeit Dom Manuel I. und Dom João III., die einstmals ganz Lagos umgab, haben Teile die Katastrophen überstanden: Sehenswert sind die Porta do Postigo und die Reste des ehemaligen Gouverneurspalastes. Der Legende nach wohnte 1578 dort König Dom Sebastião von einem Fenster aus der letzten Messe bei, bevor er sich nach Afrika einschiffte, wo er in der Schlacht von Alcácer-Quibir starb. Das manuelinische Fenster ist in der Mauer noch zu sehen.

Zentrum der Stadt ist die von Häusern aus dem 19. Jh. umgebene Praça Luís de Camões mit dem Kriegsdenkmal in der Mitte. Daran angrenzend die nach dem Seefahrer benannte Praça Gil Eanes mit dem Rathaus von 1798 und der Statue von Dom Sebastião. Da das Werk des portugiesischen Bildhauers João Cutileiro sich nicht an den üblichen Heldensagen orientiert, sorgte es für einige Aufregung.

Östlich der Praça Luís de Camões steht die Igreja de São Sebastião mit dem Portal aus dem 17. Jh. Der seitliche Eingang entstand im Stil der Renaissance (1530). Die dreischiffige Kirche wurde nach einem Brand im 19. Jh. renoviert und hat eine Knochenkapelle.

Durch die Rua 25 de Abril – eine wichtige Adresse für das Nachtleben – geht man bis zur Praça da República. Dort sieht man noch die Arkaden des ersten portugiesischen Sklavenmarktes, wo ab 1444 schwarze Afrikaner verkauft worden sind.

Nördlich der Praça da República steht die Igreja de Santo António von 1707, nach dem Erdbeben 1769 wieder aufgebaut. Das barocke vergoldete Schnitzwerk gilt als das beste in Portugal. Die Seitenwände der Kirche sind mit Azulejobildern versehen, die Decke ist aus Holz gefertigt.

Durch die linke Seitentür der Kirche betritt man das kleine Museu Municipal de Lagos. Neben einem Raum für sakrale Kunst gibt es vor allem Kunsthandwerkliches und archäologische Fundstücke von der Algarve zu sehen. Ein Bild zeigt den Lokalheiligen Gonçalo von Lagos (* 1360), der von den Fischern verehrt wird, weil ihm die wundersame Vermehrung von Thunfisch nachgesagt wird.

Durch die Porta de São Gonçalo gelangt man wieder an den Hafen und zum Forte da Ponta da Bandeira. Die im 17. Jh. erbaute Burg diente der Verteidigung des Hafens. Im Inneren gibt es ein gutes Restaurant, wo in der Saison (Juni–Sept.) nur Abendessen serviert wird (So geschl., übrige Monate normaler Restaurantbetrieb und Mo geschl.). In Lagos hat es noch keinen Ruin der einheimischen Küche gegeben. Beim Stadtbummel trifft man auf zahlreiche Restaurants, die zu fairen Preisen frischen Fisch und Meeresfrüchte anbieten. Gefüllter Tintenfisch, *lulas cheias,* lohnt das Probieren. Und wie insgesamt an der Algarve sind die verschiedenen Süßspeisen aus Mandeln ein wahres Vergnügen.

Am Hafen bieten meist Jugendliche Bootsfahrten zu den schönen Grotten an, die das Meer in die Kalksteinfelsen gegraben hat.

3 km südlich von Lagos sollte man **Ponta da Piedade** 24 besuchen, dort ist die Felsenformation besonders schön. Wer nicht zu Fuß von unten über den Strand kommt, kann von oben die 199 Stufen hinabsteigen.

In der Nähe von Lagos gibt es einige schöne Strände, die im Sommer allerdings sehr gut besucht sind: Zwischen Felsen z. B. die Praia de Dona Ana und weiter westlich Porto de Mós. Die ebenfalls recht populäre Praia da Luz besteht

Am Strand von Sagres

aus einem Dorf und einer Feriensiedlung mit flachen, weißen Häusern rund um eine Bucht gelagert.

Je weiter man Richtung Sagres (S. 238) kommt, desto weniger wird die Landschaft vom Tourismus bestimmt. In Burgau hat die Lage des Ortes größere Hotels verhindert. Daß hier ausschließlich Fischer lebten, ist in den schmalen Straßen immer noch deutlich zu sehen.

Dasselbe gilt für Salema, ebenfalls ein Fischerdorf mit schönem, etwa 1,5 km langem Strand. Hier haben sich allerdings touristische Einrichtungen mit den Dorfhäusern vermischt. Und auch Zavial, das lange als der letzte unberührte Strand galt, hat inzwischen Sommergäste. Verglichen mit anderen Orten der Algarve ist es hier aber immer noch ausgesprochen ruhig.

Zwischen Figueira und Raposeira, wo sich das Landhaus von Heinrich dem Seefahrer befand, steht die Igreja da **Nossa Senhora de Guadalupe** 25.

Die romanisch-gotische Kirche wurde vermutlich im 13. Jh. von den Templern erbaut. Bemerkenswert sind vor allem die Kapitelle mit den Verzierungen aus Blättern und menschlichen Gesichtern.

(S. 240) Bei **Vila do Bispo** 26 ist die Landschaft schon äußerst karg, dennoch wird hier von den Einwohnern recht intensiv Landwirtschaft betrieben. Ihren Namen verdankt die Bischofsstadt Dom Manuel I., der den Ort den Bischöfen der Algarve als Lehen gab.

Die Igreja Matriz aus dem 16. Jh. ist reich mit Azulejos geschmückt und hat eine barocke Kassettendecke.

2 km entfernt findet sich der **Torre de Aspa** 27, mit 156 m die höchste Klippe der Algarve. Von hier aus bietet sich ein herrlicher Blick.

Am Rande Europas

Wer vom Leuchtturm in das aufgewühlte Wasser am Cabo de São Vicente blickt, kann sich vielleicht vorstellen, was für ein Gefühl es für die Seefahrer gewesen sein muß, von hier ins Ungewisse aufzubrechen. *Fim do mundo* (›Ende der Welt‹) nennen die Portugiesen noch heute das Kap. Leben die meisten Orte von Sehenswürdigkeiten, verdankt das Kap seine Atmosphäre der Leere. Schnurgerade führt die Straße von Vila do Bispo nach Sagres. Der Wind bläst beständig und kräftig. Sagres wirkt eher ungeordnet, ein Zentrum ist nicht auszumachen. Die Bucht aber ist ein guter Naturhafen und wurde ab 1443 auch von Heinrich dem Seefahrer für die Karavellen und Galeeren genutzt.

Auf einer 300 m langen Landzunge liegt 60 m hoch die **Festung** 28, die wie die Landschaft insgesamt karg ist. Die Mauern stammen aus dem 18. Jh. und folgen denen, die von Francis Drake 1587 und dann erneut durch das Erdbeben 1755 zerstört wurden. Durch einen Neubau ist diese Festung, die nichts bewacht, im Inneren nicht eben bereichert worden. An der Stelle der alten Jugendherberge steht jetzt eine Art Lagerhaus, das einmal ein Museum beherbergen soll, mit ungewissem Zweck. Rechts davon stehen eine Kirche neueren Datums und die Reste eines Hauses: Hier soll Heinrich der Seefahrer gelebt haben, wahrscheinlich ist aber die große Windrose mit einem Durchmesser von 42 m das einzige Relikt aus der Zeit der Entdeckungen.

6 km trennen die Festung und den südwestlichsten Punkt Europas, Cabo de São Vicente. Zwischen 50 m und 60 m über dem Meer gelegen bietet sich vom Kap aus ein faszinierender Anblick, das Wasser von der Algarve und das aus dem Atlantik haben unterschiedliche Farben und es herrscht ein starker Wellengang. Vermutlich hier ließ Heinrich der Seefahrer seine Vila do Infante erbauen, letzte Reste davon wurden aber beim Bau des Leuchtturms zerstört. Erhalten haben sich Reste des ehemaligen Jerónimo-Klosters, das Dom Manuel I. hier erbauen ließ. Nachts brannte hier immer ein Licht als Orientierung für die Seefahrer.

Ein Treff für Fischer ist die ehemalige Festung Belixe zwischen Sagres und dem Kap, inzwischen hat ein Hotel die Festung übernommen. Die Gewässer gelten als außerordentlich fischreich.

Zwischen Cabo de São Vicente und Aljezur

Nahezu leere Strände und wenig Fremde bietet die Westküste der Algarve zwischen Sagres und Aljezur. Dafür weht der Wind beständig und kräftig, das Wasser ist kühler und bewegter als etwa an der Felsenalgarve um Lagos. Von den bescheidenen und angenehmen Orten **Carrapateira** 29 und Bandeira, ca. 15 km von Vila do Bispo entfernt, gelangt man südlich an die **Praia do Amado** 30 und nördlich an die **Praia da Bandeira** 31. Wer mit einfachen, aber frischen Fischgerichten zufrieden ist und ruhige Tage am Meer verleben will, wird kaum enttäuscht werden.

Aljezur am Rande der Algarve verdankt seinen Namen den Arabern. Dorf der Brücken bedeutet er, und der kleine Fluß ist auch für die kuriose Struktur dieser letzten arabischen Festung der Al-

Richtig Reisen *Tip*

Eselstouren

Unweit der Touristenzentren findet man eine nahezu unvorstellbare Ruhe, die man erst auf einer Wanderung richtig genießen kann. Da die Esel kaum mehr in der Landwirtschaft gebraucht werden, dadurch gar vom Aussterben bedroht sind, finden sie hier als Gepäckträger eine artgerechte Beschäftigung.

In Begleitung von Eseln kann man die Westalgarve und ihre landschaftlichen Schönheiten zu Fuß erkunden: Horst Stilp, Samucal, 8760 Aljezur, ✆ 0 82-99 52 45.

garve verantwortlich. Der Bischof der Algarve Dom Francisco Gomes wollte das Dorf wegen der ständigen Mückenplagen auf einen Hügel weg von dem Fluß umsiedeln. Dazu ließ er eine neue Kirche errichten, aber die Einwohner blieben in ihrem alten Dorf, auch heute noch der attraktivere Teil des Ortes. Erst nach und nach entstand das neue Aljezur auf der anderen Flußseite. Diese Struktur läßt sich besonders gut von den Ruinen der alten maurischen Burg erkennen. Von der auf achteckigem Grundriß von den Arabern erbauten Festung steht noch die Mauer aus dem 14. Jh. 1243 wurde Aljezur von Dom Paio Peres Correia erobert. Eine Einwohnerin des Ortes, die in einen der Kreuzritter verliebt war, soll verraten haben, an welchem Tag die Mauren immer im Meer badeten: Dort wurden sie von dem christlichen Heer angegriffen und getötet, das Meer war rot gefärbt …

Schuhputzer

Von Aljezur aus führt eine Abzweigung zu zwei Stränden, dem kleinen und sehr schönen von **Arrifana** 32, wo es im Sommer allerdings zu wenig Parkplätze gibt, und dem größeren von **Monte Clérigo** 33. Beide Strände sind noch nicht überlaufen, auch wenn allmählich überall Feriensiedlungen entstehen.

Preiswert und gut ist das Essen in Aljezur bei Chefe Dimas, Aldeia Velha (Mi geschl.). Viele Handwerke, von Töpferei über Holzschnitzereien zu Korbwaren finden sich in den kleinen Werkstätten des Ortes.

Von Seefahrern und Raben – Zwei Mythen am Cabo de São Vicente

Für die nationale Geschichte Portugals ist das stürmische Kap von großer Bedeutung. Zwei Legenden, die hier entstanden, erlangten Berühmtheit weit über die Landesgrenzen hinaus. Die erste und ältere ist die des heiligen Vinzenz, die zweite die der Seefahrerschule des Infante Dom Henrique.

Auf den Halterungen der alten Straßenlaternen in Lissabon kann die Legende noch betrachtet werden. Zwei Raben begleiten das Schiff des São Vicente, Schutzpatron der Hauptstadt. Von Valencia soll der Leichnam des Märtyrers über das Wasser ans Kap gekommen sein, Raben sollen ihn dann wieder geleitet haben, als er 1173 auf dem Seeweg in die Kathedrale von Lissabon überführt wurde. Auf dem Kap gab es eine zu Ehren des Heiligen errichtete Kapelle, die zum Wallfahrtsort wurde. Dem arabischen Geographen Idrisi zufolge sollen auf der Kapelle stets zehn Raben gesessen haben, auch seien die Pilger immer freundlichst bewirtet worden.

Am Kap, das Griechen und Römern das Promontorium Sacrum war, der Ort, an dem die Götter des Nachts von ihrer Arbeit und ihren Reisen ausruhten, soll die Seefahrerschule Heinrichs gestanden haben. Diese Schule hat höchstwahrscheinlich nie existiert, auch war der Thronfolger nicht der große Erforscher neuer Welten und ein der Wissenschaft leidenschaftlich ergebener Forscher, wie es immer heißt. Dieser

Statue Heinrich des Seefahrers in Lagos

über Karten gebeugte, auf dem Kap sitzende und mutig neue Welten erträumende Dom Henrique ist kaum mehr als das Ergebnis einer romantisierenden Geschichtsschreibung. Heinrich der Seefahrer war vielmehr ein Mann des Mittelalters, und seine vornehmliche Aufgabe sah er als Kreuzritter und im Kampf gegen den Islam. Auch die Entwicklung der Seefahrt erzielte unter ihm keine sonderlichen Fortschritte, die Karavelle war schon entwickelt und wurde als Fischerboot genutzt. Die Entdeckungen, so wird heute zumeist angenommen, verdankt man dann auch der Suche nach einem Verbündeten in Afrika, der im Kampf gegen den Islam beistehen konnte. Auch hat es Heinrich nie zum Großmeister des Christusritterordens (den Nachfolgern der Templer) gebracht, ein Wunsch der ihm verwehrt blieb – er mußte sich mit dem Rang eines Gouverneurs zufriedengeben.

Alentejo und Ribatejo

In den ehemaligen Provinzen Alentejo und Ribatejo schlägt die Zeit anders. Still und nahezu menschenleer liegen die weiten gelben Felder des Alentejo, Weizen, Korkeichen und Olivenbäume bestimmen die Landschaft dort, wo der Eukalyptus – sehr zum Schaden der Landwirtschaft – noch nicht angebaut wurde. Wer aus der Stadt kommt, dem wird die Ruhe auffallen – und das gemächliche Tempo. Vor allem deshalb sind die Alentejaner ein beliebtes Ziel für Spötteleien – die Witze sind oftmals identisch mit denen aus deutschen Landen über die Ostfriesen. Aber der Alentejo ist auch die landwirtschaftliche Problemzone des Landes, die kurze Hoffnung der Kooperativen nach der Nelkenrevolution 1974 wurde durch die Rückgabe der Güter an die alten Herren vernichtet. Fünf aufeinanderfolgende Jahre blieb bis 1995 der Regen aus, das Vieh mußte wie auch in Andalusien wegen Wassermangel geschlachtet werden, der Weizen wuchs so spärlich, daß er mit Maschinen nicht geerntet werden konnte. Und der Konkurrenz aus dem Ausland durch die Agrarpolitik der Europäischen Union hat die Region kaum etwas entgegenzusetzen. Die daraus resultierende Abwanderung in die Städte ist kaum aufzuhalten, die ländliche Welt überaltert, und der Alentejo hat die höchste Selbstmordrate Europas. »Hoffnung im Alentejo« lautet der Titel eines Romans von José Saramago, der das Leben der Landarbeiter bis zur Revolution beschreibt. Die Bürgermeister der Küstenregion setzen ihre Hoffnung nun auf den Tourismus.

Die Küste von Sines bis Odeceixe

s. Karte vordere Innenklappe

Noch vor nicht allzu langer Zeit war die grüne Küstenlandschaft des Alentejo ein Geheimtip. Nach Porto Covo wies noch nicht einmal ein Straßenschild den Weg, auf der Straße Richtung Lissabon bog man von der Algarve kommend einfach an der Grundschule links ab. Die Zeiten haben sich geändert, aber verglichen mit anderen Feriengebieten ist es an dieser Küste noch immer beinahe idyllisch. Das liegt auch daran, daß die Regierung 1988 die gesamte Küstenregion von Sines bis Sagres unter Naturschutz stellte, insgesamt 70 000 Hektar einer in Europa einmaligen Landschaft. So konnte bislang diese wasserarme Region vor Golfplätzen und Bettenburgen bewahrt werden. Druck aber machen seit Jahren die meist kommunistischen Bürgermeister der Region. Sie wiederum hoffen, mit mehr Reisenden die Wirtschaft der Region beleben zu können.

Sines

(S. 239) Schon lange bevor man die Stadt erreicht, sieht man die Raffinerie, deutlicher Hinweis darauf, daß sich in Sines Industrie konzentriert, auch ein Kohlekraftwerk, metallverarbeitende Industrie und Petrochemie haben sich in der Nähe des großen Seehafens niedergelassen. Mitte der 70er Jahre begann die Umstrukturierung des Ortes, der bis dahin als malerischer Fischerort bekannt war, in dem Vasco da Gama das Licht der Welt erblickte. 1498 umsegelte er als erster Afrika und entdeckte so den Seeweg nach Indien. Bei den Arbeiten zum Bau des Industriekomplexes fand man Relikte, die belegen, daß die Gegend schon von Römern und Wisigoten besiedelt war.

Von touristischem Reiz ist in **Sines** nur noch der alte Ortskern. Von dort hat man einen Blick auf den alten Fischerhafen. Erhalten haben sich auch Reste der Burg aus dem 14. Jh. oder 15. Jh. In der kleinen Igreja Matriz ist ein schöner, mit Azulejos geschmückter Hochaltar. Eine Tafel erinnert am Geburtshaus von Vasco da Gama an den Seefahrer, der dort als Sohn eines portugiesischen Vaters und einer englischen Mutter 1469 geboren wurde. Das Haus wurde 1896 restauriert. An den berühmten Seefahrer erinnert auch die Capela de Nossa Senhora das Salas. Die einschiffige Kirche mit dem sehenswerten manuelinischen Portal ließ Vasco da Gama nach der Entdeckung des Seewegs nach Indien restaurieren, fertiggestellt wurde sie erst 1529, nach seinem Tod.

Die Ansiedlung von Industrie hat dazu geführt, daß die Strände erst ab São Torpes wieder benutzt werden können.

In **Porto Covo** trifft der Reisende auf ein kleines Dorf, das mit seinen weißen, blau umrandeten Häusern typisch für den Alentejo ist. Auch wenn Tourismus hier Einzug gehalten hat, ist es doch auf vergleichbar angenehme Art geschehen, und der Ort nach wie vor lohnend, wie überhaupt die Städte und Dörfer der Region insgesamt gepflegt und sauber sind. Strände finden sich in Porto Covo zwischen Felsbuchten, mit stärkerem Wellengang muß allerdings gerechnet werden.

(S. 240) **Vila Nova de Milfontes** liegt auf der rechten Seite der Flußmündung des Mira. Das Städtchen ist in den letzten Jahren beachtlich gewachsen, vor allem im August und September sind die engen Straßen oft verstopft. In den übrigen Monaten ist es aber sehr angenehm und landschaftlich überaus reizvoll. Der Naturhafen wurde schon von Römern und Arabern genutzt, nach einem Angriff von Piraten Ende des 15. Jh. blieb der Ort verlassen, bis er im darauffolgenden Jahrhundert unter Dom Manuel I. wieder besiedelt wurde. Sind in Vila Nova de Milfontes noch hauptsächlich Portugiesen, so hat sich **Odeceixe** zum beliebten Treffpunkt deutscher Touristen entwickelt. Der Strand liegt in einer schönen und weitläufigen Bucht, die Brandung ist nicht ganz so stark wie an anderen Stränden des Alentejo. Am Rande der Bucht gibt es einige Häuser und ein Restaurant, der eigentliche Ort selbst liegt etwa 3 km landeinwärts. Er hat seinen Charakter bewahrt, auch wenn die alten Einwohner von den meist jugendlichen Besuchern etwas in den Hintergrund gedrängt werden.

Beja

(S. 227) Umgeben von Weizenfeldern, inmitten des Alentejo, liegt die alte Stadt **Beja** 1 mit ihren rund 20 000 Einwohnern 237 m hoch auf einem Hügel. Schon lange vor den Römern war die Gegend besiedelt, bekannt aber wurde die Stadt erst, als Julius Cäsar die Repräsentanten der iberischen Halbinsel dorthin zum Friedensschluß zwischen Rom und den Lusitanern lud. Pax Julia hieß damals der Ort, der auch Hauptstadt des römischen Verwaltungsbezirks Pacensis war.

Die nächste Blüte erlebte Beja mit den Mauren, die seit 715 die Stadt beherrschten. Mehrfach und unter großen Verlusten wechselten sich christliche und islamische Machthaber ab, ehe 1162 Fernão Gonçalves die Araber endgültig vertrieb. Anschließend war die Stadt vollkommen zerstört und blieb lange Zeit nahezu unbewohnt. Erst Dom Afonso III. ließ 1253 die Stadtmauer erneuern und legte so den Grundstein für eine neue Besiedelung. Unter Dom Dinis entstand dann Ende des 13. Jh. der Torre de Menagem, heute noch das wichtigste Monument der Stadt. Bis in die Zeit der Entdeckungen war Beja kulturell bedeutender als Évora, danach wandte die Bevölkerung sich vermehrt der Landwirtschaft zu. Durch die napoleonischen Truppen und den Bürgerkrieg von 1820–34 wurde die Entwicklung der Stadt gebremst, erst durch die Eisenbahn ging es ab 1893 wieder aufwärts. Heute arbeiten die meisten Einwohner nicht mehr in der Landwirtschaft – Dienstleistungen sind der wichtigste Sektor. Auch deshalb gibt es so viele Cafés, Restaurants und Geschäfte. Und nicht vergessen werden darf, daß der Name Beja untrennbar mit einer der großen Liebesgeschichten der Weltliteratur verbunden ist. Die Nonne Mariana Alcoforado soll Mitte des 17. Jh. die »Portugiesischen Briefe« geschrieben haben: Sie verliebte sich in den Chevalier de Chamilly, nachdem sie ihn vom Zimmer ihres Fensters aus erblickt hatte. Grußlos verschwand der Chevalier nach der Affäre nach Frankreich, dorthin schickte die verlassene Nonne die Briefe, die 1669 in Köln erstmals erschienen. R. M. Rilke übertrug diese Briefe einer enttäuschten Leidenschaft ins Deutsche.

Von Lissabon kommend, trifft man bei der Einfahrt in die Stadt auf die Ermida de Santo André. Die kleine Kirche wurde von Dom Sancho I. 1162 zur Feier des Sieges über die Mauren gestiftet, dort versammelten sich die Truppen vor der Einnahme der Stadt. Ihr aktuelles Aussehen erhielt die Kirche im 15. Jh. Sehenswert sind vor allem die schönen Azulejos im Inneren.

Als Stadt mit mittelalterlicher Struktur ist Beja kreisförmig um seine Burg entstanden. Ursprünglich handelt es sich um einen Bau aus der Römerzeit, der aber mehrfach erneuert wurde, vor allem unter Dom Afonso III. und Dom Dinis. Aus der Römerzeit stammen noch die Porta de Évora und die Porta de Avis. Ende des 18. Jh. standen noch 40 Türme. Teile der Anlage wurden dann von den Jesuiten abgetragen, um damit ihr Hospiz zu errichten. Der höchste Turm ist der 1310 unter Dom Dinis aus Marmor errichtete 40 m hohe Torre de Menagem. Viereckig, mit Zinnen und doppelten Spitzbogenfenstern versehen, überragt dieser höchste Burgturm Portugals die Stadt. Von oben bietet sich ein schöner Blick über Beja, wenn die drei Stockwerke und 192 Stufen einmal bewältigt sind. Im Turm befindet sich ein kleines Militärmuseum.

Bei der Burg befindet sich die Igreja de São Tiago, seit 1946 die Kathedrale der Stadt. Die dreischiffige Kirche wurde 1590 nahezu vollständig erneuert. Im Inneren finden sich über 10 000 Azulejos (18. Jh.) mit Darstellungen aus dem Leben Jesu.

Am Largo de Santo Amaro steht die Igreja de Santo Amaro, benannt nach ihrem Schutzpatron. Die Kirche stammt aus der Zeit der Wisigoten, was sich noch an den Kapitellen im Inneren der dreischiffigen Kirche erkennen läßt, sie reichen ins 5. und 9. Jh. zurück. Die Vorderseite wurde im 17. Jh. erneuert. In der Kirche, eine der vier präromanischen, die sich in Portugal erhalten haben, befinden sich die Funde aus der Zeit der Wisigoten aus dem Museu Regional der Stadt.

Beja: Vor der Stadt liegt der Friedhof

Die Praça da Républica mit ihrem auffälligen *pelourinho* vor dem Rathaus wurde unter Dom Manuel I. angelegt, aus dieser Zeit stammen auch noch einige der Arkaden. Der Fürst von Beja, Dom Luís, Sohn von Dom Manuel, ließ Mitte des 16. Jh. die quadratische und niedrige Igreja da Misericórdia errichten – der Bau war ursprünglich nicht als Kirche, sondern als Markthalle geplant.

Von der Praça da República gelangt man in die Rua do Sembrano. Dort im ersten Stock des Hauses Nr. 38 findet sich eines der schönsten manuelinischen Fenster im Alentejo.

Östlich der Praça de República trifft man auf den Convento da Nossa Senhora de Conceição, in dem die Nonne Mariana Alcoforado 1723 im Alter von 83 Jahren starb. Dreißig Jahre lang leistete sie Abbitte für ihre unglückliche, nicht erwiderte Liebe. Auch wenn die Briefe wohl nicht von ihr selbst verfaßt wurden, sicherten sie ihr doch einen Platz unter den großen Liebenden der Weltliteratur. Das 1459 gegründete Kloster war das wertvollste im Alentejo. Begonnen wurde es von dem Vater Dom Manuel I., der Sohn vollendete es. 1895 wurde der Konvent nahezu vollständig zerstört, erhalten haben sich Kirche, Kapitelsaal und Kreuzgang. Das ehemalige Kloster beherbergt heute das sehenswerte Museu Regional. Man betritt es durch die Kirche, die ganz mit vergoldetem Schnitzwerk ausgestattet ist. In der Mitte gibt es eine kleine Sammlung sakraler Kunst, die drei Altäre auf der rechten Seite stammen aus dem 17. Jh. und 18. Jh. In den Sälen rund um den Kreuzgang finden sich schöne kleine Kapellen, archäologische Funde und Sammlungen von Keramik und Münzen.

Durch ein manuelinisches Portal gelangt man in den Kapitelsaal mit Skulpturen und farbigen Azulejos. Die angrenzenden Säle enthalten Bilder, darunter holländische, flämische, spanische und

frühe portugiesische Meister. Im ersten Stock sind archäologische Funde aus der Region ausgestellt, hier ist auch das berühmte Fenster der Mariana Alcoforado zu sehen.

Vom Kloster führen Stufen zum Largo dos Duques de Beja. Hier hatten bis 1895 die Fürsten von Beja ihren Sitz, von ihrem Palast aus hatten sie einen direkten Zugang zum Nonnenkloster, Reste davon sind im Museum noch zu sehen. Die weiße Igreja da Santa Maria war zur Zeit der Wisigoten wahrscheinlich die Kathedrale, während der maurischen Herrschaft diente sie als Moschee. Die dreischiffige Kirche mit den drei Portalen, wie sie sich heute darstellt, stammt aus dem 15. Jh., erwähnt wird sie schon Ende des 13. Jh. Im Inneren finden sich Altäre (17. Jh. und 18. Jh.) aus vergoldetem Schnitzwerk.

Der Uhrturm bei der Kirche stammt aus der Zeit Dom Manuels, wurde aber im 18. Jh. neu erbaut.

Beja wurde in den 80er Jahren nicht nur gut restauriert, sondern auch klug architektonisch erweitert. Ein Beispiel dafür ist das bei der Post gelegene Kulturzentrum. Hier hat man noch die Möglichkeit, die traditionellen Handwerkskünste mit Kupfer, Ton und Holz zu sehen.

Auf angenehme Weise übernachten und auch speisen läßt es sich in der Pousada, die im ehemaligen Franziskanerkloster eingerichtet wurde. Mönchszellen wurden zu komfortablen Gästezimmern umgestaltet.

Preiswertes und für die Region typisches Essen bietet O Alhinho in der Rua da Casa Pia 28 (So geschl.). Zu empfehlen ist auch Os Infantes, Rua dos Infantes 14.

Mértola: Archäologie belebt eine vergessene Stadt

(S. 236) Wenn der Archäologe und Historiker Claudio Torres heute auf die Zeit seit 1983 zurückblickt, kann er mit dem Ergebnis seiner Arbeit in **Mértola** **2**

Von Mértola bis Portalegre

gewiß zufrieden sein. Damals begann er in dem 50 km südlich von Beja gelegenen Ort mit dem Campo Arqueológico, dem archäologischen Feld, eine im Lande beispiellose Wiederbelebung einer einst bedeutenden und dann jahrhundertelang nahezu vergessenen Ortschaft. Alte Handwerkskunst wird wieder gepflegt, Werkstatt-Museen entstanden, und neue Bewohner siedelten sich an. Heute zählt die am rechten Ufer des Guadiana gelegene Stadt zu den wichtigsten Forschungsstätten islamischer Kultur in Europa; verteilt über die ganze Stadt sind Ausgrabungen im Gange. Und jedes Jahr kommen mehr als 40 000 Touristen zu Besuch.

Wirklich überraschend ist es nicht, daß die Archäologen fündig wurden. Schon 1000 v. Chr. war hier ein bekannter Hafen, dessen Bedeutung bis zur Reconquista im 13. Jh. erhalten blieb. Die Römer nannten den Ort Myrtilis, von hier konnten die in den Minen der Region gefundenen Metalle zu den Mittelmeerhäfen verschifft werden. Mit der Verlagerung der Handelswege zum Tejo verlor die Stadt ab dem 16. Jh. an Bedeutung. Zwischen dem 5. Jh. und dem 8. Jh. war Mértola die Hauptstadt einer Region, die auch Beja mit einschloß. Der Dornröschenschlaf dauerte bis in die 80er Jahre unseres Jahrhunderts, erst die Archäologen erweckten sie zu neuem Leben.

Dem Besucher präsentiert sich das Städtchen malerisch. Die Stadtmauern stammen noch aus der Zeit der Araber, und weiße Häuser mit roten Ziegeldächern ziehen sich vom Fluß bis zur Burg auf dem Hügel, den Torre do Relógio haben sich schon seit Jahren Störche als Wohnsitz erwählt.

Den mächtigen Torre de Menagem der römisch maurischen Burg ließ 1292 Dom João Fernandes, Großmeister des Jakobsordens errichten. Nach dem Sieg über die Mauren hatte Dom Sancho II. die Stadt den Jakobsrittern übergeben.

Unterhalb der Burg steht die Igreja de Nossa Senhora da Assunção mit den maurischen Zinnen. Die Kirche mit den fünf Schiffen war ursprünglich eine Moschee (11. Jh.). Auch nach dem Umbau im 13. Jh. gilt sie weiterhin als einzige echte Moschee Portugals.

Auf dem Largo da Câmara sollte man die Ausgrabungen aus der Römerzeit besuchen. Dorthin gelangt man durch das Rathaus, die Funde selbst wurden bei Umbauarbeiten entdeckt. Zu sehen sind die Reste einer Wohnanlage.

Von den traditionellen Werkstätten ist besonders die Cooperativa de Tecelagem in der Rua de Igreja hervorzuheben. Hier werden nach alter Art und Weise Decken und Tischdecken gefertigt. Einen Einblick in die Alltagskultur der Araber und des Mittelalters vermittelt die Schmuckwerkstatt am Largo da Misericórdia. Bei ihren Arbeiten aus Edelmetall und Keramik lassen sich die Meister von den Funden der Archäologen inspirieren.

Eine Fahrt flußabwärts bis Alcoutim kann man mit einem städtischen Boot auf dem Guadiana unternehmen. (Informationen erteilt das Tourismusbüro am Largo Vasco da Gama.)

Évora

(S. 230) **Évora** 3 ist eine der am besten organisierten Städte des Landes, und der Besucher mag dem Krisengerede im Alentejo kaum mehr Glauben schenken, wenn er diese gepflegte und im Aufschwung befindliche Universitätsstadt mit ihren knapp 40 000 Einwohnern gesehen hat.

Der Name dieser ehemaligen Provinzhauptstadt des Alentejo, die auch Bi-

Stadtansicht von Évora im Abendlicht

schofssitz ist, ist vermutlich keltischen oder phönizischen Ursprungs. Unter den Römern hieß sie Liberalitas Julia und wurde zum Verwaltungs- und Wirtschaftszentrum ausgebaut. Eindrucksvolles Zeugnis dieser Zeit ist der Römische Tempel. Die Wisigoten errichteten die ersten christlichen Kirchen, schon vom 3. Jh. bis zur Invasion der Araber 715 gab es in der Stadt Bischöfe. Erhalten blieb von der maurischen Zeit fast nichts. 1165 wurde Évora von Giraldo Sem Parvor endgültig zurückerobert, einzig diese Stadt widerstand, als Almançor 1191 das gesamte Gebiet südlich des Tejo eroberte. Teile der Festung sind noch erhalten.

Im 13. Jh. war Évora eine bemerkenswerte Stadt, wie sich an den Abmessungen der Kathedrale erkennen läßt, und bis zur Zeit von Dom Dinis I. galt Évora nach Lissabon als die zweite Stadt des Landes, eine Blütezeit, die erst mit den spanischen Königen in Portugal endete.

Bis zum 20. Jh. dauerte es, bis schließlich eine Reihe von Bauwerken restauriert wurde. Seit 1987 steht die Stadt unter dem Schutz der UNESCO. Und während der Bezirk Évora zwischen 1960 und 1991 21 % seiner Bevölkerung verlor, wuchs die Stadt selbst auf ihre heutige Größe. War sie bis in die 80er Jahre noch vorwiegend landwirtschaftlich bestimmt, nehmen heute Dienstleistungen eine immer wichtigere Position ein. Und für den Aufschwung der Stadt, ihre Verjüngung und ihre Lebendigkeit darf auch die Rolle der Universität und ihrer Studenten nicht unterschätzt werden.

Für eine Besichtigung ist es ratsam, den Wagen auf einem der Parkplätze vor dem historischen Zentrum zu lassen, da man dort an den Parkuhren nur eine Stunde parken kann.

Im Zentrum liegt die rechteckige Praça do Giraldo mit ihren Arkaden auf der einen Seite und dem Heinrichsbrunnen in der Mitte. Seine acht Rohre sollen die acht Straßen repräsentieren, die vom Platz abzweigen. Erbaut hat diesen mächtigen Marmorbrunnen der Architekt Afonso Álvares unter dem Kardinal Dom Henrique (um 1570). An der Nordseite des Platzes steht die Igreja de Santo Antão, 1557 ebenfalls unter Dom Henrique errichtet. Dafür mußten ein römischer Triumphbogen und eine gotische Kirche weichen. Die dreischiffige Kirche wurde von dem Baumeister Manuel Pires entworfen. Auf der Vorderseite des marmornen Hauptaltars ist das Kreuz der Templer zu erkennen, die Seitenkapellen sind mit Azulejos verziert.

Westlich der Praça de Giraldo liegt in der Rua Serpa Pinto der Convento de Santa Clara. Von dem ursprünglich im 15. Jh. errichteten Konvent blieb nur der Kreuzgang erhalten. Die einschiffige Kirche wurde Mitte des folgenden Jahrhunderts erbaut und ist mit farbigen Azulejos aus dem 17. Jh. geschmückt.

Von der Praça de Giraldo gelangt man durch die Rua 5 de Outubro zur Sé Catedral de Santa Maria. Begründet wurde die Kathedrale, die denen von Lissabon und Braga ähnelt, 1186 von dem Bischof Dom Paio, aber die lange Bauzeit führte zur Einbeziehung nicht nur gotischer und romanischer, sondern auch manuelinischer und barocker Elemente. Erbaut wurde die Kirche auf kreuzförmigem Grundriß. Das Portal wird von den Skulpturen der Apostel bestimmt. Sie rechnen zu den seltenen, nicht für Grabmale bestimmten Beispielen romanisch-gotischer Kunst in Portugal. Im Inneren ist die Sé dreischiffig, sie ist die größte Kathedrale Portugals. Auffallend ist der rotbraune Granit, der hier Verwendung fand. Der Chor wurde im 18. Jh. erneuert, die Altäre in den Kapellen der Schiffe stammen aus dem 17. Jh. Die vielleicht schönste Kapelle ist die im linken Querschiff befindliche, 1529 erbaute Capela do Esporão mit dem Sterngewölbe, Renaissancewerk eines portugiesischen Meisters. Der Kreuzgang aus Granit und mit arabischen Verzierungen stammt aus dem 14. Jh., sein Stifter, der Bischof Dom Pedro IV., hat sich dort in der Capela do Fundador (›Gründerkapelle‹) mit seinem Grabmal verewigt. Vom Kreuzgang aus kann man auf die Terrasse steigen, um den schönen Blick auf Évora und die Türme der Kathedrale zu genießen.

In der Kathedrale befindet sich das Museu de Arte Sacra mit Bildern, Möbeln, Skulpturen und Schmuck. Herausragendes Stück der Sammlung ist ein gotisches Triptychon, die Nossa Senhora do Paraiso, aus Elfenbein gefertigt und 1474 von einer Dame der Stadt gestiftet.

Im ehemaligen Bischofspalast aus dem 16./17. Jh. befindet sich das Museu Regional. Hier sind Beispiele römischer, mittelalterlicher und manuelinischer Architektur, Skulpturen und Sarkophage sowie portugiesische und flämische Malerei – herausragend das aus 13 Tafeln bestehende Bild mit Szenen aus dem Leben Marias, im 16. Jh. in Évora von flämischen Meistern gestaltet – ausgestellt.

Das bekannteste Bauwerk der Stadt ist der in der Nähe der Sé befindliche römische Tempel. Das Gebäude aus dem 2. oder 3. Jh. gilt als besterhaltene Ruine aus der Römerzeit. Im Mittelalter wurde es als Schlachthaus genutzt, erst im 19. Jh. wurden die Mauern abgetragen, so daß der Tempel in seiner eigentlichen Form erkennbar wurde. Noch heute wird er oft als Dianatempel bezeichnet, obwohl er vermutlich Jupiter gewidmet war. Auch der bei dem Tempel gelegene Garten heißt Dianagarten, dort gibt es einen Aussichtspunkt über die Stadt.

Neben dem römischen Tempel befindet sich im ehemaligen Convento dos

Lóios aus dem 16. Jh. die Pousada. Mönchszellen wurden zu komfortablen Zimmern umgewandelt, und im Sommer wird der alte Kreuzgang zum Restaurant. Hier befindet sich auch die Igreja de São João Evangelista, im 15. Jh. von Manuel de Melo gestiftet. Über dem Portal der Kirche ist das Familien-

Die Knochenkapelle in Évora

wappen zu sehen. Das Grabmal von Francisco de Melo wird Chanterène zugeschrieben.

Sehenswert ist die Universität. Sie wurde 1551 als Kolleg und 1559 als Universität gegründet. Gelehrt wurden alle Fächer mit Ausnahme von Jura und Medizin. Der Innenhof (Renaissance) mit seiner Galerie und vor allem die Sala dos Actos lohnen einen Besuch. Und in den alten Hörsälen kann man noch die Azulejos aus dem 18. Jh. sehen.

Südlich der Universität liegt die Igreja da Graça, von 1524–29 unter Dom João III. von dem Architekten Miguel de Arruda im Stile der Renaissance errichtet. Die großen und ziemlich kräftigen Figuren an der Fassade tragen Globen und symbolisieren die vier Flüsse der Alten Welt.

Ganz in der Nähe befindet sich die Igreja de São Francisco. Die gotische Kirche wurde zwischen 1480 und 1514 erbaut und war königliche Kapelle. Das Gewölbe aus Spitzbögen in der einschiffigen Kirche ist einzigartig in Portugal. Beeindruckend ist der barocke, mit goldenem Schnitzwerk verzierte Altar. Bestattet ist in der Kirche der Goldschmied und Dramatiker Gil Vicente, 1536 gestorben, dessen Bühnenstücke in Portugal immer noch oft gespielt werden. Aus dem 16./17. Jh. stammt die Capela dos Ossos (›Knochenkapelle‹) mit folgender Inschrift am Eingang: *Nós, ossos, que aqui estamos, pelos vossos esperamos.* – ›Wir Knochen, die wir hier sind, warten auf eure.‹

Weiter südlich liegt die Ermida de São Brás, von Dom João II. und dem Bischof Garcia de Menezez 1483 gegründet. Die Kirche mit ihren Spitztürmen gilt als Beispiel einer im Alentejo gelegentlich anzutreffenden Gotik. Im Inneren Azulejos sowie Tafelbilder aus dem 16. Jh.

Kulinarisch wird der Reisende in Évora verwöhnt. Das bekannteste, ausgezeichnete und stets volle Restaurante Fialho in der Travessa das Mascarenhas 14 ist wärmstens zu empfehlen. Aber auch das Grémio in der Rua Alcárcova de Cima 10 braucht sich nicht zu verstekken. Neben diesen bekannten Stätten alentejanischer Gastronomie gibt es eine Reihe kleinerer – und auch preiswerterer – Restaurants, die aber natürlich nicht den Ruf der oben erwähnten genießen.

Etwa 2 km vor der Stadt steht in Richtung von Arraiolos auf dem Monte de **São Bento de Castris** 4 das Kloster

gleichen Namens. 1274 gegründet, soll es das erste Nonnenkloster des Landes gewesen sein. Die einschiffige Kirche stammt aus dem 14. Jh., sehenswert ist auch der zweistöckige Kreuzgang aus dem 16. Jh.

Östlich von Évora und fast schon an der spanischen Grenze liegt **Monsaraz** 5 auf einem Hügel, umgeben von einer Festungsmauer. Hier lebten Römer und Araber, 1167 übergab Dom Afonso Henriques die Festung den Templern.

Das Auto sollte man vor der Festungsmauer parken, die Durchfahrt ist am Tage nicht gestattet. Vom 320 m hohen Torre de Menagem bietet sich ein herrlicher Blick, und vor der Igreja Matriz am Largo Dom Nuno Álvares Pereira steht noch ein *pelourinho.*

Auf dem Weg nach Estremoz lohnt noch ein Besuch in **Évoramonte** 6. Die Burg auf dem Berg ließ Dom Dinis 1306 errichten, bei dem Erdbeben von 1531 wurde sie so beschädigt, daß sie unter Dom João III. erneuert werden mußte. Durch seinen mittelalterlichen Charakter und die Lage auf dem Berg in 470 m Höhe ist das Dorf insgesamt sehr reizvoll. Anzusehen gibt es außerdem die Igreja Matriz (15. Jh.) sowie die ganz mit Azulejos ausgekleidete Igreja da Misericórdia (16. Jh.).

Estremoz

Die Stadt mit ihren knapp 10 000 Einwohnern liegt 52 km nordwestlich von Évora auf einem Berg in 450 m Höhe. Die Altstadt liegt auf dem Berg, der neue Teil unterhalb des Schlosses. Das Schloß mit dem 27 m hohen Torre de Menagem und der Königspalast, in dem die Rainha Santa Isabel am 4. Juli 1336 starb, wurden unter Dom Dinis im 13. Jh. begonnen. In dem Palast befindet sich heute eine Pousada.

Das Stadtzentrum von Vila Viçosa

(S. 230) **Estremoz** 7 lebt insgesamt mehr von seiner Atmosphäre als von seinen kunsthistorischen Schätzen. Rund um den Rossio, dem großen Platz, auf dem auch der Markt stattfindet, herrscht geschäftiges Treiben, und durch die angrenzenden Straßen und Plätze läßt es sich angenehm bummeln. Am Rossio findet sich auch das gute Restaurant Águias de Ouro.

Der Convento de São Francisco stammt aus dem 13. Jh. Im Inneren der dreischiffigen Kirche aus der Zeit von Dom Afonso III. steht das prächtige Grabmal von Vasco Esteves Gato, Stifter einer Kapelle im 15. Jh. Der 1623 erneuerte Hochaltar ist mit schönen Azulejos ausgekleidet.

Das Rathaus lohnt ebenfalls einen Besuch. Untergebracht ist es in dem ehemaligen, 1698 gegründeten Convento dos Congregados. Der Treppenaufgang ist mit Azulejos aus dem 18. Jh. verziert.

Vila Viçosa

(S. 240) Gut 17 Kilometer südöstlich von Estremoz liegt **Vila Viçosa** 8, die Stadt der Herzöge von Bragança.

Auf dem Terreiro do Paço steht die 1940 errichtete Reiterstatue des 8. Herzogs von Bragança, König Dom João IV. Der mächtige Paço Ducal mit seiner Marmorfassade mißt 110 m. Das Innere ist heute Museum und Bibliothek des Hauses Bragança.

Der Convento dos Agostinhos stammt aus dem 17./18. Jh. In der großzügig mit Marmor ausgestatteten Kirche stehen auf steinernen Löwen die Sarkophage der Herzöge von Bragança.

Marmorsteinbruch bei Vila Viçosa

Mit dem 1513 erbauten Convento das Chagas, in dem sich die Gräber der Herzoginnen von Bragança befinden, verbindet sich die Geschichte einer bekannten Süßspeise. Die Nonnen fertigten hier für ihre Besucher *tibornas* an, eine aus Ei und Mandeln bestehende, auch heute noch zu genießende Leckerei.

Sehenswert ist auch ein weiterer großer Platz, die von Orangenbäumen umsäumte Praça da República. Von dort zweigt die Rua do Angerino ab und führt zu dem Haus, in dem 1894 Florbela Espanca, die große Unglückliche und Unverstandene der portugiesischen Literatur, geboren wurde.

Die Burg von Vila Viçosa mit dem großen *pelourinho* davor ließ Dom Dinis im 13. Jh. erbauen.

Innerhalb der Mauern befinden sich ein kleines archäologisches Museum sowie die gotische Igreja da Conceição, die aber Ende des 16. Jh. umgebaut wurde, die Fassade stammt aus dem letzten Jahrhundert.

Elvas

(S. 229) Nur 12 km von der spanischen Grenze entfernt liegt in 200 m Höhe **Elvas** 9, Grenzstadt mit 15 000 Einwohnern. Schon Römer und Araber hatten die Stadt befestigt, die 1226 unter Dom Sancho I. in portugiesischen Besitz überging. Umgeben von fruchtbaren Feldern, lebt die Stadt stark von der Landwirtschaft und der Nahrungsmittelindustrie. Schon vor Elvas sieht man den **Aqueduto de Amoreira** 10, von 1498–1622 erbaut und bei einer Höhe von 31 m und 7454 m Länge das beeindruckendste Aquädukt des Landes. Die reiche und sorgfältige Gestaltung der Brunnen läßt die Bedeutung des Wassers für die Stadt noch immer erkennen. Elvas ist eine Stadt der Festungen. Außerhalb der Mauer und zur Bewachung des Ortes befinden sich auf zwei Hügeln die Festung Nossa Senhora da Graça und die Festung Santa Luzia, in der die erste, 1942 eröffnete Pousada des Landes ist.

Der Baumeister des Aquädukts, Francisco de Arruda, schuf auch um 1517 die ehemalige Kathedrale von Elvas auf den Ruinen einer gotischen Kirche. Bis ins 17. Jh. wurde an der Kirche, die bis 1882 Bischofssitz war, beständig gebaut, aus dieser Zeit stammt auch die Fassade. Im Inneren ist die Kirche dreischiffig. Im Gewölbe des Mittelschiffs ist das Wappen Dom Manuels zu erkennen, die Wände sind mit farbigen Azulejos (17. Jh.) verkleidet. Die Altäre der Seitenkapellen wurden im 18. Jh. aus dem edlen Marmor der Nachbarstadt Estremoz gefertigt. Gepflegt und sympathisch wirkt auch die Praça da República vor der Kirche mit dem schwarz-weißen Mosaik.

Weiter oben trifft man auf die achteckige Igreja Nossa Senhora da Consolação aus dem 16. Jh. Dort stand vorher eine Kirche der Templer. Im Inneren sind Säulen, Bögen und Gewölbe bemalt und vergoldet, der Rest ist mit Azulejos (17. Jh.) ausgekleidet.

Die Burg mit ihrer guten Aussicht über den Alentejo existierte schon zu Zeiten der Römer und Araber, wurde aber unter Dom Dinis verändert, der Torre de Menagem wurde unter Dom João II. neu aufgebaut.

Portalegre

(S. 237) In 447 m Höhe am Rande der Serra de São Mamede und der Serra de Marvão und unweit der spanischen Grenze liegt **Portalegre** **11**, Bezirks-

Das Stadttor von Elvas

hauptstadt mit 10 000 Einwohnern. Bekannt ist die Stadt nicht nur wegen ihrer Herrenhäuser und Stadtpaläste, Webereien, Wandteppiche und Keramikwaren sowie der Korkproduktion, sondern auch wegen der schönen Lage und Umgebung. Die letzten Jahre aber waren wirtschaftlich nicht besonders günstig, und auch ein neues Industriegebiet brachte nicht den erhofften Aufschwung. Auch als touristische Stadt hat sich Portalegre anders als das nahegelegene Castelo de Vide noch nicht recht etablieren können.

Zentrum der Altstadt ist die Praça do Município mit dem angrenzenden Largo da Sé. Hier befinden sich die Kathedrale und der ehemalige Bischofspalast. Die Kathedrale mit den zwei Türmen wurde 1556 begonnen, nachdem der Papst Portalegre zur Diözese bestimmt hatte. Bis zum Ende der Bauarbeiten dauerte es aber noch ein Jahrhundert, später wurden weitere Veränderungen vorgenommen, die aktuelle Fassade ebenso wie der Kreuzgang mit Kalvarienkapelle stammen aus dem 18. Jh. Im Inneren der dreischiffigen Kirche fallen vor allem das Deckengewölbe und der Hauptaltar (Ende des 16. Jh.) auf, den der manieristische Bildhauer Gaspar Coelho schuf.

Neben der Sé befindet sich das Museu Municipal. Es beherbergt sakrale Kunst aus den Klöstern São Bernardo und Santa Clara, unter anderem 800 Bilder der Verehrung des heiligen Antonius sowie eine Sammlung portugiesischer Fayencen.

Durch den in der Nähe der Sé gelegenen Arco do Bispo gelangt man auf eine kleine Esplanade, von der aus man einen Blick über den neuen Teil der Stadt hat.

Geht man die Straße hinunter bis zum Largo Cristóvão Falcão, trifft man auf den leerstehenden Palácio Amarelo, den gelben Palast. Das Gebäude wurde im 17. Jh. errichtet, anschließend aber stark verändert. Die schmiedeeisernen Gitter der zwölf Fenster blieben aber unverändert, sie zählen zu den schönsten des Landes.

Vom Largo da Sé gelangt man in westlicher Richtung durch die Rua 19 de Junho zur Porta do Alegrete, einem der alten Stadteingänge, und von dort zur Praça da República. Dort befindet sich die Pädagogische Hochschule, die in einem der schönsten Gebäude der Stadt, dem Palácio dos Acchioli aus dem 18. Jh. untergebracht ist.

Neben der Hochschule hat sich in dem ebenfalls sehenswerten Palácio Avilez die Polizei eingerichtet. In der Nähe, am Largo da Boavista befindet sich das ehemalige Wohnhaus des portugiesischen Schriftstellers José Régio (1901–69), das heute in ein Museum umgewandelt ist. Arbeits- und Wohnzimmer blieben erhalten in diesem sehenswerten Regionalmuseum. Den Hauptteil der Sammlung bilden etwa 400 Christusfiguren.

Im Stadtzentrum sind sehenswert die Igreja de São Lourenço am Largo Visconde dos Cidrais, im Inneren reich mit Azulejos und einem barocken Altar aus vergoldetem Schnitzwerk ausgestattet, sowie der 1518 gegründete Convento do São Bernardo, heute in eine Kaserne umgewandelt. Das monumentale, von Nicolas Chanterène gestaltete Grabmal in der Kirche wurde für Dom Jorge de Melo, den Gründer des Klosters, errichtet. Filipe II. bemerkte zu diesem Marmorgrab, es sei doch ein sehr großer Käfig für so einen kleinen Vogel.

Im 1609 von Jesuiten gegründeten Colégio de São Sebastião in der Rua Guilherme Gomes Fernandes richtete später der Marquês de Pombal die Real Fábrica de Lanifícios ein. Heute ist hier eine weit über Portalegre hinaus bekannte Teppichfabrik.

Auch wenn Portalegre die Landesküche bestenfalls um einige Wurstsorten bereichert hat, gibt es in der Stadt doch einige gute Restaurants. Landesweit bekannt für seine gegrillten Fleischgerichte ist die Churrascaria Rollo in der Avenida Pio XII., Lote 7 (immer geöffnet).

Einige Kilometer von Portalegre entfernt in Richtung Serra de São Mamede (in Portalegre schon ausgeschildert), findet sich die Quinta da Saúde, die neben einem Restaurant auch Übernachtungsmöglichkeiten bietet.

Folgt man der Straße in nördlicher Richtung zum **Barragem da Póvoa** 12, trifft man auf Hinweisschilder, die zum Menir da Meada führen, einem steinernen Phallus, dem größten Fruchtbarkeitssymbol der iberischen Halbinsel.

Marvão und Castelo de Vide

(S. 236) Bis auf 628 m geht es hoch, bis man auf das nördlich von Portalegre gelegene Städtchen **Marvão** 13 mit seiner gut erhaltenen Festungsmauer trifft, nur 6 km entfernt von der spanischen Grenze. Wegen seiner Lage war Marvão ein strategisch wichtiger Ort, der erst in Friedenszeiten im 19. Jh. an Bedeutung verlor. Vom Schloß mit dem schönen Torre de Menagem aus hat man einen wunderbaren Blick über die Serra de São Mamede, Spanien und den Alentejo bis Estremoz.

Das Städtchen mit seinen engen und steilen Straßen lädt zum Bummeln ein. Wer in Marvão übernachten möchte, hat von der kleinen Pousada aus ein herrliches Panorama. Auch das Restaurant dort lohnt einen Besuch.

Einige hundert Meter vor den Festungsmauern liegt der 1418 gegründete Convento da Estrela. Lohnend sind der Kreuzgang und das gotische Portal der Konventskirche. Wo sich die linke Seitenkapelle befindet, soll ein Schäfer durch einen hell leuchtenden Stern ein Marienbild gefunden haben, daß die Wisigoten bei der Eroberung durch die Araber zurückließen.

(S. 228) Auf einem Hügel der Serra de São Mamede liegt nordwestlich von Marvão in 600 m Höhe **Castelo de Vide** 14. Die Kleinstadt aus dem Mittelalter mit ihren etwa 4000 Einwohnern ist sehr gut erhalten und zählt zu den schönsten Portugals. Wegen der reichen Vegetation – berühmt sind vor allem die Rosen – wird sie auch ›Sintra des Alentejo‹ genannt. Herausragende Kunstschätze hat Castelo de Vide nicht zu bieten, als Einheit aber bezaubert das Städtchen. Zentrum ist die Praça Dom Pedro V. mit der Statue des Herrschers und der Igreja Matriz Santa Maria (18. Jh.). An der Praça ist auch das bekannte Restaurant A Castanha (immer geöffnet). Lohnend ist der Aufstieg durch die engen Straßen zum Schloß. Für die baulichen Veränderungen der unter Dom Dinis begonnenen Burg entschädigt die wunderbare Aussicht. Bei gutem Wetter lassen sich die Ausläufer der Serra de Estrela erkennen. In Schloßnähe befindet sich die vollständig mit Azulejos aus dem 17. Jh. versehene Capela da Senhora da Alegria. Unterhalb des Schlosses bis zum Renaissancebrunnen Fonte da Vila liegt das alte Judenviertel mit seinen engen Gassen. Mitte des 15. Jh. hatten sie sich dort aus Spanien kommend angesiedelt und sich vor allem als Handwerker, aber auch wissenschaftlich betätigt und so entscheidend zum Aufschwung der Stadt beigetragen. Wo die Rua da Judiaria auf die Rua da Fonte trifft, steht noch die alte Synagoge.

Castelo de Vide ist sich seines Charmes bewußt und ist auf Fremde eingerichtet. Im Sommer wird des Abends die Hauptstraße für den Verkehr gesperrt und dann stellen die Restaurantbesitzer Tische und Stühle ins Freie und machen den Aufenthalt in diesem mittelalterlichen Ambiente noch angenehmer.

Santarém

s. Karte vordere Innenklappe

(S. 238) Auf einem Hügel am rechten Ufer des Tejo liegt die Bezirkshauptstadt Santarém mit ihren knapp 25 000 Einwohnern. Hier lebt man vor allem von Dienstleistungen und der Nahrungsmittelindustrie. Die technische Hochschule hat etwa 3000 Studenten. Insgesamt ist Santarém aber abhängig von Lissabon, viele fahren täglich dorthin zur Arbeit.

Muligespann im Alentejo

Sehenswert ist in der Stadt, die unter Cäsar als Praesidium Julium eine der vier wichtigsten lusitanischen Orte war, vor allem der alte Teil rund um die Igreja do Seminário. Das ehemalige Jesuitenkolleg wurde Ende des 17. Jh. anstelle eines Palastes errichtet. Vor der Kirche, auf der Praça do Seminário, wohnte am 18. Januar 1357 König Dom Pedro der grausamen Hinrichtung der Mörder seiner Geliebten Inês de Castro bei.

Santarém besitzt zahlreiche Kirchen und Gebäude, weshalb die Stadt auch unter den Schutz der UNESCO gestellt werden möchte. Und wer dort einmal an einem regnerischen Tag ohne das freundliche Licht der Sonne einen Rundgang macht, wird bemerken, daß ein wenig Farbe hier nicht schaden könnte.

Die Igreja de Nossa Senhora da Piedade gegenüber dem Jesuitenkolleg wurde 1664 unter Dom Afonso VI. begonnen, aber erst ein Jahrhundert später fertiggestellt.

Vom Platz zwischen dem Kolleg und der Kirche führt die Hauptgeschäftsstraße Rua Capelo Ivens, übergehend in die Rua Miguel Bombarda, zur Igreja da Misericórdia. Die Fassade der ursprünglich aus dem 16. Jh. stammenden Kirche wurde nach dem Erdbeben von 1755 erneuert. Im Inneren ist sie dreischiffig, die toskanischen Säulen und Bögen sind mit goldenen Ornamenten verziert.

Weiter südlich steht die Igreja do Milagre. Die dreischiffige Kirche wurde im 13. Jh. erbaut, aber im 16. Jh. neu gestaltet. Seit 1247 befindet sich in der Kirche eine Hostie, die Wunder vollbringen soll.

Durch die Rua Braamcamp Freire gelangt man zur Casa de Braamcamp Freire, das als Museum und Stadtbibliothek dient: Möbel und Keramiken sowie eine Gemäldesammlung können hier besichtigt werden.

Weiter östlich befindet sich in der Largo Pedro Álvares Cabral die Igreja da Nossa Senhora da Graça. Besonders schön ist die Fassade der gotischen Kirche mit der großen Rosette. Gebaut wurde sie von der Adelsfamilie Teles

Menezes, deren Familiengrab sich im Inneren befindet.

Durch die Rua 1 de Dezembro geht es zur Igreja de Marvila mit einem schönen manuelinischen Portal. Im Inneren ist die dreischiffige Kirche vollständig mit Azulejos ausgeschmückt.

Östlich davon steht der viereckige Torre de Cabaças, Kürbisturm, vom Anfang des 15. Jh. Über der Glocke befinden sich acht Kürbisse aus Ton. In dem ehemaligen Uhrturm will die Stadt nun ein Museum einrichten.

In Santarém finden regelmäßig Stierkämpfe statt. Im Restaurant Adiafa, Campo da Feira, werden ab und an die vierbeinigen Opfer dieser Volksbelustigung serviert.

Die Küste entlang nach Norden

Costa de Prata

s. Karte S. 148

Die Region umfaßt an der Küste als südlichste Stadt Peniche und im Norden Aveiro und Ovar. Im Inland liegen Siedlungen wie die alte Universitätsstadt Coimbra, Abrantes, Tomar oder der Wallfahrtsort Fátima.

An der Küste bestimmen kleine Badeorte, Fischerhäfen, Dünen und Pinienwälder und die Ria von Aveiro (ein Wassersystem parallel zur Küste) diese fruchtbare und abwechslungsreiche Landschaft; grüne Täler, Flüsse und Stauseen, Wein und eine üppige Vegetation machen auch das Hinterland zur attraktiven Reiseregion (s. S. 158).

Peniche und die Berlenga-Inseln

(S. 237) 70 km nördlich von Lissabon entfernt liegt die Stadt mit 16 000 Einwohnern auf einer Halbinsel am Cabo Carvoeiro. **Peniche** 1 ist mit dem Festland durch einen 2,2 km langen und 800 m breiten Sandstreifen verbunden.

Peniche ist einer der wichtigsten Fischerhäfen Portugals; davon und auch durch die fischverarbeitende Industrie ist die Stadt insgesamt geprägt. Umgeben ist die Halbinsel von steilen Felsklippen. Zwei große Buchten im Norden und im Süden locken viele Touristen an den Strand. 3 km vom Ort entfernt steht am Cabo do Carvoeiro der 35 m hohe Leuchtturm. Die fast immer starke Brandung des Atlantik sorgt hier für ein einmaliges Naturschauspiel – das sich auch vom Restaurant Nau dos Corvos aus betrachten läßt. Das Meer hat den Felsen z. T. so ausgewaschen, daß sich Höhlen gebildet haben; der Weg zu diesen Grotten ist ausgeschildert.

Die Stadtfestung wurde vom 16. bis zum 19. Jh. ständig umgebaut. In den Zeiten der Diktatur war sie ein Gefängnis für politische Gefangene. Hier war auch der Führer der damals verbotenen KP, Álvaro Cunhal (s. S. 38), bis zu seiner spektakulären Flucht inhaftiert. In einer der Zellen zeugen noch Bilder davon.

Seit 1984 beherbergt die Festung das Stadtmuseum (u. a. prähistorische und meeresarchäologische Funde; auch die 18 Jahre lang vorbereitete Ausstellung »Das Schiff des letzten Inka« über den legendären Untergang der »San Pedro de Alcântara« 1786, bei dem 130 Menschen den nassen Tod fanden, darunter viele von den Spaniern gefangene Inka).

Sehenswert sind die Igreja de Nossa Senhora da Ajuda (17. Jh.), mit schönen Skulpturen und reich mit Azulejos versehen, und die Igreja da Misericórdia mit einem Taufbecken aus dem 15. Jh.

Von Peniche aus kann man in den Sommermonaten mit dem Schiff bei ruhigem Wetter zu den 12 km nordwestlich von Cabo Carvoeiro gelegenen **Berlenga-Inseln** 2 übersetzen. Aber auch bei Windstille ist die Überfahrt noch heftig bewegt! Berlenga Grande ist 1400 m lang und 800 m breit.

Seit 1981 ist die unbewohnte Insel trotz karger Vegetation wegen ihrer reichen Vogelwelt Naturschutzgebiet. Es gibt einen schönen Sandstrand, einen Leuchtturm, Grotten und natürliche Tunnel.

Einbahnstraße für Stierkämpfer?

Foz do Arelho und São Martinho do Porto

Zwischen Peniche und Nazaré liegen diese beiden Orte, die gerne von Familien besucht werden, da die Strände besonders kinderfreundlich sind. An der Nordseite der Lagoa de Óbidos liegt **Foz do Arelho** 3, ein kleiner Ort mit knapp 1000 Einwohnern. In den letzten Jahren wurde er indes immer beliebter, so daß man in den Sommermonaten Staus in den engen Straßen in Kauf nehmen muß. Die 6 km lange und 2,5 km breite Lagune wirkt wie ein Binnensee und ist nur durch einen 100 m breiten Kanal mit dem Meer verbunden. Da dieser Kanal immer weiter versandet, hat die Wasserqualität beträchtlich gelitten. Dasselbe Problem stellt sich auch in São Martinho do Porto. Unterseeische Zementmauern sollen an beiden Buchten dieses Problem nun beseitigen helfen und für den dringend benötigten Wasseraustausch sorgen. Von Foz nach São Martinho gelangt man am besten über die Küstenstraße, von dem Berg Serra do Bouro aus bietet sich ein schönes Panorama.

São Martinho 4 mit seiner 1,8 km langen und 400 m breiten, halbkreisförmigen Bucht galt als der malerischste Küstenort der iberischen Halbinsel. Der Ort ist in den Sommermonaten sehr überlaufen, aus Platzmangel parken die Autos mitten in den Dünen. Und wenn auch noch viele der Villen aus dem vorigen Jahrhundert stehen, fallen doch zuerst die Appartementhäuser an der Uferpromenade auf. Wer Rummel lieber meidet, der sollte São Martinho in der Vor- oder Nachsaison besuchen, dann entdeckt man noch viel vom alten Charme. Da die Bucht zwischen zwei Vorgebirgen liegt, hat man von dort oben einen herrlichen Blick.

Auf dem Markt in Nazaré

Nazaré

Einen der am stärksten besuchten Strände im Landeszentrum hat **Nazaré** 5, das kleine und hübsche Fischerstädtchen. In den Sommermonaten sind der Strand und die Promenade allerdings voll mit meist portugiesischen Touristen. Viele der Fischer tragen hier noch die traditionelle Kleidung, Kniehosen und Zipfelmützen, bekannt sind auch die karierten Hemden; am Strand und im Hafen liegen bunte Fischerboote, die sogar gelegentlich noch mit Ochsen aus dem Wasser gezogen werden. Die Stadt, die eine phönizische Gründung sein soll, hat 12 000 Einwohner und liegt geschützt in einer Bucht.

Im Norden liegt das Vorgebirge, der Sítio mit 110 m Höhe (mit der Schienenbahn oder über eine 2 km lange Straße zu erreichen). Hier oben steht die Capela da Memória aus dem 12. Jh., von der aus man einen wunderbaren Blick hat.

Die Gründung der in der Nähe stehenden Wallfahrtskirche **Nossa Senhora da Nazaré** 6 geht auf eine berühmte Sage zurück. Während der Jagd soll Dom Fuas Roupinho am 14. September 1182 im dichten Nebel der Teufel in Gestalt eines Hirsches erschienen sein. Der Jäger verfolgte den Hirsch bis zum Klippenrand, als sein Pferd scheute und der Hirsch plötzlich in der Tiefe verschwand. Dom Fuas hörte nur noch das Geräusch der Wellen in 100 m Tiefe. Daß er selbst nicht hinabstürzte, schrieb er dem Schutz der Gottesmutter zu. Zu der Kirche, die er anschließend aus Dankbarkeit stiftete und die im 17. Jh. neu aufgebaut wurde, pilgerte auch Vasco da Gama vor seiner Indienfahrt.

São Pedro de Moel

Auf dem Weg nach **São Pedro de Moel** 7 kommt man durch einen 17 km langen und 5 km breiten Pinienwald, den Pinhal de Leiria, aus dem in der Zeit der Entdeckungen das Holz für den Schiffsbau kam. Der von vielen kleinen Straßen durchzogene Wald wurde bereits unter Dom Dinis angelegt und erweitert, um das Inland vor Versandung zu schützen. Bis heute darf hier nicht gebaut werden, wodurch sich dieses größte Waldgebiet des Landes erhalten hat. São Pedro de Moel ist ein kleiner, früher viel von Lissaboner Bürgern besuchter Badeort, der noch nicht durch Großbauten verschandelt wurde. Die Lage zwischen Pinien und Dünen verleiht ihm seine besondere Atmosphäre. Auch wenn das Meer hier oft recht rauh ist, gehört São Pedro gewiß zu den schöneren Orten an der Küste.

Coimbra

■ (S. 229) Coimbra, alt ehrwürdig auf einem Hügel 106 m hoch am Mondego gelegen, ist Universitätsstadt, das ganze Leben wird hier von der Universität bestimmt. Die Stadt mit ihren heute 86 000 Einwohnern entstand am östlichen Ufer des Mondego. Und wenn schon nicht wie Rom und Lissabon auf sieben Hügeln erbaut, dann wenigstens sieben Städte auf einem Hügel, wie der Historiker José Hermano Saraiva meint. Nach der prähistorischen Besiedlung entstand am Mondego die römische Stadt Aeminium, dann folgten den Römern Sueben und Wisigoten. Sicher ist nicht, wann die Stadt den Namen änderte, ob unter dem Islam oder schon früher. Die vierte Stadt Coimbra war unter Dom Afonso Henriques Hauptstadt der aufstrebenden Nation Portugal. Das fünfte Coimbra, das gotische, zu der Zeit, als die Landesuniversität in Lissabon war, zeigt sich noch in Bauwerken wie der Kirche Santa Clara, und in Coimbra wurde auch die unglückliche Dona Inês de Castro ermordet (s. S. 149). Der Aufschwung, die entscheidende Wende,

Es scheint sich nichts ...

kam erst unter Dom João III. mit dem endgültigen Wechsel der Universität nach Coimbra 1537. Seither ist Coimbra Studentenstadt. Das sechste Coimbra ist das weltlich geprägte des 19. Jh., in dem der Einfluß der Kirche zurückgedrängt wurde und sich das siebte, das heutige Coimbra vorbereitete.

Und in keiner Stadt Portugals haben sich Traditionen erhalten wie hier, noch immer sieht man zahlreiche Studenten mit ihren schwarzen Umhängen, und auch der Fado de Coimbra ist noch lebendige Tradition.

Oberstadt und Universität

Oben auf dem Berg sind die Studenten, in der Baixa, der Unterstadt, die Händler und die Geschäfte. Aber ein Rundgang sollte oben begonnen werden, hier bekommt man einen schönen Überblick über die Stadt am Mondego.

... geändert zu haben

19 000 Studenten bevölkern heute die Stadt, die seit 1308 eine Hochschule hat – eine der ältesten Europas. Der Sitz der Landesuniversität wechselte mit Lissabon (gegründet 1290), bis sie ab 1537 endgültig in die Landesmitte kam. Mitte des 17. Jh. wurde der Philosophiekurs der Jesuiten aus Coimbra zum wichtigsten in ganz Europa, nach diesem System studierten Philosophen wie Descartes oder Leibniz.

Bei einem Spaziergang trifft man unweigerlich auf eines der heute fast dreißig, meist bunt gestalteten Studentenwohnheime, *repúblicas* genannt, die es seit Beginn des 19. Jh. gibt und die nicht nur Wohnheime, sondern Zentren politischer Konspiration und studentischer Agitation waren.

Wer mit dem Wagen kommt, kann mit ein wenig Glück an der Praça da República einen Parkplatz finden, von dort aus zu Fuß durch die Rua Alexandre Herculano bis zu den 20 Bögen des **Aquädukts (1)** aus der Mitte des 19. Jh. gehen. Entlang des Aquäduktes, das zur Versorgung der Oberstadt gebaut wurde, gelangt man hinauf zur **Universität (2).**

Über die Praça Dinis und dann durch die Rua São João führt der Weg zum **Museu Nacional Machado de Castro (3,** Largo Dr. João Rodrigues).

Das Museumsgebäude ist ein ehemaliger Bischofspalast, stammt aus dem 12. Jh., wurde neugestaltet im 16. Jh. und errichtet auf den Ruinen eines römischen Säulengangs, Resten des Forum da Civitas Aeminium. In dem 1913 eröffneten Museum finden sich neben Relikten aus der Römerzeit (hauptsächlich aus Conímbriga), Fayencen, Möbel, der Schmuck der Rainha Santa, Keramiken, Skulpturen aus der Bildhauerschule von Coimbra, Goldschmiedearbeiten und Teppiche. Ein schöner Blick bietet sich von der Säulenveranda, der Loggia.

Über die Treppe gegenüber dem Museum kommt man zur **Sé Nova (4)** am Largo da Feira. Mehr als ein Jahrhundert dauerte der Bau dieser 1598 von den Jesuiten errichteten Kirche mit der barocken Fassade. Aus der alten Kathedrale stammt das im 17. Jh. aus Ebenholz gearbeitete Chorgestühl, auch das manuelinische Taufbecken kommt aus der Sé Velha. Beachtenswert ist das Altarbild des Hochchors von Meister Jerónimo Luis, eine vergoldete Holzarbeit vom Ende des 17. Jh.

Coimbra *1 Aquädukt 2 Universität 3 Museu Nacional Machado de Castro 4 Sé Nova (Neue Kathedrale) 5 Igreja de São Salvador 6 Sé Velha (Alte Kathedrale) 7 Casa da Nau 8 Torre de Anto 9 Paço de Sobre Ripas 10 Torre e Arco de Almedina 11 Igreja de São Bartolomeu 12 Igreja de São Tiago 13 Igreja de Santa Cruz*

In direkter Nachbarschaft des Museums befindet sich die **Igreja de São Salvador (5)** mit einem schönen romanischen Portal von 1179. Im Inneren der im 18. Jh. umgebauten Kirche sind schöne Azulejos aus dem 18. Jh., in der Seitenkapelle ein Altarbild von Jean de Rouen.

Zurück durch die Rua São João zum Largo da Porta Férrea an die alte Universität, die sich seit 1540 im ehemaligen, mehrfach umgebauten Königspalast befindet. Durch die 1634 erbaute Porta Férrea, das Eiserne Tor, gelangt man in den Innenhof. In dem Tor sind an den Seiten zwei Nischen mit Skulpturen, eine zeigt Dom Dinis, den Gründer der Universität, die andere Dom João III., der sie 1537 endgültig nach Coimbra brachte.

Im Innenhof, von dem aus man einen herrlichen Blick über Coimbra und den Mondego hat, steht der 34 m hohe Uhrturm, zwischen 1728 und 1733 im Barock-Stil erbaut. Daneben der Paço das Escolas, der Schulpalast, und die Via Latina, ein Säulengang aus dem 18. Jh., geschmückt mit Azulejos. Von dort gelangt man in die Sala dos Capelos, den Saal der Doktorhüte. Hier finden heute wichtige akademische Feierlichkeiten statt. Besonders interessant ist im ehemaligen Thronsaal die Kassettendecke von Jacinto da Costa.

In manuelinischem Stil präsentieren sich die Fassade der Capela de São Miguel und das Portal – letzteres entstand während der 1517 begonnenen Rekonstruktion der Kirche. Im Inneren finden sich prächtige Azulejos, ein schöner Hochaltar mit vergoldetem Schnitzwerk und Bildern des portugiesischen Manierismus aus dem Leben Jesu; ferner eine Orgel aus dem Barock mit chinesischen Motiven sowie ein eindrucksvoller Silberleuchter und ein Standbild der Schutzheiligen der Studenten, Santa Catarina. In dem kleinen Museu de Arte Sacra befinden sich vor allem sakrale Kunstwerke aus der Capela de São Miguel.

Mehr als 300 000 wertvolle Bände, Manuskripte und Inkunabeln des 12.–19. Jh. befinden sich in der prachtvollen barocken Biblioteca Joanina, deren Besuch nicht versäumt werden sollte. Ihren Glanz verdankt diese unter Dom João V. 1717 erbaute Bibliothek vor allem den Schätzen aus Brasilien. Ähnlichkeiten mit der Wiener Hofbibliothek ergaben sich vielleicht dadurch, daß der König mit Anna von Österreich verheiratet war. Durch das mit dem portugiesischen Wappen geschmückte Portal gelangt man in die drei gleich gestalteten, durch Bögen verbundenen Räume. Jeder der Säle ist in einer anderen Farbe gehalten, entsprechend wurden auch die indischen und brasilianischen Edelhölzer für die Intarsien der mächtigen Arbeitstische und für die Balustraden gewählt. Die Fußböden sind aus Marmor, die Allegorien an der Decke stammen von António Ribeiro und Vicente Nunes. Für die bemalten und vergoldeten Regale aus kostbarsten Hölzern war der königliche Malermeister Manuel da Silva verantwortlich.

Über die Stufen der Escadas de Minerva, durch die Rua Guilherme Moira und die Rua da Ilha führt der Weg zum Largo da Sé Velha und der **Alten Kathedrale (6).** Die 1162 in romanischem Stil erbaute Kirche wirkt mit ihren Zinnen und Schießscharten wie eine Festung. Die Architekten, die für Dom Afonso I. hier tätig wurden, waren vermutlich die Franzosen Bernard und Robert, wahrscheinlich auch verantwortlich für die Kathedrale in Lissabon. 1540 wurde an der Nordseite der in gelbem Stein gebauten Kirche die dreistöckige Porta Especiosa aus weißem Marmor angebracht, ein Meisterwerk der Frührenaissance von Nicolas Chanterène.

Das bedeutendste Werk im Inneren der dreischiffigen Kathedrale ist der spätgotische Aufsatz des Hauptaltars von Oliver von Gent und Johann von Ypern. In Gold und Blau zeigt er Mariä Himmelfahrt.

Der gotische Kreuzgang ist der älteste Portugals. In der ersten Kapelle findet sich noch ein manuelinisches Taufbekken von Jean de Rouen. Bemerkenswert sind auch die hispano-arabischen Kacheln aus Sevilla (frühes 16. Jh.).

In der Nähe der Sé Velha, in der Rua Joaquim António de Aguiar, kann man eines der seltsamsten Gebäude Coimbras sehen, die **Casa da Nau (7)** aus der Zeit der Entdeckungen. Das Haus in der Form eines Schiffs beherbergt heute eines der ältesten Studentenwohnheime der Stadt, die Real República Orá-Kys-Tão.

Die Universitätsbibliothek von Coimbra beherbergt mehr als 300 000 wertvolle Bücher

Zurück zur Sé Velha und bergab zur Rua de Sobre Ripas. Dort befindet sich der **Torre de Anto (8)**, heute benannt nach dem portugiesischen Dichter António Nobre, der dort am Ende des 19. Jh. während seiner Studienzeit lebte und einige seiner bekanntesten Gedichte schrieb. In derselben Straße befindet sich der **Paço de Sobre Ripas (9)**, ein Adelssitz mit einem schönen manuelinischen Portal aus dem 16. Jh. und Renaissance-Fenstern. Hier wohnte die unglückliche Maria Tellez, die von ihrem Mann, dem Infanten João aus Eifersucht ermordet wurde.

Durch die Rua Quebras Costas, die ›Rippen-Brecher-Straße‹, geht es über Stufen hinab zum **Torre e Arco de Almedina (10)**. Der Turm aus dem 12. Jh. ist Teil der alten Stadtmauer, heute beherbergt er ein ethnographisches Museum. Jetzt ist man in der Rua Ferreira Borges, die Geschäftsstraße trennt die Ober- von der Unterstadt, der Baixa.

Die Baixa

Von der Rua Ferreira Borges geht es zur harmonisch gestalteten Praça do Comércio oder Praça Velha, an der sich zwei Kirchen befinden. Die romanische **Igreja de São Bartolomeu (11)** vom Ende des 10. Jh., eine der ältesten Kirchen der Stadt, die allerdings vollständig zerstört wurde. Die Reste befinden sich unter der an dieser Stelle 1756 erbauten neuen Kirche.

Besser erhalten ist die ebenfalls romanische **Igreja de São Tiago (12)**, erbaut 1064. Wegen einer Straßenerweiterung wurde im 19. Jh. ein Teil dieser Kirche abgerissen, hier liegt der letzte in Coimbra zum Tode Verurteilte begraben.

Der Rua Visconde da Luz folgend, kommt man an der Praça de 8 de Maio zum Rathaus und der **Igreja de Santa Cruz (13)**. 1131 errichteten hier Augustiner, denen Dom Afonso Henriques

Richtig Reisen
Tip

Studentenfeste, Wein und Neunauge

Anfang Mai, am ersten Donnerstag des Monats, beginnt das wichtigste Fest der Studenten, die Queima das Fitas. Es handelt sich um das traditionelle Verbrennen der Bänder, die verraten, welcher Fakultät man angehört hat.

Das Fest, das nach der Revolution vom 25. April 1974 verboten war, wird heute wieder ausgiebigst mit Wein und *fado* zelebriert.

Ein gutes Restaurant findet man in der Avenida Navarro 58. Dom Pedro ist bekannt für kräftige Mahlzeiten und gute Weine; außerdem das Trovador am Largo de Sé Velha, wo man *lampreia* (Neunauge) probieren kann, dabei gibt es nur Verehrer und Verächter.

das Grundstück außerhalb der Stadtmauern geschenkt hatte, einen großen Klosterkomplex. Berühmt wurde das Bauwerk auch, weil hier schon Fernando Martins de Bulhões, der später als der heilige Antonius von Padua weltberühmt wurde, und Luís de Camões studierten.

Dom Manuel I. ließ den Komplex zu Beginn des 16. Jh. aufwendig renovieren. Baumeister waren Boytac und Pires, das Portal stammt von Diogo de Castilho, die Plastiken von Rouen und Chanterène.

Der Triumphbogen stammt von José de Couto (19. Jh.). Im Inneren der einschiffigen Kirche befindet sich der Chor von Diogo de Castilho mit flankierenden Kapellen aus dem 14. und 15. Jh. Die Azulejos sind aus der Zeit Dom João V. und wurden in Lissaboner Werkstätten gefertigt.

Die Grabmale der Könige Afonso Henrique und Sancho I. gehören zu den bedeutendsten in Portugal, sie stammen von der Hand Chanterènes.

Sehenswert sind auch die Sakristei mit Bildern von Cristovão de Figueiredo und Vasco Fernandes sowie der von Diogo Boytac um 1507 gestaltete Kapitelsaal.

Zwei schöne Kreuzgänge sind noch hervorzuheben. Der erste, der zweigeschossige Claustro do Siléncio wurde 1517 von Marcos Pires begonnen und umbaut einen Renaissancebrunnen. Der zweite, der Claustro da Manga, ›Ärmelkreuzgang‹, wurde von Dom João III. geplant.

Über eine Treppe gelangt man in den Jardim da Manga. Dort finden sich Reste des 1533 begonnenen Kreuzgangs. Der Name soll daher rühren, daß der König die Bauzeichnung auf seinem Ärmel skizzierte.

Zum Ausruhen nach der Besichtigung bietet sich das bei der Kirche liegende Café Santa Cruz an.

N
0
20 km
Furadouro
Ria de Aveiro
Vouga
Dünen von Jacinto
19 Aveiro
Costa Nova
Ílhavo
Praia de Mira
Mira 12
14
15
13 Mealhada
Luso
Buçaco
16 Cruz Alta
Serra do Buçaco
Praia de Trocha
Tocha 11
Barragem da Aguieira
17 Penacova
Lorvão
18
Serra da Boa Viagem
10
Mondego
Coimbra
Figueira da Foz
9
Condeixa
Conímbriga 8
Zêzere
São Pedro de Moel
7
Leiria
Nossa Senhora da Nazaré
6
Batalha
Ourém
Nazaré
5
Fátima (Cova da Iria)
Tomar
Aljubarrota
Alcobaça
São Martinho do Porto
4
Serra dos Candeeiros
Abrantes
Berlenga-Inseln
2
Foz do Arelho
3
Lagoa de Obidos
Caldas da Rainha
Peniche 1
Cabo Carvoeiro
Obidos
Tejo

Auf der anderen Seite des Mondego

Über die Ponte de Santa Clara gelangt man auf die westliche Flußseite und dort zum Kloster Santa Clara-a-Velha. In dem Ende des 13. Jh. gegründeten Kloster fand die Rainha Santa Isabel ihre vorläufige Ruhestätte, ebenso wie Inês de Castro.

Die gotische Kirche wurde tatsächlich auf Sand gebaut, sie versank allmählich im Schwemmsand des Mondego, wird aber nun wieder freigelegt. Entdeckt wurden dabei die alten Kreuzgänge; nach Beendigung der Bauarbeiten soll das Kloster ab 1997 wieder zu besichtigen sein.

Ihre neue Ruhestätte fand die Santa Isabel im auf dem Monte da Esperança gelegenen Kloster de Santa Clara-a-Nova, das man über die Calçada de Santa Isabel erreicht. Das wenig ansprechende, wuchtige Gebäude wurde 1696 unter Dom João IV. erbaut und dient heute als Kaserne. Zu besichtigen sind die Kirche und der Kreuzgang; im Chor befindet sich der Silberschrein der Königin (1614), der Sarkophag mit ihrem Abbild darauf ist allerdings leer. Vom Kloster hat man einen schönen Blick auf Coimbra.

Zurück Richtung Fluß trifft man auf den von Cassiano Branco entworfenen Park Portugal dos Pequeninos, in dem in Miniaturform traditionelle Häuser und wichtige Bauwerke des Landes und seiner Kolonien nachgebildet sind. Der Park zeigt recht deutlich das Weltbild Portugals zu Zeiten Salazars.

Von hier aus gelangt man rechts, durch die Rua António Augusto Gonçalves zum Eingang der Quinta das Lágrimas, wo 1355 Inês de Castro ermordet wurde. Berühmt wurde die Fonte dos Amores, der Liebesbrunnen, durch dessen Wasser Pedro Inês seine Liebesbriefe zukommen ließ. In den Stein gemeißelt finden sich dort Verse von Camões, der die Liebenden unsterblich machte. Die dort wachsenden roten und gelben Blumen werden volkstümlich als Blut und blondes Haar gedeutet.

Coimbras Umgebung

Römische Ruinen: Conímbriga

17 km von Coimbra entfernt muß man über die N1 Richtung Leiria und dann in Condeixa bei dem Schild nach **Conímbriga** 8 (S. 229) abzweigen.

Die hier ausgegrabene lusoromanische Stadt lag an der alten Militärstraße von Lissabon nach Braga. Ab der zweiten Hälfte des 2. Jh. v. Chr. wurde der Ort auf den Resten einer keltischen Siedlung errichtet. 468 wurde alles von den Sueben erobert und teilweise wieder zerstört.

Ab 1930 begannen hier Ausgrabungen, bisher wurde aber nur ein kleiner Teil der Stadt freigelegt. Erwähnenswert sind in der gepflegten Anlage die Casa dos Repouxos mit schönen Mosaiken sowie zwei Wohnhäuser, die einen Einblick in das Leben der damaligen Zeit geben.

Die bei den Arbeiten zutage gebrachten Stücke befinden sich hier in dem kleinen Museu Monográfico de Conímbriga, wo Tempel und Forum der Stadt als Modelle zu sehen sind.

Strandbesuche: Figueira da Foz, Tocha und Mira

Der Mondego mündet 48 km westlich von Coimbra in **Figueira da Foz** 9 (S. 231) in den Atlantik. Die Zeiten sind vorbei, da die Stadt mit ihren inzwischen über 40 000 Einwohnern nur ein zwar kleines, aber vielbesuchtes Seebad war und wegen ihres Kabeljauhafens bekannt war. Die Strände sind indes immer noch breit und kilometerlang und Figueira eines der meistbesuchten touristischen Zentren des Landes. Inzwischen gibt es hier mehr als feinkörnigen Sand und Sonne – alleine drei private Universitäten haben in den letzten Jahren eröffnet und mit dazu beigetragen, daß es auch in der Nachsaison noch ein eigenes Leben gibt. Außerdem ist die Küche der Stadt – Muschelreis und Rochen – berühmt.

Im Rathaus befindet sich das Museu Municipal Dr. Santos Rocha, benannt nach dem in Figueira geborenen Archäologen. Zu sehen sind u. a. Fundstücke aus der Steinzeit und der Epoche der Römer sowie regionale Kunst. Einen Besuch wert ist auch die Casa do Paço, ein Adelspalast vom Ende des 17. Jh., der mit 7000 holländischen Kacheln verziert ist.

Im Norden wird die Bucht von Figueira durch die **Serra da Boa Viagem** 10 begrenzt, bevorzugtes Ausflugsziel für portugiesische Familienpicknicks mit einem schönen Aussichtspunkt.

Richtung Norden über Buarcos gelangt man nach **Tocha** 11 und von dort weiter nach **Mira** 12. Beide Orte sind klein und recht hübsch, beide haben wenige Kilometer vom Hauptort entfernte Strände. Noch vor wenigen Jahren war man hier vom Tourismus verschont, vor allem aus Coimbra kamen die Badegäste. Inzwischen gibt es schon touristische Infrastruktur – die typischen Holzhäuser am Strand und die Fischerboote aber haben sich erhalten. Wegen der recht kräftigen Wellen und einem starken stetigen Wind werden wohl auch in Zukunft keine großen Veränderungen zu erwarten sein.

In die Berge: Über Mealhada nach Luso und Buçaco

(S. 236) 18 km nördlich von Coimbra liegt **Mealhada** 13. Bekannt ist der Wein, der Bairrada, sowohl der Weiße als auch der Rote. Und nirgendwo in Portugal ißt man so gut Spanferkel wie in dieser Region. An der Nationalstraße N1 liegt eines der berühmtesten Restaurants für *leitão assado,* O Pedro dos Leitões, dessen Gründer im Eingang des riesigen Gebäudes, gut gemeint, aber etwas süßlich in Bronze verewigt ist.

Nicht nur Wein und Schwein gibt es in der Gegend, sondern auch die bekanntesten Heilquellen des Landes. 7 km nördlich liegt Curia, 7 km östlich sind die Thermen von Luso.

Anmutig zwischen zwei Hügeln in 200 m Höhe in der Serra do Buçaco befindet sich der kleine Ort **Luso** 14 mit knapp 3000 Einwohnern. Seit dem 19. Jh. wird der Ort wegen seines Thermalbads viel besucht. Das bekannte Mineralwasser sprudelt aus dem Boden bei der Capela de São João mit 27,5° C und fast 700 Litern pro Minute. Das Wasser soll vor allem bei Haut- und Nierenleiden, Rheuma und Kreislaufproblemen helfen.

(S. 228) Zwei Kilometer entfernt liegt mitten im Wald **Buçaco** 15 mit dem wunderbaren Palasthotel, einem der besten in Portugal. Das Hotel wurde zwischen 1888 und 1907 als Königspalast

Das Palasthotel von Buçaco

errichtet, vorher befand sich hier ein Kloster, von dem nur noch die Kirche und die Mönchszellen übrig sind. Der Sommerpalast war das letzte Bauwerk des Hauses Bragança, und bei Kunsthistorikern führt der verschwenderische, neomanuelinische Stil ob seiner Verspieltheit allenfalls zu besorgtem Kopfschütteln. Wie auch in Sintra stört das aber die zahlreichen in- und ausländischen Besucher nicht – schon seit 1909 wird der Palast als Hotel genutzt.

Der 105 ha große Nationalpark von Buçaco, der seit 1834 dem Staat gehört, ist ein einmaliges Naturerlebnis. Neben der einheimischen Zypresse finden sich hier Baumarten aus Nord- und Mittelamerika, Kreta, Indien, Italien und dem Libanon, eine Art Baummuseum der Entdeckungsfahrten. Frauen durften auf Anweisung von Papst Gregor von 1622 an den Park nicht betreten, Papst Urban drohte in einer Bulle vom 28. März 1643 jedem mit der Exkommunikation, der hier einen Baum fällte. Die den Park umgebende, 5700 m lange Mauer mit den 10 Toren wurde von den Karmelitern erbaut. Ihnen schenkte 1628 Bischof Dom João Manuel den Wald.

Ein Militärmuseum erinnert an die Schlacht von Buçaco, in der 1810 Wellington die Franzosen besiegte. Noch immer wird in jedem Jahr am 27. September mit einer Parade an das Ereignis erinnert. Besuchen sollte man auch den höchsten Punkt der Serra, **Cruz Alta** 16, wo man aus 649 m einen herrlichen Blick über die Beira hat. Der Ort ist zugleich das Ende einer Via Sacra von zwanzig Kapellen.

CRAVO
DORMIDAS
ROSSIO

Über Penacova zurück nach Coimbra

In 290 m Höhe über dem Mondego liegt in Terrassen **Penacova** 17, ein kleiner, sehr gepflegter Ort, dessen Besuch vor allem wegen der wunderbaren Landschaft lohnt, auch wenn es einige Kapellen und Wohnhäuser aus dem 17. und 18. Jh. zu sehen gibt. 2 km entfernt ist die Felsschlucht Livraria do Mondego. 15 km nach Nordosten befindet sich der Staudamm von Aguieira, der hier den Mondego zu einem 30 km langen See im Mondego-Tal und auf 20 km im Dão-Tal staut. Durch den Bau dieser gewaltigen, 89 m hohen Staumauer konnten die regelmäßigen Überschwemmungen des Mondego verhindert werden.

Von Penacova aus sollte man noch einen Abstecher in das 8 km entfernte **Lorvão** 18 machen. In dem schönen Tal inmitten reicher Vegetation findet sich ein Kloster, dessen Gründung ins 6. Jh. zurückreicht. Ab 1205 bis zur Abschaffung der religiösen Orden 1834 lebten hier Zisterziensermönche. Die Kirche wurde zwischen 1748 und 1761 neu gestaltet, das Chorgestühl aus dem 18. Jh. ist ein Meisterwerk der Schnitzkunst.

Der Ort ist aber nicht nur wegen seines Klosters bekannt, hier werden traditionell Zahnstocher gefertigt. Auch die kulinarische Spezialität *lampreia doce,* ›Süßes Neunauge‹, hat dem Ort in Gourmetkreisen einen gewissen Ruhm gebracht. In der Gemeinde liegen noch malerisch auf einer Anhöhe die kleinen Orte Caneiro und Rebordosa.

Aveiro

Früher einmal soll die Stadt, die wegen ihrer zahlreichen Kanäle das portugiesische Venedig genannt wird, Talábriga geheißen haben. Ob dieser Ort an dem Fluß Vouga wirklich der Vorläufer Aveiros war, ist ungewiß. Sicher ist, daß die Stadt unter Marc Aurel von den Römern als Aviarium gegründet wurde. Damals lag sie noch direkt am Meer, bevor sich langsam die Ria bildete (s. Abb. S. 152).

Schon früh wird **Aveiro** 19 (S. 226) wegen seiner Salinen, wegen des Fischfangs und des Seetransports bekannt. Zu Beginn des 16. Jh. hatte die Stadt mit 14 000 Einwohnern eine beträchtliche Größe. 1575 verschloß eine Sturmflut die schmale Hafeneinfahrt, und Aveiro verlor an Einfluß. Ende des 18. Jh. lebten dort nur noch 3500 Menschen. Erst zu Beginn des vorigen Jahrhunderts konnte die Zufahrt wieder geöffnet werden, und die Stadt gewann wieder an Bedeutung. Die mehr als 30 000 Einwohner Aveiros leben heute aber kaum noch von der Salzgewinnung, längst sind Schiffsbau und die weltberühmte Porzellanfabrik Vista Alegre bedeutender geworden. Auch die 1972 gegründete Universität mit ihrer von dem berühmten Portuenser Architekten Siza Vieira gebauten Bibliothek trägt zum Aufschwung der Stadt bei.

Für die wenig attraktive Anfahrt über die Schnellstraße werden Besucher gleich bei der Einfahrt entschädigt. Der Kanal mit den bunten, *moliceiros* genannten Booten, die malerische Häuserfassade bestimmen den angenehmen ersten Eindruck. Im Zentrum, in der Altstadt an der Praça de República, stehen das Rathaus, das alte Gymnasium, das Theater und die Igreja da Misericórdia. Erbaut wurde die Kirche Ende des 16. Jh. nach Plänen von Filipo Terzi. Die Azulejos wurden erst 1867 angebracht. Auffallend ist besonders das zweistökkige Renaissanceportal mit der Mariendarstellung Nossa Senhora da Misericórdia. In der Mitte des Platzes steht die 1889 eingeweihte Statue des aus Aveiro stammenden Politikers und Volkstribunen José Estevão Magalhães (1809–62).

In das dominikanische Nonnenkloster Convento de Jesus zog sich 1472 im Alter von 20 Jahren Prinzessin Joana zurück. Die Tochter von Dom Afonso V. starb dort nach strengen Selbstkasteiungen 1490 und wurde 1693 heiliggesprochen. Die Zelle der Prinzessin wurde im 18. Jh. reich ausstaffiert. Seit 1911 beherbergt das Kloster das Museu de Aveiro. Kirche, Kreuzgang und Kapitelsäle sind erhalten geblieben, sie verleihen dem Museum und seiner Sammlung barocker religiöser Kunst die besondere Atmosphäre. Berühmt ist das Porträt der Santa Joana aus dem 15. Jh. in der Gemäldesammlung im zweiten Stock.

Das Grabmal der Joana im Chor der Kirche ist ein Meisterwerk barocker Kunst. 1699 in Auftrag gegeben, dauerte es zehn Jahre bis zu seiner Fertigstellung. 1711 kam die Asche der Joana in diese von João Antunes aus italienischem Marmor gefertigte letzte Ruhestätte. Ebenfalls sehenswert sind die Grabmäler von Gabriel de Lencastre und das von dem zweistöckigen Kreuzgang aus zu erreichende Grab von João de Albuquerque.

Die Igreja de São Domingos aus dem 15. Jh. mit dem gotischen Kreuz davor ist heute die Kathedrale. Die einschiffige Kirche mit dem 1719 gefertigten Barockportal ist interessant, weil in ihr Dona Catarina de Ataíde, Hofdame der Königin Catarina, begraben liegt. Sie erscheint als Natércia in den Versen von Camões und das führte damals zu seiner Verbannung.

Die Geschäftsmeile von Aveiro ist die Avenida Dr. Lourenço Peixinho. Die Straße endet am Bahnhof, dessen Wände reich mit Azulejos verziert sind. In der Nähe lohnt die Capela de Nossa Senhora das Barrocas (1722–32) einen Besuch. Interessant sind vor allem die drei reich verzierten Portale der Kapelle.

In der Gastronomie Aveiros herrscht traditionell der *bacalhau* in vielen Variationen vor, aber auch die *caldeirada de enguias,* ein Eintopf mit Aal, ist ein typisches Gericht. Zu empfehlen: A Cozinha do Rei in der Rua Dr. Manuel das Neves 66. Oder nach einem Besuch des Fischmarktes an der Praça do Peixe das Restaurant O Thelheiro. Eine Spezialität des Ortes sind auch die *ovos moles,* Süßigkeiten aus viel Eigelb und noch mehr Zucker.

Im 5 km entfernten Ílhavo findet sich die Porzellanfabrik Vista Alegre. In dem 1910 gegründeten Museum bei der Fabrik finden sich Kristall und Porzellan seit den Anfängen dieser weltberühmten Firma.

Südwestlich der Stadt liegt Costa Nova mit seinen bunten Strandhäusern und einem breiten Badestrand.

Die Ria de Aveiro

Auf 45 km Länge bei einer maximalen Breite von 11 km erstreckt sich zwischen Ovar und Mira die Ria de Aveiro, ein beliebtes Ausflugsziel. Kanäle, Inseln und Seen, Salinen, Reisfelder und die flachen Boote der Tangfischer bieten eine kaum überschaubare Wasserlandschaft mit einer reichen Fisch- und Vogelwelt. Das nicht sehr tiefe Wasser leidet unter der allmählichen Versandung der Lagune.

An einigen Stellen ist es extrem salzig, an anderen Stellen gibt es Süßwasser. Die Dünen von São Jacinto sind Naturschutzgebiet, an der Lagune gibt es die Pousada da Ria.

Eine Inlandstour

Óbidos, Caldas da Rainha, Alcobaça, Batalha, Leiria, Fátima, Ourém, Tomar, Abrantes

Óbidos

(S. 237) Das mittelalterliche, 79 m hoch gelegene Städtchen **Óbidos** **1** ist ein beliebtes Ausflugsziel geworden, nachdem in den 30er Jahren dieses Jahrhunderts das Propagandaministerium Salazars das Städtchen als Sinnbild Portugals verstanden wissen wollte. Die Stadt mit den vielen Geranien und Bougainvillea, engen Gassen, dem Kopfsteinpflaster und ihren weißen, blau umränderten Häusern ist von einer hohen, zinnenbesetzten Mauer umgeben (s. Abb. S. 156). Und sie ist so konserviert, daß insgesamt ein musealer Eindruck entsteht. 1148 wurden die Mauren von hier durch Dom Afonso Henriques verdrängt. Dom Dinis ließ das Schloß bauen, in dem sich heute eine Pousada befindet. Bis 1833 gehörte die Stadt den portugiesischen Königinnen, der Casa da Rainha, nachdem Dom Dinis sie 1282 der Rainha Santa Isabel geschenkt hatte.

In der Igreja de Santa Maria findet man das Grabmal von Dom João de Naronha, Gouverneur von Óbidos, ein Meisterwerk der portugiesischen Renaissance, das Jean de Rouen zugeschrieben wird. In der Capela de Santa Catarina die berühmten Bilder der Josefa de Óbidos oder Josefa d'Ayala (1634–84), u. a. »Die mystische Heirat der heiligen Katharina«. Die Kirche ist reich mit Azulejos ausgestattet. Die Grabstätte der Künstlerin befindet sich in der Igreja de São Pedro. Auf halbem Weg von dem alten Stadttor bis zur Pousada trifft man auf einen *pelourinho.*

Im ehemaligen Rathaus, das dann als Gefängnis diente, ist heute das Museu de Óbidos, in dem einige Bilder der Josefa de Óbidos und Werke ihres Vaters, Baltasar Gomes Figueira, Skulpturen, Barockmöbel und Waffen ausgestellt sind.

Auffallend ist auch die zwischen 1740 und 1747 von Rodrigo Franco errichtete sechseckige Barockkirche Senhor da Pedra an der Straße nach Caldas, kurz hinter dem Ortsausgang von Óbidos; das wuchtige, nie vollendete Gebäude wirkt hier indes eher deplaziert.

Caldas da Rainha

(S. 228) Die Legende will es, daß Dona Leonor, Gemahlin von Dom João II. im Sommer 1484 auf dem Wege von Óbidos nach Batalha einige Kranke in morastigem Wasser baden sah. Da sie an einem Geschwür litt, probierte sie die Wirkung aus und wurde geheilt. 1485 wurde deshalb in **Caldas da Rainha** **2** mit dem Bau eines Krankenhauses begonnen, für das die Königin Ländereien und Schmuck verkaufen mußte. Rund um das Krankenhaus bildete sich die Stadt mit ihren heute 19 000 Einwohnern. Das 34° C warme Heilwasser hilft vor allem bei rheumatischen Leiden (*caldas* bedeutet heiße Quelle, heißes Wasser).

Von dem alten Hospital existiert noch die frühmanuelinische Kapelle, die Igreja da Nossa Senhora do Pópulo. Einzigartig in Portugal ist der freistehende Uhrturm.

Berühmt ist Caldas auch für seine Keramik, die schon 1889 auf der Weltausstellung in Paris mit einer Goldmedaille ausgezeichnet wurde. In den Schaufenstern aber sieht man vor allem aus Ton gefertigte phallische Gegenstände, die hier für Touristen hergestellt werden.

Sehenswert sind noch die Praça da República wegen des schönen Straßenpflasters und der Park Dom Carlos I., der für die Kranken angelegt wurde. Im Park befindet sich eines der interessanteren Museen des Landes, das Museu José Malhoa, benannt nach dem 1855 in Caldas da Rainha geborenen Maler. Das Museum ist typisch für den *estado novo*, den Neuen Staat von Salazar, und seinen offiziellen Architekten Paulino Montês. Zu sehen sind neben den Bildern Malhoas Werke portugiesischer Naturalisten und Spätromantiker, Keramiken und Porzellan.

Alcobaça

(S. 226) Was Romeo und Julia für Italien sind in Portugal Inês und Pedro, deren trauriges Schicksal Camões im dritten Gesang seiner Lusiaden unsterblich machte. Im Gefolge der Constanza von Kastilien, Gemahlin des Thronfolgers Dom Pedro, kam 1328 die schöne Inês an den Hof. Prinz und Hofdame hatten alsbald eine heftige Romanze. Nach dem Tod der Gemahlin heiratet Pedro seine Inês. Aber König Dom Afonso IV. läßt sie aus Angst vor kastilischen Ansprüchen auf den portugiesischen Thron in der später so genannten Quinta das Lágrimas (›Landhaus der Tränen‹) ermorden. Daraufhin kommt es fast zum Bürgerkrieg. Nach dem Tod des Königs läßt Pedro die Leiche der Inês exhumieren und krönt sie offziell zur Königin, der Adel muß der Toten die Hand küssen. Anschließend wird sie feierlich nach **Alcobaça** 3 überführt. Zwei der drei gedungenen Mörder werden gefaßt, ihnen läßt Pedro bei lebendigem Leib das Herz herausreißen. Die Särge der Liebenden stehen sich im Kloster von Alcobaça gegenüber, damit das Paar sich am Tag der Auferstehung sogleich erblicken kann.

Inmitten grüner Hügel, umgeben von den Flüssen Alcoa und Baça liegt das sympathische Städtchen Alcobaça mit seinen 5000 Einwohnern und dem berühmten Zisterzienserkloster.

Auch wenn der Ort schon von den Römern bewohnt war, verdankt er seinen Namen den Arabern. Von den Ruinen der alten Maurenburg über der Stadt hat man einen schönen Blick über die Stadt. Zur damaligen Zeit gab es von Alcobaça aus über einen See, der bis Cós reichte, einen Zugang zum Meer, der es nach der Rückeroberung ermöglichte, die Agrarprodukte dieser fruchtbaren Gegend zu verschiffen. Die Anbautechniken stammten von Zisterziensermönchen. Denen schenkte am 8. April 1153 Dom Afonso Henriques die Ländereien von Alcobaça unter der Auflage, sie zu bestellen. In ihrer Hochzeit unter Dom João I. besaßen diese Mönche mit ihrer hervorragend entwickelten Landwirtschaft in Portugal 13 Städte und drei Häfen, der Abt von Alcobaça war einer der wichtigsten Männer im Land.

Das Kloster wurde 1152 nach dem Sieg über die Mauren in Erfüllung eines Gelübdes von Dom Afonso Henriques gegründet. Die Mönche bauten es mit der Eröffnung der ersten öffentlichen Schule des Landes 1269 zu einem geistigen Zentrum aus, in dem neben Theologie und Grammatik auch Landwirtschaft gelehrt wurde. Die Kirche, angeblich die größte Zisterzienserkirche Europas, wurde 1252 eingeweiht, erfuhr aber bis ins 19. Jh. bauliche Veränderungen. Naturkatastrophen und napoleonische Soldaten beschädigten das Gebäude, und

nach der liberalen Revolution von 1834 und dem damit verbundenen Ende der religiösen Orden wurde das Innere teilweise geplündert, die Bibliothek wurde aufgelöst. Seit 1930 ist das Kloster Santa Maria mit seiner 221 m breiten Front Nationalmonument, heute wird es nicht mehr als Übernachtungsmöglichkeit für durchreisende Könige, sondern für die Verwaltung genutzt.

Von den zahlreichen Veränderungen zeugt auch die ursprünglich schmucklose, gotische Fassade, die 1725 im Stile des Barock verändert wurde. Ganz ohne Verzierungen kommt der Innenraum der 17,2 m breiten, 106 m langen und 20 m hohen dreischiffigen Hallenkirche aus; sie ist die größte Portugals. Bestimmt wird der Eindruck des Langhauses von 24 gotisch schlichten Pfeilern; besonders interessant sind die Särge von Dom Pedro I. und Inês de Castro im Querschiff, beide wurden jedoch, wie andere Stücke in der Kirche auch, durch napoleonische Soldaten beschädigt.

Die reich verzierten Sarkophage, Meisterwerke mittelalterlicher Bildhauerkunst, stammen höchstwahrscheinlich von portugiesischer Hand. Das Grabmal der 1370 hier beigesetzten Inês ruht auf sechs Figuren. Die Verzierungen auf den Särgen zeigen Szenen aus dem Leben Christi, aus dem Leben des Monarchen und die Geschichte der Liebenden.

Sehenswert ist auch die Sala dos Túmulos, die Grabkapelle mit den Gräbern der Königinnen Urraca und Brites und die Capela de São Bernardo mit denen der Könige Afonso II. und Afonso III.

Den Kreuzgang ließ Dom Dinis zwischen 1308 und 1311 errichten, der obere Teil wurde zu Beginn des 16. Jh. unter Dom Manuel I. hinzugefügt.

In der Sala dos Reis (18. Jh.) beeindrucken vor allem die schönen Azulejos; Mönche haben hier die portugiesischen Könige seit dem 14. Jh. dargestellt. Besuchen sollte man auch die gewaltige Küche mit dem 18 m hohen Abzug; von hier wurden 999 Mönche versorgt.

Schön ist ein Abstecher zu dem 8 km nördlich von Alcobaça gelegenen **Cós** 4. Der Ort wurde von Phöniziern ge-

gründet, und 1279 wurde das Zisterzienserkloster eingeweiht, von dem heute noch Kirche und Sakristei existieren. Ein schönes manuelinisches Portal, Azulejos (18. Jh.) mit Szenen aus dem Leben des Kirchenlehrers Bernhard von Clairvaux und in der Kapelle Schnitzwerk aus dem 17. Jh. lohnen einen Besuch.

Batalha

(S. 227) **Batalha** 5 ist ein Ort, dessen 8000 Einwohner von und mit einem der gewaltigsten Bauwerke des Landes leben, dem Mosteiro da Santa Maria da Vitória, Denkmal des Sieges über Kastilien in der Schlacht von Aljubarrota im August 1385. Der Ort wurde durch die Arbeiter gegründet, die dieses Kloster erbauten. Wie so oft steht auch in Batalha am Anfang ein Gelübde. Dom João I. versprach das Kloster der heiligen Maria am 14. August 1385 für den Fall eines Sieges über den eigentlich überlegenen Gegner. Garant des Sieges war der Feldherr Nuno Álvares Pereira,

dessen Reiterstatue vor dem Kloster steht. Nicht in Aljubarrota, am Ort des Sieges steht das Nationalmonument, sondern in Batalha, weil der 3 km entfernte Ort an dem kleinen Fluß Lena für das Leben der Mönche geeigneter schien. Im Januar 1388 schenkte der König den Dominikanern das Kloster, im selben Jahr begannen die Arbeiten für eines der berühmtesten Bauwerke der christlichen Welt. Zwei Jahrhunderte, bis 1580 dauerte der Bau des Klosters, das heute unter dem Schutz der UNESCO steht. Zwei große Bauphasen, eine gotische und eine manuelinische, bestimmen das Erscheinungsbild. Der Plan stammt von Afonso Domingues (1388–1402), ihm folgte Huguet (1402–38) nach, und damit war das anfängliche Vorhaben mit Kirche, Kapitelsaal, Kreuzgang, Südportal und Gründerkapelle vollendet. Die Arbeiten wurden von Martim Vasques, Fernão de Évora und Mestre Guilherme fortgesetzt. Stilistisch prägend wurde dann der Architekt Mateus Fernandes (1485–1515), immer wieder unterstützt von dem Bildhauer Boytac, sie erweiterten den Königlichen Kreuzgang und die Unvollendeten Kapellen; an diesen als Pantheon für die Könige entworfenen Kapellen arbeitete auch noch João Castilho, bevor die Arbeiten daran 1532 abgebrochen wurden. Ebenfalls unter Castilho entstand noch ein dritter Kreuzgang, der aber durch die napoleonischen Truppen vollständig zerstört wurde.

Viele Diskussionen gab es über englische und französische Einflüsse, man darf aber davon ausgehen, daß der Grundriß von Batalha, derselbe wie bei der Sé von Évora, portugiesischer Tradition entspringt.

Das Kloster Batalha

Der ockerfarbene Kalkstein für das Kloster stammt aus dem nahegelegenen Porto de Mos. Beeindruckend ist die gotische Westfassade, das Hauptportal mit den sechs Archivolten und den gemeißelten Wappen von Dom João I. und Filipa de Lencastre. Auf den Säulen befinden sich Skulpturen der zwölf Apostel, bei denen es sich aber um neuere, im 19. Jh. gefertigte Kopien handelt. Über ihnen im Giebelfeld der Schöpfer, umgeben von den vier Evangelisten.

Das Innere der Kirche erinnert an das Kloster von Alcobaça, da die durch mächtige Säulen abgetrennten Seitenschiffe ebenfalls schmal sind und die Kirche für die Dimensionen des Mittelschiffs sehr hoch ist – gut 80 m lang ist der Innenraum, 22 m breit und 32,5 m hoch. Beabsichtigt war, den Blick des Betrachters unweigerlich in die Höhe zu ziehen. 1434 wurde das Königspaar in der von Huguet erschaffenen oktogonalen Gründerkapelle mit dem schönen Sterngewölbe beigesetzt. Besonders auffällig im Zentrum ist das auf acht Löwen gestützte Grabmal des ruhenden Königspaars, auf dem sie Hand in Hand zu sehen sind. An der Südseite finden sich die Grabstätten ihrer Kinder und die von Heinrich dem Seefahrer.

Der Claustro Real, der Königliche Kreuzgang, wurde schon von Afonso Domingues begonnen und rechnet zu den schönsten der Welt. Der ursprünglich schlichte gotische Stil der 50 m × 55 m großen Anlage wurde unter Dom Manuel I. von Boytac mit seinem unverkennbaren ornamentalen Stil, der den Kreuzgang in eine orientalische Märchenwelt verwandelte, verziert. Der Kapitelsaal ist ein einzigartiges architektonisches Meisterwerk von Huguet. Das Gewölbe mit der Sternenkuppel kommt ohne stützende Säulen aus. Hier befindet sich heute das Denkmal des unbekannten Soldaten aus dem Ersten Weltkrieg. Herrlich sind auch die Farben des 1514 gefertigten Glasfensters mit den Passionsszenen.

Etwas kleiner als der Königliche Kreuzgang ist mit 44 m × 50 m der zweite Kreuzgang ausgefallen. Der gotisch schlichte Claustro Afonso V. wurde von Fernão Évora Mitte des 15. Jh. erbaut, und man wollte darin eine Rückkehr zur Architektur des Beginns von Batalha ebenso wie Ansätze des manuelinischen Stils erkennen.

In den Unvollendeten Kapellen, die unter Dom Duarte begonnen wurden, sollten er selbst und seine Gemahlin Dona Leonor de Aragón ruhen. Sieben Kapellen mit sechs kleineren, dazwischengeschobenen umstellen den Mittelraum dieses reich verzierten und aus geschmückten Mausoleums. Nach dem Tod Dom Duartes wurden die Arbeiten eingestellt und erst unter Manuel I. wieder aufgenommen.

Das 15 m hohe und 7,5 m breite Nordportal gilt als eines der grandiosesten Werke des manuelinischen Stils und stammt von Mateus Fernandes. Im oberen Teil ließ Dom Manuel I. dreimal und insgesamt in der Kapelle mehr als zweihundertmal für den Gründer Dom Duarte dessen Leitspruch: *Leauté faray, ta yaseray* (›Solange ich lebe, will treu ich sein.‹) anbringen.

Leiria

(S. 232) **Leiria** 6 an den Flüssen Lis und Lena gehört zu den aufstrebenden Städten im Küstengebiet und hat schon mehr als 14 000 Einwohner. Teile der Innenstadt wurden allerdings wenig sensibel erneuert, und nun reiht sich dort ein Shopping Center ans andere. Aber es blieb auch ein Teil der Altstadt mit ihren engen Gassen und der zentralen Praça Rodrigues Lobo erhalten und lädt noch zum Spaziergang ein.

Überragt wird die Stadt von dem gut restaurierten Schloß in 113 m Höhe. Dom Afonso Henriques ließ es 1135 erbauen, 1140 eroberten es die Araber, konnten sich aber nur wenig mehr als ein Jahr halten, bevor sie vertrieben wurden und 1190 noch einmal zurückkehrten. Bedeutend wurde das Schloß vor allem, als Dom Dinis und seine Königin Isabel, die Rainha Santa, es zum Königssitz wählten. Im Inneren der Mauern finden sich noch die Ruinen der gotischen Igreja da Nossa Senhora da Pena.

Unterhalb des Schlosses steht die romanische Igreja de São Pedro, die auch schon als Theater oder Scheune Verwendung fand, seit 1940 aber wieder für den Gottesdienst genutzt wird.

Im barocken Stil wurde die Sé de Leiria zwischen 1550 und 1574 erbaut. Die dreischiffige, mächtig wirkende Kirche mußte aber nach dem Erdbeben von 1755 erneuert werden. Der Hauptaltar ist mit vergoldetem Schnitzwerk reich verziert.

Das Leben in Leiria hat durch die Gründung von privaten Universitäten gewonnen. Entsprechend finden sich vor allem zahlreiche Bars für jüngere Gäste rund um den Altstadtplatz Terreiro. Die Stadt selbst ist gastronomisch nicht erwähnenswert, aber in Leiria – Marrazes findet sich eines der bekanntesten und besten Restaurants des Landes, Tromba Rija, Rua Professor Portelas 22 (So und Mo mittags geschlossen). Am Wochenende ist es ohne Voranmeldung kaum möglich, dort Platz zu bekommen.

Was für ein Wunder …

Aus dem ganzen Land pilgern sie nach Fátima. Von der Algarve, aus dem Minho und aus Trás-os-Montes, gar aus Spanien kommen Bäuerinnen und Fischer – ganz zu schweigen von internationalen Wallfahrern – in Erfüllung eines Gelübdes, das sie der Nossa Senhora da Fátima gemacht haben. Und am Anfang wollte es keiner glauben.

Am 13. Mai 1917 und von da ab an jedem 13. der folgenden Monate bis Oktober desselben Jahres erschien drei Hirtenkindern aus Aljustrel zwischen den Ästen einer Steineiche die Muttergottes. Lúcia, Jacinta und Francisco hießen die Kinder, zwei von ihnen starben bald darauf – wie von der Jungfrau verheißen. Lúcia lebt als Nonne in einem Kloster in Coimbra. Vor allem an sie seien die Worte der Muttergottes gerichtet gewesen, die bat, für das Schlechte und die Sünden auf der Welt Buße zu tun. Nur so könne der damals gerade tobende Erste Weltkrieg beendet und Schlimmeres verhütet werden. Achtzehn Jahre später begann Lúcia aufgrund einer Bitte des Bischofs von Leiria die Geschichte der Erscheinungen niederzuschreiben.

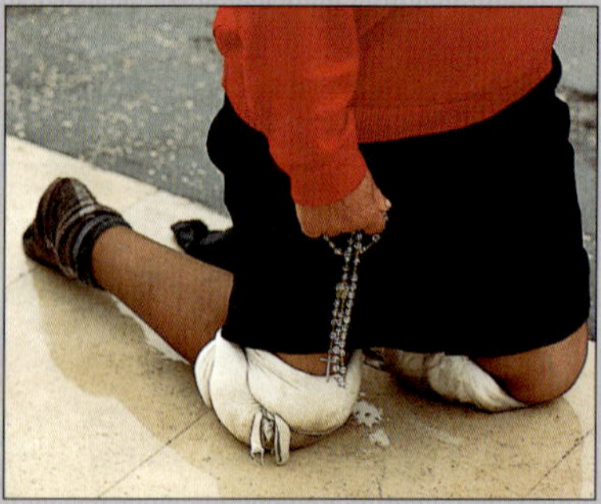

Die Mutter Lúcias wollte von den Geschichten der Kinder nichts wissen, beschuldigte die Tochter der Lüge, aber das Mädchen insistierte. Und Maria verkündete für den 17. Oktober ein großes Wunder. Der Erscheinung der rotierenden Sonne sollen dann angeblich 70 000 Menschen beigewohnt haben. Und die Kirche war hochzufrieden, denn die von der Republik seit 1910 durchgeführte Trennung vom Staat hatte ihre Position geschwächt. Welch Wunder, daß sie die Gelegenheit ergriff! Und Salazar arbeitete gezielt daran weiter, fügte den zwei F's , Fußball und *fado,* noch Fátima hinzu, denn schließlich soll Maria auch vor den Gefahren des Kommunismus gewarnt haben.

Wer heute in die Nähe des wenig sehenswerten Fátima kommt, trifft immer noch auf viele Pilger, auch wenn kaum noch einer auf Knien daherkommt.

Der Ort selbst sieht aus wie ein großer Souvenirladen, in dem allüberall blasse Marienstatuen und Devotionalien angeboten werden. Nur die, die auf Wunder setzen, scheint der Kommerz nicht zu stören, alljährlich strömen die Millionen …

Fátima

(S. 231) Der 20 km weite Weg von Batalha nach **Fátima** 7 ist gleichbedeutend mit dem Abstieg von religiöser Kunst zu religiösem Kitsch.

Die wiederholten Marienerscheinungen im Sommer 1917 waren Auslöser für die künftigen Pilgerfahrten.

Salazar hat hier ein einzigartiges Medienereignis erkannt und gezielt gefördert. Weil Armut und das Vorenthalten von Bildung die Prinzipien seiner Diktatur waren, hat er um so mehr Wert auf irrationale - wie z.B. die Geschehnisse in Fátima - Erscheinungen gelegt.

Die rund 8000 Einwohner von Fátima leben heute hauptsächlich von den vielen Wallfahrern aus aller Herren Länder, die an jedem 13., besonders aber am 13. Mai und am 13. Oktober dorthin pilgern. Fátima besitzt neun Seminare und 70 Häuser mit religiösen Institutionen.

Am Ort der Marienerscheinung, Cova da Iria, ist heute der große Platz für die Zeremonien mit dem Steinkreuz. Hier steht die von dem Holländer G. van Kriecken zwischen 1928 und 1933 errichtete Basilika. Das neobarocke Gebäude wird bestimmt von dem 69 m hohen Turm mit der 8 Tonnen schweren Glocke.

In die Krone der Marienstatue ließ Papst Paul die Kugel des Attentäters einarbeiten, die ihn bei seinem Besuch in Fátima 1982 aber nicht verletzte. Dies sei der Muttergottes zu verdanken gewesen!

Auf dem Platz ist auch die Capelinha das Aparições zur Erinnerung an die Erscheinungen erbaut.

Im nahegelegenen Wachsmuseum sind die wichtigsten Szenen der Erscheinung sowie die daran beteiligten Hauptfiguren nachgebildet.

Ourém

Der Name der 10 km nordöstlich von Fátima gelegenen Stadt soll der Konvertierung einer Araberin zum Christentum zu verdanken sein. Aus Liebe zu einem Portugiesen nahm sie den Namen Oureana an, wovon sich **Ourém** 8 herleitet. Die alte Stadt mit der Burgruine befindet sich auf einem Hügel, 2 km entfernt von Vila Nova de Ourém, und allein diese Lage ist Grund genug für einen Besuch, denn man hat einen weiten Ausblick.

Unter der Kirche Nossa Senhora da Misericórdia, in der Capela do Marquês, steht der Mitte des 15. Jh. gefertigte Sarkophag des Grafen von Ourém mit der ruhenden Figur des Adligen.

Ebenso zerstört wie die Burg, aber dennoch etwas besser erhalten und vom einstmaligen Glanz der Stadt zeugend, ist der Palast des Grafen, der ein unehelicher Sohn von Dom João I. war. Sehenswert sind noch ein Pranger aus dem 15. Jh. und der gotische Brunnen.

Tomar

(S. 240) Von Ourém kommend, kann man kurz vor Tomar zum Aquädukt **Pegões Altos** 9 abzweigen. Die gewaltige, 5 km lange Wasserleitung wurde 1595 unter Filipe I. begonnen und knapp zwanzig Jahre später fertiggestellt.

Viel wird in Portugal vom Zentralismus geredet, aber das bedeutet keineswegs, daß sich die Bewohner in der Provinz marginalisiert fühlten. Nach einem Besuch von **Tomar** 10 versteht man auch, daß es dafür kaum einen Grund gibt. Tomar gehört mit 20 000 Einwohnern zu den mittelgroßen Städten Portugals, wie zweigeteilt wirkt es durch den Fluß Nabão. Überragt wird die Stadt durch die alte Templerburg Convento do Cristo, eines der Schmuckstücke manuelinischer Baukunst. Obwohl schon zur Zeit der Römer besiedelt, beginnt die Geschichte von Tomar mit der Reconquista und der Befreiung von Santarém. Da die Templer dabei eine besondere Rolle spielten, überließ ihnen Dom Afonso Henriques 1159 das Castelo de Ceras und Ländereien. Aus strategischen Gründen aber begann der Großmeister der Templer, Dom Gauldim Pais 1160 mit dem Bau einer Burg auf dem Hügel über der heutigen Stadt. Der Ort, der am Burghügel entstand, wurde nach dem maurischen Namen für den Fluß, Tomar, benannt. Die Entscheidung für die Verlegung der Burg erwies sich als richtig, denn sie konnte von den Arabern nicht mehr eingenommen werden.

1314 wurde der Templerorden aufgelöst, sein Besitz ging in den von Dom Dinis am 15. März 1319 gegründeten Christusorden über, Tomar selbst wurde ab 1356 Sitz dieser neuen Gemeinschaft. Während der Zeit der Entdeckungen hatte sie außerordentlichen Einfluß, Heinrich der Seefahrer gehörte ihr an. Seine Karavellen trugen das Emblem des Ordens, das rote Kreuz auf weißem Grund, auf ihren Segeln. Erst als Dom João III. die Ritter zu Mönchen machte, ließ ihr Einfluß nach.

Der Convento do Cristo

Seit 1984 steht dieses vom 12. Jh. bis zum 17. Jh. errichtete, wichtigste Monument der Stadt unter dem Schutz der UNESCO. Durch das Tor an der Ostseite gelangt man durch einen Garten über eine Treppe auf die Terrasse und zum ältesten Teil der Anlage, der aus dem 12. Jh. stammt. Rechterhand davor sieht man die Ruinen der Templerburg und die des Palasts von Heinrich dem Seefahrer. Das Gotteshaus der Templer bildet heute den Chor der neuen Kirche. Haupteingang dieser Kirche ist das prächtige manuelinische Portal von João Castilho, von dem auch die ganze Südfassade stammt. Der 1515 gefertigte Eingang mit den drei Archivolten im Zentrum erinnert an das Jerónimo-Kloster in Lissabon. Die Skulpturengruppe zeigt im oberen Teil Maria mit dem Kind.

Die Gebetskapelle (Charola) der Templer ist der älteste Teil der Anlage, daran schließt die Kirche der Christusritter an. Die achteckige, vom Tempel in Jerusalem beeinflußte Charola dos Templarios, ein Werk byzantinischer Kunst, verdiente es, den Gral zu beherbergen, wie ein Kunsthistoriker schrieb. Umgeben ist die reich verzierte Charola mit ihrer wappengeschmückten Kuppel von einem sechzehneckigen Rundgang. Ab 1510 wurde die Charola unter Dom Manuel I. zum Chor verändert und manuelinisch ausgeschmückt, ohne aber den byzantinischen Ursprung zu zerstören.

Insgesamt sieben Kreuzgänge hat das Christuskloster. Von der Rotunde aus gelangt man in den kleinen gotischen Claustro do Cemitério mit den schönen Azulejos, der ebenso wie der Claustro da Lavagem teilweise unter Heinrich dem Seefahrer errichtet wurde. Aus dem Jahr 1584 stammt die Mumie des Baltasar de Faria – er brachte die päpstliche Bulle zur Inquisition nach Portugal. Sehenswert ist die an den Kreuzgang anschließende Sakristei, unter Filipe II. zu Beginn des 17. Jh. erbaut.

Der zweistöckige Claustro Principal oder Claustro dos Filipes im Stile der Hochrenaissance ist für die Geschichte Portugals von Bedeutung: Hier ließ sich der spanische König 1580 als Filipe I. von Portugal krönen. Begonnen wurde der Kreuzgang mit dem Barockbrunnen (17. Jh.) unter Dom João III., aber beendet erst unter Filipe II. Von der Terrasse

Ein halbes Jahrhundert architektonischer Blüte – Der manuelinische Stil

Seinen Namen verdankt dieser einzigartige Stil König Dom Manuel I. (1495–1521), dem der Beiname der Glückliche gegeben wurde. Schließlich erntete er den Reichtum aus den Überseegebieten, für deren Entdekkung in der Zeit Heinrich des Seefahrers die Grundsteine gelegt worden waren. Einordnungen des manuelinischen Stils zwischen Gotik und dem Plateresk, der spanischen Spätgotik, einem ebenfalls reichen und barocken Stil, bestimmen nur ungefähr den manuelinischen Stil, der unverwechselbar portugiesisch ist.

Lissabon war zur Zeit Manuels eine der blühendsten Städte Europas, sein Hafen der bedeutendste Europas. Mit den Schiffen nach Übersee fuhren auch Architekten und Bildhauer, sie sollten sich nach neuen Einflüssen umsehen und auch portugiesische Architektur in die vermeintlich neuen Welten exportieren. Noch heute finden sich in Macau, Goa oder Afrika Bauwerke aus dieser Zeit.

Der sagenhafte Reichtum führte ein halbes Jahrhundert lang zu einer Fülle herausragender Bauwerke: Das Jerônimo-Kloster (Boytac/Castilho) und der Turm von Belém (Francisco Arruda) in Lissabon, die Capelas Imperfeitas in Batalha, die Fenster des Kapitelsaals des Christusklosters in Tomar sind der gelungenste Ausdruck manuelinischer Baukunst.

Aus dem Bereich der Seefahrt finden sich viele Formen: Schiffstaue winden sich als Dekoration um die Gebäude. Seesterne, Pflanzen und Korallen findet man immer wieder als Motive ebenso wie die Pflanzenwelt Afrikas und Indiens.

Dies alles auf engstem Raum, vermischt mit Fabel- und Phantasiewesen, erscheint doch von einer großen, angesichts dieser Fülle erstaunlichen Leichtigkeit.

im oberen Teil aus kann man die ganze Anlage übersehen.

Berühmt ist das manuelinische Fenster im Kapitelsaal, zu dem man vom Claustro dos Filipes aus gelangen kann. Am besten sieht man das Fenster allerdings von außen: In den reichen, von der Seefahrt inspirierten Verzierungen finden sich alle Motive der manuelinischen Kunst sowie das Christusritterkreuz.

Nördlich liegt auf halber Höhe des Berges in dieser oft mit der Toskana verglichenen Landschaft die Mitte des 16. Jh. errichtete Renaissancekirche Santa Maria da Conceição, die durch die Harmonie ihrer Proportionen gefällt, außen schlicht ist, aber im Inneren durch die kluge Lichtgestaltung Glanz verbreitet. Der Plan für die kleine, unter Dom João III. erbaute dreischiffige Kirche stammt von Diogo Torralva.

Die Stadt

In Tomar, an der Praça da República, steht eine weitere bemerkenswerte Kirche, die Igreja de São João de Baptista. Interessant an der Ende des 15. Jh. begonnenen und 1510 vollendeten Kirche sind der an der Nordseite angebrachte große Glockenturm mit dem Spitzgiebel sowie das Portal mit dem königlichen Wappen im Giebelfeld. Im Inneren finden sich Bilder portugiesischer Meister.

Die engen Gassen in der Nähe der Praça da República laden zum Bummel ein, in den vielen Cafés sollte man die Ananaskuchen und die mit viel Eigelb und Zucker hergestellten *fatias de Tomar* probieren.

In der Rua Dr. Joaquim Jacinto, im alten jüdischen Viertel, steht die einzig in Portugal erhaltene Synagoge aus dem 15. Jh. Nachdem es erst als Gefängnis und dann lange Zeit als Scheune herhalten mußte, wurde das kleine Gebäude zu Beginn unseres Jahrhunderts renoviert und das Museu Luso-Hebraico de Abraão Zacuto darin eröffnet.

Zwei Kirchen kann man noch am linken Ufer des Nabão besichtigen. Die kleine Igreja da Santa Iria ist eine einschiffige Renaissancekirche. Sie steht an der Stelle, an der die Leiche der Märtyre-

Rathausplatz in Tomar

rin Irene in den Fluß geworfen wurde und wo aus den Fluten ihr Grab auftauchte. Das Gotteshaus ziert ein schönes Portal von João Castilho (1536), die Fenster wurden erst nachträglich eingebaut. Im Inneren ein manuelinisches Portal zur Sakristei und die Kapelle Miguel do Vale, in deren Renaissancebögen Medaillons mit Darstellungen südamerikanischer Indianer zu sehen sind.

Die ganz in der Nähe gelegene Igreja Santa Maria dos Olivais soll die älteste Templerkirche sein, stammt aber aus der Mitte des 13. Jh. und wurde 1540 umgebaut. Vom alten Gebäude blieben nur die Vorhalle und die Rosette. In den Kapellen an der Südseite liegen der Großmeister der Templer, Gualdim

Pais, und andere Ordensritter bestattet, darunter auch der erste Meister der Christusritter, Dom Gil Martins.

Wem noch an einer schönen Aussicht gelegen ist, der kann von der Capela de São Gregório aus die 286 Stufen hinauf zur Wallfahrtskirche Nossa Senhora da Piedade bewältigen. Die 1613 erbaute Kirche hat schöne weißblaue Azulejos.

In Tomar kann man sehr gut essen. Bekannt und deshalb fast immer sehr voll ist das Restaurant **Chico Elias** 11, zwei Kilometer von Tomar entfernt an der alten Straße nach Torres Novas gelegen. Hier wird unter anderem der etwas überraschende, aber gut schmekkende *bacalhau* mit Schweinefleisch angeboten.

Von Tomar aus läßt sich ein schöner Abstecher in das ca. 30 km nordöstlich gelegene kleine Dorf **Dornes** 12 machen, auch wenn die Qualität der Straßen dorthin einige Wünsche übrig läßt. In einer schönen Waldlandschaft liegt das Dorf wie eine Halbinsel auf einem Hügel im Fluß Zêzere. Der fünfeckige Turm soll von den Templern stammen. Die mittelalterliche Kirche wurde im Auftrag der Rainha Santa Isabel errichtet.

Abrantes

(S. 226) Von Tomar aus bietet es sich an, den Weg über den Stausee **Castelo de Bode** 13 zu wählen. Von hier aus wird seit 1987 Lissabon mit Wasser versorgt. Der See mit der 115 m hohen Staumauer wird viel besucht, auch die inmitten des Sees gelegene Insel Lombo ist ein Anziehungspunkt.

Abrantes 14 308 v.Chr. von den Kelten gegründet, liegt auf einem Hügel am Tejo. Den Namen verdankt die Stadt den Römern, sie fanden Gold im Sand am rechten Tejo-Ufer und nannten den Ort deshalb Aurantes, das heutige Abrantes.

Wenn auch von der Burg fast nur noch der 1303 unter Dom Dinis erbaute Turm übrig ist, lohnt sich doch der herrliche Blick über das Tal und die Estremadura. Im Inneren der Burganlage findet sich die Igreja Santa Maria do Castelo, erbaut 1215 unter Dom Afonso II; nachdem sie durch ein Erdbeben stark beschädigt war, wurde sie 1433 neu erbaut. Seit 1921 beherbergt die Kirche das Museu Regional Dom Lopo de Almeida mit archäologischen Funden, religiösen Skulpturen vom 16. Jh. bis zum 18. Jh., Azulejos und den steinernen spätgotischen Grabmälern der Familie Almeida.

In der Stadt gibt es einige sehenswerte Kirchen. Die Igreja da Misericórdia mit dem Seitenportal von 1548 im Stile der Coimbrenser Renaissance birgt im Inneren sechs berühmte Gemälde des 15. Jh. (Gregório Lopes?).

In der Nähe der Misericórdia liegt die Igreja de São João, 1300 von der Rainha Santa Isabel gegründet, 1589 unter Filipe II. restauriert und erst 1633 fertiggestellt. Man sagt, daß Dom João I. am 8. August 1385 vor dem Abmarsch nach Aljubarrota hier gebetet hat; beachtenswert ist die Kassettendecke.

Mit dem Auto ist die Fahrt Richtung Osten durch das landschaftlich schöne Tejo-Tal von Constância über Abrantes bis Belver – bei viel Zeit bis Vila Velha de Rodão – ein Erlebnis. **Constância** 15 liegt wie eine Halbinsel zwischen dem Zêzere und dem Tejo. Hinter Abrantes lohnt ein kleiner Abstecher nach **Mação** 16 zu einer Kirche mit Azulejos aus dem 17. Jh. In **Belver** 17 lohnt die Burg – 1194 von Afonso Pais erbaut, 1390 von Nuno Álvares Pereira restauriert – einen Besuch. Nur 5 km entfernt bietet Gavião, 275 m hoch gelegen, weite Aussicht.

DOW'S
ROBERTSON'S

Von Porto bis zur Grenze – Costa Verde

Costa Verde

Porto – der Stolz des Nordens

■ (S. 238) Ein kleiner Streit zwischen Autofahrern. Der aus dem Norden ruft dem Lissaboner erbost zu: »Ohne uns würdet ihr doch immer noch mit dem Turban rumlaufen.« Eine dezente Anspielung auf die Tatsache, daß die Reconquista vom Norden ausging. Geholfen hat es nicht. Im ewigen Wettstreit zwischen Nord und Süd war Porto immer nur zweite Stadt des Landes. Weder der inoffizielle Titel »Hauptstadt des Nordens« noch die geläufige Meinung, daß dort erwirtschaftet werde, was Lissabon verjubelt, konnte daran etwas ändern. Und allenfalls kopfschüttelnd steht der Neuankömmling vor dem Enthusiasmus, mit dem Portuenser von ihrer *cidade invicta,* ›der unbesiegten Stadt‹, zu erzählen pflegen.

Wer nach Lissabon reist, ist begeistert, die Stadt macht es einem auch leicht. Porto versteckt seinen Charme in den engen Gassen mit den dunklen Häusern aus Granit. Gewiß, wer von Süden kommend über die Autobahnbrücke, die Ponte da Arrábida, den Douro überquert, links das Meer und rechts die Stadt am Fluß sieht, ist von dem Blick angetan. Die erste nähere Begegnung ist dann zumeist enttäuschend. Hier ist alles dunkler und enger als in Lissabon, oft schlecht erhalten. Es regnet viel, und neblig ist es auch. Mülltonnen gibt es kaum, in Plastiktüten wird der Abfall vor die Häuser gestellt und dann von Müllwagen allabendlich eingesammelt.

Und trotz alledem hat Porto eine Atmosphäre, die sich einprägt, eine Mischung aus Dorf und Großstadt; während Lissabon sich europäisiert, scheinen Modernisierungen Porto nichts anhaben zu können – die Stadt bewahrt ihren Charakter. Und dazu gehört die außerordentliche Freundlichkeit und Hilfsbereitschaft der Portuenser. Rauh aber herzlich, diese arg strapazierte Phrase findet sich hier bestätigt.

Mit knapp 350 000 Einwohnern ist Porto im europäischen Maßstab kaum eine mittelgroße Stadt, der Großraum Porto allerdings hat inzwischen schon etwa 1,5 Millionen Einwohner und wächst beständig. In Porto konzentriert sich die Textilindustrie, die Fertigung von Schuhen und Möbeln, in Leixões hat die Stadt einen großen Hafen und etwa 13 km außerhalb den internationalen Flughafen Sá Carneiro, besser bekannt unter dem alten Namen Pedras Rubras. Nur der bekannteste Exportartikel, der Portwein, der wird auf der anderen Seite des Douro in Vila Nova de Gaia abgefüllt.

Die Besiedelung Portos fand wahrscheinlich schon in vorrömischer Zeit (3. Jh. v. Chr.) am linken Douro-Ufer statt, im heutigen Vila Nova de Gaia. Der Ort wurde von den Römern *portus cale,* ›ruhiger Hafen‹, genannt, davon leitete sich später der Name Portugal ab. Zum Schutz vor Piraten und anderen Feinden wurde an der Stelle, an der heute die Kathedrale steht, eine Festung erbaut, die 417 von den Sueben erobert wurde. Bereits im 6. Jh. wurde Porto unter den Wisigoten Bischofssitz.

716 wurde Portucale von den Mauren besetzt und vollständig zerstört, aber 868 durch Vímara Peres zurückerobert; die Reiterstatue dieses Ritters findet sich vor der Nordfassade der Kathedrale.

Von 997 bis Mitte des 11. Jh. war die Stadt dann wieder unter maurischer Herrschaft, bevor sie endgültig von den Christen zurückerobert wurde.

1120 wurde der Ort von Königin Dona Teresa dem Bischof von Porto als Lehen übergeben, am 14. Juli 1123 gewährte dieser den Einwohnern erstmalig das Stadtrecht. Bis zum 15. Jh. lagen im Hafen von Porto die meisten Schiffe des Landes, wurde Handel mit Frankreich, Flandern und England und den Mittelmeerländern betrieben. Und so lange währten auch die Konflikte zwischen Königen und der Kirche, die erst endeten, als Dom João I. die von Dona Teresa gewährten Konzessionen annullierte, der Stadt aber juristische Selbstverwaltung einräumte.

1415 brauchte Heinrich der Seefahrer, dessen vermeintliches Geburtshaus in Porto steht, Fleisch für seine Expedition nach Ceuta in Nordafrika. Die Bürger Portos behielten nur die Innereien für sich und heißen seitdem – keineswegs beleidigend gemeint – *tripeiros*, ›Eingeweideesser‹. Noch immer sind die *tripas* auf vielen Speisekarten in Portuenser Restaurants zu finden.

Porto ist eine Stadt der Bürger, der des öfteren unternommene Vergleich mit der Hansestadt Bremen liegt nahe. Adelige durften sich in der Stadt nicht ansiedeln, selbst der König besaß keinen Stadtpalast und mußte bei Besuchen mit der Bischofsresidenz vorlieb nehmen.

1628 und 1661 empörten sich die Portuenser gegen zu hohe Steuern, 1756 gegen das Weinmonopol, das der Marquês de Pombal der Region des oberen Douro gewährt hatte, und 1820 nahm schließlich die liberale Revolution von hier ihren Ausgang. Die Stadt strahlt von diesem Bürgerstolz auch heute noch immer ein wenig aus.

Kathedrale und Bischofspalast

Porto lebt mehr von seiner geographischen Lage und der Atmosphäre der Stadt als von der Besonderheit seiner Bau- und Kunstwerke.

Die **Sé** 1 mit dem nachgebildeten manuelinischen *pelourinho* davor befindet sich auf dem Granithügel Pena Ventosa. Von dort aus hat man einen herrlichen Blick auf den Douro und Vila Nova de Gaia und zur anderen Seite über mit roten Ziegeln gedeckte, verschachtelt stehende Häuser und den Torre dos Clérigos.

Von der ursprünglich romanischen Konstruktion der Sé aus dem 12. Jh. ist nur wenig erhalten geblieben. Umbauarbeiten – vor allem im 17. und 18. Jh. – haben den unter Dona Teresa begonnenen Bau gründlich verändert, am besten läßt sich die ursprüngliche Konzeption noch an der Westfassade erkennen.

Wichtige Arbeiten der im Inneren dreischiffigen Kathedrale stammen aus dem 18. Jh. von dem Italiener Nicolau Nasoni, so die Loggia an der Nordfassade, der Hauptaltar und vermutlich die Wandmalereien in der Sakramentskapelle.

Dort ist sehenswert der Altar, der von portugiesischen Künstlern zwischen 1632 und 1732 aus 800 kg Silber gefertigt wurde.

Erwähnenswert ist die von den Portuensern verehrte Statue der Nossa Senhora de Vendome (13. Jh.) in der Kapelle im rechten Querschiff.

Ebenfalls von Nasoni wurde der **Bischofspalast** 2 errichtet. Interessant sind vor allem die Marmorrahmungen an Fenstern und Portalen sowie die prachtvolle Treppe und der Spiegelsaal im Inneren.

Ribeira und Innenstadt

Von der Sé aus gelangt man hinab in die Altstadt und zur **Igreja dos Grilos** 3. Die Jesuitenkirche mit ihrer Barockfassade wurde Anfang des 17. Jh. nach Plänen von Baltasar Álvares erbaut, von dem auch die Entwürfe der Sé Nova in Coimbra stammen. Das Innere der Kirche ist kreuzförmig und wird von der säulengestützten, fast erdrückend wirkenden Kassettendecke bestimmt.

In Nachbarschaft zur Kirche befindet sich die **Casa-Museu Guerra Junqueiro** 4. Das Haus, in dem der 1850 geborene, 1923 gestorbene Dichter und Revolutionsheld wohl nie gelebt hat, wurde 1730 angeblich nach Plänen von

Nasoni errichtet. Im Inneren sind u. a. die Totenmaske des Dichters, Keramiken und Möbel zu sehen. Im Garten davor finden sich neben einer Bank Azulejos mit Versen des Dichters.

An der östlichen Seite der Kathedrale, am Largo Primeiro de Dezembro, steht die **Igreja da Santa Clara** 5, die König Dom João I. 1416 auf Wunsch seiner Frau errichten ließ. Die Klosterkirche ist im Inneren überreich mit vergoldeten Holzschnitzereien und Azulejos ausgestattet. Sehenswert ist in der im 16. Jh. erneuerten Kirche auch die farbig gestaltete Decke.

Weiter stadteinwärts gelangt man zur **Estação de São Bento** 6, früher der wichtigste Bahnhof der Stadt, und auch heute noch herrscht hier reger Betrieb in die Vororte. In dem 1915 eingeweihten Gebäude lohnen vor allem die großen Wandbilder aus Azulejos. Sehr praktisch interessiert war der Architekt indes nicht, bei der Eröffnung wurde festgestellt, daß Wartesaal und Kartenschalter vergessen worden waren! Die Kacheln mit den Motiven von ländlichem Leben und mit Darstellungen der Ceuta-Expedition fertigte Jorge Colaço 1930.

Porto

1 *Sé (Kathedrale)*
2 *Bischofspalast*
3 *Igreja dos Grilos*
4 *Casa-Museu Guerra Junqueiro*
5 *Igreja da Santa Clara*
6 *Estação de São Bento*
7 *Praça da Liberdade*
8 *Café Majestic*
9 *Capela das Almas*
10 *Mercado do Bolhão*
11 *Handwerkerviertel*
12 *Igreja do Carmo*
13 *Igreja das Carmelitas*
14 *Buchhandlung Lello & Irmão*
15 *Galerie Nasoni*
16 *São Pedro dos Clérigos*
17 *Jardim de João Chagas*
18 *Cooperativa Árvore*
19 *Igreja da Misericórdia*
20 *Statue Heinrich des Seefahrers*
21 *Igreja de São Francisco*
22 *Ethnographisch-historisches Museum*
23 *Bar Aniki Bobo*
24 *Ponte Dom Luis I.*
25 *Museu de Soares dos Reis*
26 *Museu Romântico*

Am unteren Ende der Avenida dos Aliados trifft man auf die **Praça da Liberdade** 7 mit der 10 m hohen Reiterstatue des Soldatenkönigs Dom Pedro IV. Hier ist das Zentrum der Stadt, auf diesem Platz bis vor dem Rathaus am oberen Ende der Avenida dos Aliados versammeln sich die Menschen zu den wichtigsten Feiern, wie dem Tag der Revolution oder der Festa do São João zu Ehren des Stadtheiligen am 24. Juni; letztere wird allerdings in der ganzen Stadt zelebriert. Wer die Gelegenheit hat, sollte sich dieses Fest nicht entgehen lassen. Mit Plastikhämmern bewaffnet, ziehen die Portuenser gemächlichen Schrittes die ganze Nacht durch ihre Stadt und schlagen Passanten freundlich und leicht auf den Kopf – es soll Glück bringen! Ganz offensichtlich ein Spaß für Jung und Alt.

Östlich, in der Rua de 31 de Janeiro, beginnt das Viertel der Modegeschäfte, von hier kommt man in die Rua de Santa Catarina, die wichtigste Einkaufsstraße Portos. An der Kreuzung zur Rua de Passos Manuel steht das Coliseu do Porto, mit 3500 Plätzen der größte Veranstaltungsraum der Stadt. Unbedingt lohnend ist ein Besuch im sorgfältig restaurierten **Cafe Majestic** 8. In dem vielbesuchten, 1921 eröffneten Café finden heute noch gelegentlich Konzerte statt.

Die dem 18. Jh. nachempfundenen Azulejos der weiter oben gelegenen **Capela das Almas** 9 stammen von Eduardo Leite und wurden erst zu Beginn dieses Jahrhunderts gefertigt. Wendet man sich nach links, kommt man zum **Mercado do Bolhão** 10, einem der Orte, an dem Portuenser Leben am schönsten zu beobachten ist. Der 1850 eröffnete Markt besteht aus zwei Ebenen, und am Morgen kann man hier die Gemüsehändler und die Fischfrauen bei ihren recht lauten Verkaufsgesprächen hören – und die Damen sind bekannt dafür, daß sie nicht eben zurückhaltend sind.

Durch die Rua Sá de Bandeira über die Praça de Dom João geht es zurück zur Avenida dos Aliados. Auf der gegenüberliegenden Seite gelangt man in die kleinen Straßen, die noch weitgehend nach **Handwerken** 11 geordnet sind. Auch hier lohnt ein Spaziergang, obwohl die Luft in den engen Straßen gerade in den Sommermonaten schwer erträglich ist.

Durch die Rua de Ceuta gelangt man zur Praça Carlos Alberto, dann links bis zur **Igreja do Carmo** 12. Die Kirche mit der Barockfassade wurde zwischen 1756 und 1768 errichtet. Die Azulejos an der Seite der einschiffigen Kirche stammen von 1912. Nebenan steht die zwischen 1619 und 1628 errichtete **Igreja das Carmelitas** 13, die im letzten Jahrhundert in eine Polizeikaserne umgewandelt wurde.

Nicht entgehen lassen sollte man sich einen Blick in die phantastisch ausgestattete **Buchhandlung Lello & Irmão** 14 mit der geschwungenen Treppe in der Rua das Carmelitas 144. In der oberen Etage befindet sich nach der sorgfältigen Renovierung 1995 ein kleines Café. In der Nähe, in der Rua da Galeria de Paris, findet sich eine der wichtigsten Galerien Portos, bei **Nasoni** 15 stellen viele der bedeutenden Künstler des Landes aus.

Durch die Rua das Carmelitas gelangt man zu einem der seltsamen und bekanntesten Gebäude Portos, der barokken Igreja de **São Pedro dos Clérigos** 16, im 18. Jh. von Nasoni erbaut. Der Meister aus der Toskana, der 1773 starb, liegt hier auf eigenen Wunsch begraben. Die Kirche wurde 1732 begonnen und 1749 beendet, der mit 75,6 m höchste

Kirchturm des Landes erst 14 Jahre später. Die schmale und von außen schlichte einschiffige Kirche ist im Inneren mit vergoldeten Holzschnitzereien großzügig ausgestattet. Über 240 Stufen gelangt man zur Aussichtsplattform des Turms, ein anstrengender, aber unbedingt lohnender Aufstieg.

Bacalhau wird überall angeboten

Beachtenswert sind die kleinen, langsam verblassenden Lebensmittelläden oberhalb der Kirche, in denen das portugiesische Nationalgericht *bacalhau* in großen Mengen angeboten wird.

Vorbei an dem Garten **Jardim de João Chagas** 17, den die Portuenser noch immer Jardim de Cordoaria nennen und an dessem kleinen See es sich ein wenig ausruhen läßt, kann man am Passeio das Virtudes eine schöne Aussicht genießen. Hier steht auch die **Cooperativa Árvore** 18, eine der ersten Adressen für Kunst in Porto und eine Art Volkshochschule in Kleinformat, gegründet von Portuenser Bürgern.

Die **Igreja da Misericórdia** 19 am Ende der Rua das Flores wurde zwischen 1555 und 1590 erbaut. 1749 begannen die Renovierungsarbeiten, die bis 1754 dauerten. Für die Arbeiten an der Kirche mit der dreistöckigen Barockfassade zeichnete einmal mehr Nasoni verantwortlich. Beachtenswert ist das berühmte Gemälde »Fons Vitae« in der neben der Kirche gelegenen Santa Casa da Misericórdia. Das Gemälde aus dem 16. Jh. wurde schon einigen bedeutenden Malern zugeschrieben und zeigt Jesus am Kreuz, davor knien Dom Manuel I. und seine Frau.

Dem prominentesten Sohn Portos ist die Praça Infante Dom Henrique gewidmet, dort steht die 1900 errichtete **Statue Heinrich des Seefahrers** 20, der mit gestreckter Hand den Weg zum Meer weist. In der Nähe, in der Rua da Alfândega, steht das Gebäude, von dem die Legende will, daß es das Geburtshaus des Infanten ist.

Die im 13. Jh. begonnene **Igreja de São Francisco** 21 wurde durch Umbauarbeiten vor allem im 18. Jh. stark verändert. Das Innere der dreischiffigen Kirche ist mit nahezu unvorstellbaren Goldmengen ausgestattet, hinter denen die ursprünglich gotische Konzeption verschwindet. Bekannt ist vor allem das Renaissancegrab in der rechten Chorkapelle, in dem Francisco Brandão Pereira, gestorben 1528, bestattet wurde. Er war ein Freund Albrecht Dürers.

Das **Museu de Etnografia e de História** 22, das seit 1945 in einer Villa aus dem 18. Jh. untergebracht ist, bietet Regionales. Von Spielzeug, einer Küche und einem Weinkeller über das Zimmer eines Fischers bis zu archäologischen Funden aus der Umgebung reicht das Spektrum dieser liebenswerten Institution. 1996 schloß das Museum, ob es wieder eröffnet wird, ist noch ungewiß.

Ribeira-Viertel in Porto

Arm und zugleich in letzter Zeit immer schicker ist die Ribeira, das Viertel am Fluß. Mit Blick auf die Portweinkeller von Vila Nova de Gaia sieht man hier Jungen nach Münzen im trüben Douro-Wasser fischen, nachts ist es das Vergnügungsviertel der Portuenser; die **Bar Aniki Bobo** 23, eine der ersten und nach dem gleichnamigen Film von Manuel de Oliveira benannt, ist hier an einer Ecke der Praça da Ribeira, und in den vielen Restaurants kann man überall die *tripas à moda do Porto* essen – wenn man denn Innereien mag. Die Praça da Ribeira glänzt nicht eben durch Reinlichkeit, Parkplatzeinweiser gibt es in Mengen, aber die Atmosphäre ist beeindruckend. Vom Kai aus sieht man die **Ponte Dom Luis I.** 24, die von einem Schüler und Mitarbeiter Eiffels erbaut und 1886 eingeweiht wurde. Mehr als 3000 Tonnen Eisen wurden dafür benötigt, die obere Trasse mißt 392 m und die untere 174 m. Die bekannteste Brücke, die Ponte de Dona Maria I., wurde 1877 von Gustave Eiffel erbaut und wurde immer nur Eisenbahnbrücke genannt. Sie wurde 1994 durch eine neue Brücke ersetzt. Diese ist jetzt geschweißt, so daß sich die Schrauben nicht wie früher gelegentlich lockern können. Als Architekturdenkmal aber wird die alte Brücke weiter auf 350 m Länge in 65 m Höhe den Douro überspannen.

Sehr zu empfehlen ist der Besuch zweier Museen am Palácio de Cristal. Vor dem Palast in der Rua de Dom Manuel II. das **Museu de Soares dos Reis** 25. Im ersten Stock die Gemäldesammlung, die abwechselnd aus dem reichen Fundus des Nationalmuseums mit portugiesischer Malerei des 19. Jh. und 20. Jh. bestückt wird, darunter auch Bilder des namensgebenden Künstlers Soares dos Reis, der 1899 starb. Im zweiten Stock finden sich nachgestellte Räume bürgerlicher Wohnkultur. Darüber hinaus besitzt das 1795 errichtete Gebäude eine wertvolle Sammlung prähistorischer Funde, Porzellan und Schmuck. Hinter dem Kristallpalast befindet sich etwas versteckt in der Quinta da Macieirinha das **Museu Romântico** 26 in der Rua de Entre-Quintas 220. Es zeigt die Inneneinrichtung eines Landhauses Por-

tuenser Bürger. Auch das Zimmer, in dem Carlos Alberto, König von Piemont, zwei Monate seines Exils verbrachte, ist erhalten.

Im Keller des Hauses kann man im Instituto do Vinho do Porto die Eindrücke des Tages noch einmal passieren lassen. Die ganze Vielfalt und Klasse dieses bekanntesten Getränkes des Landes läßt sich hier erfahren. Zu empfehlen ist auch ein Besuch bei Dom Tonho, Cais de Ribeira 13 – gute Portuenser Küche mit Blick über den Douro (So geschl.).

Foz do Douro

■ Auf dem Weg an das Meer sollten Kunstfreunde an der Fundação de Serralves in der Nähe der Avenida da Boavista Halt machen. Die Casa de Serralves (Rua de Serralves 977) soll nach dem Umbau durch Siza Vieira das Museum für moderne Kunst beherbergen. Die in den 30er Jahren von dem Industriellen Carlos Alberto Cabral errichtete Villa gehört zu den schönsten Bauten der Moderne in Portugal. Und wenn ge-

Fußball ist unser Leben

Jenes Jahr 1987 hat dem Norden Auftrieb gegeben wie kein zweites. Kein Wirtschafts-, sondern ein Spielbericht zeichnete dafür verantwortlich. Der F. C. Porto wurde in diesem Jahr gegen die Bayern aus München Europameister. Erst in der 32. Minute der zweiten Halbzeit gelang Madjer, was Teil der sportlichen Heilsgeschichte wurde: mit einem Hackentrick schoß er den Ausgleich, der Siegtreffer löste anschließend einen bis heute nicht vergessenen Freudentaumel aus. Bei der Einhundertjahresfeier des Clubs 1993 konnte dann dieses fabelhafte Tor gar in Öl bewundert werden, ebenso wie andere Höhepunkte der Vereinsgeschichte.

Gewiß, der Erzrivale Benfica Lissabon mit seiner Gallionsfigur Eusébio war zweimal Europameister und holte den nationalen Titel gleich 27 Mal. Benfica hat auch das größere Stadion (125 000 Plätze), aber von denen aus der Hauptstadt mußte man das ja auch verlangen können!

Daß der F. C. Porto, die Drachen, wie sie genannt werden, den Adlern aus Lissabon aber in den letzten Jahren den Rang abgelaufen hat, ist schon eine kleine Sensation. Statt 145 000 Mitgliedern wie Benfica hat der F. C. Porto *nur* 100 000 – zum Vergleich, Bayern München als größter deutscher Verein hat nicht einmal die Hälfte. Auch das Stadion in Antas faßt nur 80 000 Zuschauer. Nationaler Meister war man auch nur 14 Mal. Aber der Sieg 1987 hat alles verändert, er brachte das notwendige Selbstbewußtsein, um sich trotz eines vierfach geringeren Etats in die Spitze zu spielen. Und Präsident Pinto da Costa ist mindestens so populär wie die Politiker des Landes, ganz zu schweigen von dem Einfluß, den er hat. Kleinere Bestechungsskandale können diesem Glanz nichts anhaben, eher rufen sie die Lokalpolitiker aller Parteien auf den Plan, um gegen diesen Komplott aus der Hauptstadt zu protestieren und den Norden als solchen zu verteidigen.

Aber der F. C. Porto ist auch fest im Herzen seiner Fans verankert, die Vereinsfarben Blau und Weiß sind ihnen das Meer und der Himmel. Rund um Benfica toben Gerüchte und Skandale, noch die kleinste Angelegenheit wird öffentlich intensiv diskutiert. In Porto geht es nüchterner zu – und in den letzten Jahren auch erfolgreicher.

Mag sein, daß es hilft, wenn in der Ribeira vor den Spielen Kräuter verbrannt und in kleinen Kapellen Zaubersprüche gemurmelt werden, damit das Tor sauber bleibt. Aber die pompös von der Präsidentengattin in Benfica eingeweihte Stadionkapelle führte hingegen nur zu einer beispiellosen Serie von Niederlagen.

Und mag der Präsident der Adler auch verkünden, wenn es eine Logik im Fußball gebe, müsse Benfica Meister sein – die im Norden stört das nicht.

Längst gilt der Kampfeswille und der Einsatz der Drachen auch Ökonomen als beispielhaft.

Natürlich ist der F. C. Porto auch ein portugiesischer Club, d. h. hier haben professionelle Strukturen wie in anderen europäischen Vereinen noch keinen Einzug gehalten. Sorgen mußten sie sich bislang deswegen nicht machen, auch Steuerschulden in Millionenhöhe werden vom Staat nicht eingefordert. Hier wird sich möglicherweise in den nächsten Jahren etwas ändern. Und wie in anderen Ländern auch, hat das Fernsehen die Stadien geleert.

Aber Porto bietet seinen zahlreichen Mitgliedern mehr als nur mehr oder weniger gelungenen Ballsport – für die Anhänger ist es ein Stück Norden, ein Stück Heimat.

Den Drachen vom F.C. Porto sind die Vereinsfarben Blau und Weiß das Meer und der Himmel

rade keine interessante Ausstellung sein sollte, so lohnt doch ein Spaziergang durch die herrlichen Gärten dieser 18 ha großen Anlage.

Folgt man der Avenida da Boavista bis ans Ende, gelangt man an das Meer und zum Castelo do Queijo. Hier trennt sich, leicht erkennbar an den unzähligen Imbißwagen, das bürgerliche und wohlhabende Foz von der Arbeiterstadt Matosinhos mit ihrer fischverarbeitenden Industrie.

Vom im 17. Jh. errichteten Castelo aus bis zum Passeio Alegre an der Douro-Mündung zieht sich die herrliche Uferpromenade am Atlantik entlang. Werte über die Wasserqualität werden hier nicht bekannt gemacht, aber die vielen Badegäste stört das offensichtlich nicht. Auf jeden Fall sollte man eines der zahlreichen Cafés am Atlantik in Höhe der Pérgola aufsuchen und sich vor allem im Herbst von der Kraft der Wellen begeistern lassen. Beim Spaziergang trifft man auf die Statue des Steuermanns, den »Homem do Leme« von Augusto Gomes; in kaum einem portugiesischen Fotoalbum fehlt ein Porträt neben diesem Seefahrer auf halbversunkenem Schiff.

Wo der Douro in den Atlantik mündet, ist der Garten Passeio Alegre mit seinen großen, aus Afrika importierten Palmen. Hier hat die Fundação Eugénio Andrade ihren Sitz; sie ist einem der größten Dichter Portugals gewidmet. Und in den vielen am Meer geparkten Autos sitzen am Wochende ganze Familien: Vater liest Zeitung, Mutter strickt, und hinten spielen die Kinder.

Lohnend ist eine Fahrt durch Matosinhos nach Leça de Palmeira und weiter bis Boa Nova. Dort ist in einem der ersten Bauten von Siza Vieira die **Casa de Chá** 1 untergebracht, in der es sich mit Blick aufs Meer gut speisen läßt.

Portwein in Vila Nova de Gaia

Unkontrollierte Bauwut hat nicht nur die Vorstädte von Lissabon unansehnlich gemacht, auch die Ansiedlungen rund um Porto sind keine Augenweide, und das Verkehrschaos ist ebenso gewöhn-

Ein weltbekanntes Symbol

lich wie in der Hauptstadt, auch wenn eine neue Autobahnbrücke seit 1995 den Zugang zur Stadt von Süden her erleichtert. Und doch ist der Weg über den Douro ein Muß, denn in **Vila Nova de Gaia** 2 mit seinen mehr als 60 000 Einwohnern befinden sich die Portweinkellereien. Schon von den Cais de Ribeira aus sieht man die *barcos rabelos* auf dem grünen Wasser des Douro liegen, sie werden allerdings nicht mehr genutzt und dienen nur noch dem Tourismus. Die Portweinfirmen bieten in vielen Sprachen Führungen durch die Kellereien an, dort lernt man den Unterschied zwischen weißen und roten Portweinen kennen, wie lange er gelagert werden muß und was einen guten Jahrgang ausmacht. Und anschließend kann man seine Kenntnisse mit Blick auf Porto in einem Ufercafé noch vertiefen.

Kurz vor Porto: Espinho, Granja und Miramar

Ohne große Tradition, kaum zweihundert Jahre alt ist **Espinho** 3 mit seinen heute 25 000 Einwohnern in den wie auf dem Reißbrett entworfenen, durchnumerierten Straßen. Die Geschichte von Espinho, von Fischern aus Ovar gegründet, ist die des Kampfes gegen das Meer. Seit 1900 hat das Meer Hunderte von Gebäuden zerstört, und als 1874 die Eisenbahn eingeweiht wurde, war sie einen Kilometer vom Meer entfernt, heute gerade noch 200 m. Erst in den letzten Jahren scheinen Dämme das Vordringen des Meeres stoppen zu können. Die Stadt lebt heute unter anderem von chemischer Industrie und der Herstellung von Möbeln, vor allem aber auch vom Tourismus. Anziehungskraft übt auch das Spielcasino aus. Für einen Kurzbesuch sollte man sich den Montag reservieren, dann findet der vielbesuchte und bunte Wochenmarkt statt. Inmitten dieses lautstarken Treibens kann man von Fisch über Haushaltswaren, Kleidung und Lebendvieh so ziemlich alles erstehen, was ein ländlicher Haushalt braucht (S. 229).

Nur 4 km nördlich von Espinho liegt **Granja** 4, einer der bekanntesten Badeorte des Nordens und mit aristokratischem Ambiente. Viele der Villen sind Sommerresidenzen und stehen im Winter leer.

Miramar 5 ist Granja recht ähnlich, auch wenn die meisten der Villen in den großzügig angelegten Straßen jüngeren Datums sind. Der breite Strand ist aber stärker besucht. Da hier meist ein kräftiger Wind bläst, sollte ein Windschutz mit an den Strand genommen werden.

Von Porto bis zur Grenze

Vila do Conde

Schiffsbau und Spitzenklöppelei bietet 25 km nördlich von Porto **Vila do Conde** 6. Der Name der »Stadt des Grafen« mit ihren heute 21 000 Einwohnern wird erstmals 953 schriftlich genannt, wer aber jener Graf war, ist unbekannt. Vila do Conde besitzt einen langen Sandstrand, 800 Meter vom Zentrum entfernt. Hier mündet der Rio Ave, der 85 km entfernt in Cabreira entspringt, in den Atlantik. Der Fluß ist einer der industriell am stärksten belasteten, er durchquert das Vale do Ave mit seiner hohen Konzentration an Textilfabriken.

Südlich der Ave-Mündung beginnt ein 594 ha großes **Vogelschutzgebiet** 7, das bis Mindelo reicht. Dieses Gebiet wurde 1953 zur Beobachtung von Zugvögeln eingerichtet und wird von der Universität Porto betreut. Die Gegend ist dicht bewaldet und bei dem kleinen Städtchen Mindelo gibt es einen schönen Strand.

Auf einem Hügel über dem Rio Ave steht der monumentale Convento de Santa Clara aus dem 18. Jh. Die Igreja de Santa Clara ist eine ursprünglich gotische Kirche, die aber im 16. Jh. umgebaut wurde. Nachdem sie lange Zeit verlassen war, wurde sie zwischen 1928 und 1932 renoviert. Die Grabmäler von Dom Afonso Sanches und seiner Frau Teresa Martins in der Capela dos Fundadores sind ein hervorragendes Beispiel manuelinischer Kunst.

Das Aquädukt wurde im 18. Jh. von Filipo Terzi erbaut, um das Kloster mit Wasser zu versorgen, und besaß ursprünglich 999 Bögen, die aber im Laufe der Zeit deutlich dezimiert wurden. Am Marktplatz ist noch erwähnenswert die Igreja Matriz. Das berühmte, 1514 vollendete Portal gestaltete João Castilho. Manuelinische Einflüsse weisen auch das Rathaus und der davor befindliche *pelourinho* auf.

Neun bzw. elf Kilometer von Vila do Conde entfernt liegen zwei Ortschaften, die wegen ihrer Kirchen berühmt sind. Die romanische, aus Granit erbaute Igreja de São Cristovão in **Rio Mau** 8 stammt aus der Mitte des 12. Jh. und ist mit 25 m Länge, 8,50 m Breite und 7,30 m Höhe relativ klein. Interessant ist die einschiffige Kirche mit den drei Portalen wegen ihrer Schlichtheit. Im Giebelfeld des Westportals ist die Figur eines Bischofs zu sehen. Das Kreuz der Templer über dem Eingang verweist auf die Bauherren.

Ebenfalls romanischen Ursprungs ist die im 12. und 13. Jh. auf kreuzförmigem Grundriß erbaute Igreja de São Pedro de **Rates** 9, 11 km nordwestlich von Póvoa de Varzim. Der heilige Pedro, der erste christliche Märtyrer der iberischen Halbinsel, soll an dem Ort, wo sich heute die Kirche befindet, selbst ein kleines Oratorium errichtet und den Einheimischen gepredigt haben. Von römischen Soldaten soll er am Altar getötet worden sein.

Die Kirche wurde besonders im 17. Jh. und 18. Jh. stark verändert, so wurde etwa die Fensterrose über dem Eingangsportal durch ein rechteckiges Fenster ersetzt. Erst Mitte des 20. Jh. hat man das Bauwerk wieder in seinen ursprünglichen Zustand versetzt. Im Inneren der dreischiffigen Kirche sind vor allem die Kapitelle sehenswert. Die sorgfältig gearbeiteten menschlichen Figuren, die Masken, Vögel- und Tiermotive verdienen genauere Betrachtung.

SPANIEN
La Coruña
Santiago de Compostela
Melgaço
Monção 22
Valença do Minho 20
Tui
Monte do Faro 563 m
21
Minho
Castro Laboreiro
Serra da Peneda
Peneda-Gerês
Vila Nova de Cerveira 19
Paredes de Coura
Mezio
Seixas 18
Caminha 17
Moledo do Minho
16
Arcos de Valdevez 23
Serra do Soajo
Lindoso 34
Serra Amarela
1089 m
Vila Praia de Ancora 15
Ponte da Barca 24
Ponte de Lima 25
Lima
Serra do Gerês
Tourém 33
Caldas do Gerês 32
Santa Luzia
Viana do Castelo 14
Cabedelo
Vila Verde
Cávado
Tibães 26
Bom Jesus do Monte 28
Braga 27
Esposende 12
Barcelos 11
Falperra
Nossa Senhora do Sameiro 29
30
Praia de Ofir
Apúlia 13
Guimarães 31
Fafe
Penha
Rates 9
Vila Nova de Famalicão
Póvoa de Varzim 10
Rio Mau 8
Vila do Conde 6
Ave
Felgueiras
Trofa
Santo Tirso
Mindelo 7
Atlantik
Parque Natural do Alvão
Amarante
Vila Real
Boa Nova
Leça da Palmeira
Matosinhos 1
Penafiel
PORTO
Vila Nova de Gaia 2
Miramar 5
Granja 4
Douro
Espinho 3
N
0
15 km

Póvoa de Varzim

Nachdem 1875 die Eisenbahnlinie von Porto in das 28 km entfernte **Póvoa de Varzim** 10 ihren Betrieb aufgenommen hatte, wurde der Ort mit seinem Spielkasino schnell zum wichtigen Ferienort, auch heute noch gehört der Strand zu den meistbesuchten des Landes. Obwohl hier das erste Haus mit mehr als drei Etagen erst 1965 entstand und Póvoa erst 1973 Stadt wurde, hat der Ort mit seinem großen Fischerhafen doch genauso viele Einwohner wie das benachbarte Vila do Conde und inzwischen auch viele Hochhäuser. Póvoa de Varzim ist mit kunsthistorischen Sehenswürdigkeiten nicht reich gesegnet, aber ein Bummel durch die engen Gassen des Fischerviertels ist sehr zu empfehlen. Freunde von Meeresfrüchten kommen hier auf ihre Kosten.

Neben dem Geburtshaus von Eça de Queirós (1845–1900) steht das Denkmal von Leopoldo de Almeida. Er war ein Schriftsteller, der als Konsul in London und Paris lebte und als einer der wenigen portugiesischen Romanciers internationale Anerkennung fand.

Barcelos und Esposende

(S. 227) Hinter Póvoa de Varzim endet die alte Provinz Douro Litoral und beginnt der Minho, die fruchtbare und meist grüne Region des Nordens. Und aus **Barcelos** 11 stammt der berühmte Hahn, lange Jahre das Symbol des Landes, bis man sich 1995 dafür entschied, ein moderneres Logo zu wählen. Die Geschichte des Hahns von Barcelos gehört zu den bekanntesten des Landes: Durch Barcelos kamen viele Pilger auf dem Weg ins spanische Santiago de Compostela. Einer von ihnen wurde des Diebstahls bezichtigt und verurteilt. In seiner Verzweiflung bat er den heiligen Jakob um Beistand und rief dem Richter zu, als Beweis seiner Unschuld würde das Huhn, das zu verspeisen er sich gerade anschickte, vom Teller hüpfen und krähen. So geschah es, und der Mann wurde freigesprochen. Der Cruzeiro do Senhor do Galo aus dem 14. Jh. erinnert im archäologischen Freilichtmuseum an diesen Vorfall.

Eine steinerne Brücke vom Beginn des 14. Jh. und seit 1988 eine neue Brücke verbinden Barcelos und seine gut 6000 Einwohner mit dem anderen Ufer des Rio Cávado. Und von der Fruchtbarkeit der Region zeugt jeden Donnerstag der Markt von Barcelos, der größte der Region, auf dem Campo da República.

Die Igreja Matriz stammt aus dem 13. Jh., wurde aber im 14., 17. und 18. Jh. verändert. Sehenswert sind das Portal und die Fensterrose. Im Inneren der dreischiffigen Kirche finden sich Geschichten auf Azulejos aus dem 18. Jh.

Im Zentrum, am Campo da República, steht die Igreja da Nossa Senhora do Terço. Die Klosterkirche wurde zu Beginn des 18. Jh. vom Erzbischof von Braga gegründet, Baubeginn war 1707. Die einschiffige Kirche ist reich mit Azulejos, die Geschichten aus dem Leben des heiligen Benedikt zeigen, ausgestattet. Die Decke besteht aus 40 Gemälden mit biblischen Szenen.

Die Igreja das Cruzes aus dem ersten Viertel des 18. Jh. gilt als eine der schönsten Barockkirchen Nordportugals. Die Kirche hat einen oktogonalen

Grundriß, die Kuppel aus Granit mißt 10 m im Durchmesser. Das Innere ist reich mit vergoldetem Schnitzwerk ausgestattet. Bei den am 2. und 3. Mai stattfindenden Festas das Cruzes ist der Boden der Kirche mit Blumen übersät.

Fast zwei Meter dick sind die Granitmauern des Torre de Menagem, ein Stadtturm aus dem 15. Jh. Lange Zeit diente er als Gefängnis, heute als kunsthandwerkliches Zentrum. Tonwaren sind das Markenzeichen der Stadt, mehr als nur den immergleichen Hahn sieht man in den Räumen des Museu da Olaria am Largo de São Domingos.

Zusammen mit dem Badeort **Esposende** 12 kann man auch das Fischerdorf **Apúlia** 13 nennen, das über einen schönen Strand mit feinem Sand verfügt. Die Algenfischer tragen hier noch immer ihre alten Trachten.

Im Sommer ist Esposende an der Mündung des Cávado ein beliebtes Reiseziel der Portugiesen, dann vervielfacht sich die Zahl der ansonsten lediglich 2000 Einwohner. Auch Praia de Ofir, auf der anderen Flußseite gelegen, ist als Badeort zu empfehlen. Hier macht sich noch der angenehme Duft der Pinienwälder bemerkbar. Voll wird es an Som-

Strandszene in Apúlia

merabenden in Esposende rund um den 20 km weit strahlenden Leuchtturm, dann versammeln sich hier die Besucher, um den Sonnenuntergang zu genießen.

Viana do Castelo

(S. 240) ›Die Prinzessin des Lima‹ nennen die Portugiesen **Viana do Castelo** 14, Distrikthauptstadt am rechten Flußufer des Rio Lima. Die wichtigste Einnahmequelle der 20 000 Einwohner war der Schiffsbau, der aber in den letzten Jahren immer stärker zurückgeht. Gegründet wurde der Ort 1258 von Dom Afonso III., damals unter dem Namen Viana da Foz do Lima. Wegen seiner günstigen Lage hatten hier schon Griechen und später Römer den Hafen genutzt. Im 14. Jh. spielte Viana wegen dieses Hafens eine bedeutende Rolle bei den Entdeckungen. Einer der ersten Seefahrer unter Dom Henrique und zuständig für die Besiedlung der Azoren war Gonçalo Velho Cabral aus Viana. 1847 wurde die Burg von Viana 45 Tage von den Truppen der Junta do Porto belagert, aber die Bürger hielten zu ihrer Königin Dona Maria II. Wegen dieses Treuebeweises erhob die Königin Viana zur Stadt und nannte sie Viana do Castelo. Viana hat zwei vielbesuchte Strände, die Praia do Norte in unmittelbarer Nähe der Stadt und die Praia de Cabedelo am südlichen Ufer des Lima.

Daß Viana do Castelo eine der schönsten Städte Portugals ist, wird bei einem Rundgang durch die Altstadt deutlich. Hinzu kommt, daß die Stadt sich ohne Mühe zu Fuß erwandern läßt. Achten sollte man auf die Trachten, die zu den bekanntesten des Landes rechnen. Vom Rand der Altstadt aus sieht man die Brücke über den Lima, die Ende des 19. Jh. im Büro von Gustave Eiffel entworfen wurde und 563 m lang ist. Inzwischen aber reichte sie nicht mehr für den Verkehr und wurde 4 km entfernt durch eine neue Brücke (1992) ergänzt.

Im Zentrum der Altstadt liegt die kleine Praça da República, in deren Mittelpunkt der berühmte Renaissancebrunnen aus Granit steht, den João Lopes o Velho 1553 schuf. Das alte Rathaus mit seinen Arkaden wurde unter Dom Manuel I. begonnen; seine Symbole – Karavelle und Sphärenkugel – zieren es. Fertiggestellt wurde das Gebäude unter Dom João III., dessen Wappen dort auch zu sehen sind.

1520 begann der aus Viana stammende João Lopes o Moço mit dem Bau der Casa de Misericórdia, dem vielleicht schönsten Bauwerk der Stadt. An der dreigeschossigen Fassade sind 21 Figuren angebracht. Den Eingang zum früheren Krankenhaus bildet ein mit Skulpturen versehenes, aus Granit gefertigtes Renaissanceportal.

Vom Ende des 17. Jh. stammt die Igreja da Misericórdia. Lohnend ist das reich mit Holzschnitzereien ausgestattete Innere. Die Azulejos von Policarpo de Oliveira wurden 1714 in Lissabon hergestellt.

Im 15. Jh. entstand die Igreja Matriz mit ihren zwei Zinnentürmen, die jedoch grundlegend verändert wurde, zuletzt 1809, als die Kirche während der Invasion der napoleonischen Truppen durch Feuer beschädigt wurde. Von außen sind vor allem das Portal und die Fensterrose erwähnenswert. Im Inneren der dreischiffigen Kirche befindet sich die Kapelle der Seefahrer (16. Jh.).

Neben der Kirche steht die Casa de João Velho oder Casa dos Arcos. Das Haus des Seefahrers wurde im 15. Jh. erbaut. Erwähnenswert ist auch in der Rua de São Pedro die Casa dos Costas Barros mit dem schönen manuelinischen Fenster.

Das Museu Municipal befindet sich auf dem Largo de São Domingos bei der gleichnamigen Kirche aus dem 16. Jh. Das Museum lohnt vor allem wegen seiner Keramiksammlung, eine der umfangreichsten des Landes.

Viana do Castelo ist bekannt für gutes Essen, die meisten der Rezepte für *bacalhau* sollen von hier stammen. Ein gutes Restaurant befindet sich in der Rua Gago Coutinho 19, Cozinha das Malherias.

Die Wallfahrtskirche Santa Luzia

Mit herrlichem Panoramablick kann man im 5 km von Viana entfernten Hotel Santa Luzia auf dem Monte de Santa Luzia speisen. Einen Ausflug auf den Berg über der Stadt ist empfehlenswert. Von hier hat man einen schönen Blick über Viana und die Flußmündung. Wer nicht mit dem Auto unterwegs ist, kann die Zahnradbahn benutzen, die zur mächtigen Wallfahrtskirche Santa Luzia führt. Ruinen einer lusitanischen Siedlung finden sich in der Nähe der Kirche, die Citânia de Santa Luzia.

Vila Praia de Âncora, Moledo, Caminha

Es ist noch nicht lange her, da waren die Badeorte des Nordens Treffpunkte Portuenser Bürger: Man wußte genau, wen man wann in welchem Café antreffen würde. In den letzten Jahren aber wurden diese Orte von mehr und mehr Menschen besucht und sind nun im Sommer recht voll.

Besonders kindergeeignet ist der Strand in dem hübschen Fischerort **Vila Praia de Âncora** 15, ganz allmählich geht es hier ins tiefe Wasser. Am nördlichen Ende wird der Strand durch einen kleinen Hafen und eine Festung von 1690 begrenzt. Der Ort zieht sich etwa einen Kilometer entlang der Eisenbahnlinie hin. Bekannt ist vor allem die jährlich am 2. September stattfindende Festa dos Homens do Mar mit einer beeindruckenden Prozession, bei der die von den Fischern verehrte Senhora da Bonança in einem Boot mitgeführt wird.

Ganz in der Nähe findet sich das Dolmengrab von Barrosa, es ist eines der besterhaltenen Zeugnisse der Steinzeit in Portugal.

Moledo do Minho 16 wurde schon die heimliche Algarve genannt, so beliebt wurde in den letzten Jahren der schöne Strand, auch wenn die Wassertemperaturen im Norden immer recht frisch sind. Die Eisenbahn trennt Ort und Strand. Kurz hinter Moledo mündet der Rio Minho in der Atlantik und bildet die Grenze zu Spanien.

(S. 228) **Caminha** 17, am Rio Minho und am Coura gelegen, gehört gewiß zu den malerischen Orten des Landes. Zentrum des im Mittelalter entstandenen Fischerortes ist die Praça do Conselheiro Silva Torres mit dem Renaissancebrunnen aus Granit von João Lopes in der Mitte. Die Casa dos Pitas wurde 1490 von dem Galizier Inigo Lopes de Anucibay errichtet. Ebenfalls an diesem zentralen Platz steht das Rathaus (16. Jh.) mit der prächtigen Kassettendecke aus Kastanienholz.

Beim Rathaus befinden sich die Igreja da Misericórdia von 1551 und der Torre do Relógio. Der Durchgang im Turm war früher der Hauptzugang zur Stadt.

Das bekannteste und wohl bedeutendste Bauwerk ist aber die Igreja Matriz. Der Bau dieser gotischen Kirche mit dem schönen Hauptportal und der Fensterrose begann 1480, vollendet wurde er im letzten Regierungsjahr von Dom João III., 1556. Erster Baumeister dieser ganz aus Granit gefertigten Kirche mit dem wuchtigen Seitenturm war Pero Galego, aber auch spanische Architekten wirkten mit. Aufmerksamkeit verdient das Seitenportal mit den darüber angebrachten Figuren der Evangelisten Markus und Lukas und den Aposteln Petrus und Paulus. Im Inneren sind die drei Schiffe durch fünf Rundbögen getrennt. Besonders schön sind die Holzdecken. Die Capela dos Mareantes stammt vom Anfang des 16. Jh. Von den Fischern wurde ein dort aufbewahrtes Jesusbild verehrt, das um die Zeit des Baubeginns dieser Kirche beim Fischen in einem Netz gefunden worden sein soll.

Das Essen im Minho ist gut und sehr reichlich, das gilt auch für Caminha. Und es ist insgesamt etwas teurer als im Süden. Ganz in der Nähe, in **Seixas** 18, gibt es ein bekanntes und sehr gutes Restaurant: Napoléon, Lugar de Coura (So abend und Mo geschl.).

Über Vila Nova de Cerveira nach Valença do Minho

Auf dem Weg von Caminha nach Valença do Minho kommt man nach 12 km nach **Vila Nova de Cerveira** 19, einem kleinen Ort am Minho mit den Ruinen einer mittelalterlichen Burg. Die Festung aus der Zeit von Dom Afonso III. dient heute nach ihrem Umbau als Pousada. Das kleine Städtchen hat eine Kirche (16. Jh.) und eine Reihe sehr gut erhaltener Villen aus dem 17. und 18. Jh.

(S. 240) Nach weiteren 13 km gelangt man nach **Valença do Minho** 20, im Mittelalter ein Rastplatz für die Pilger auf dem Weg nach Santiago. Von hier kann man auf die spanische Seite nach Tui gelangen. Unter Dom Sancho I. hieß die Stadt Ende des 12. Jh. noch Contrasta, da sie Tui gegenüberstand. Der aktuelle Name wurde ihr von Dom Afonso III. gegeben. Die Festungsanlage mit den zwei Haupttoren, der Porta do Sol und der wappengeschmückten Porta da Coroada, stammt allerdings erst aus dem 17. Jh. Innerhalb des Walls befindet sich die 1962 eingeweihte Pousada São Teotónio. Von hier aus sieht man das ganze Panorama des Rio Minho. Valença gefällt vor allem durch seine Atmosphäre. Beim Spaziergang durch die Stadt sollte man rund um die Praça da República auf die Häuser aus Granit mit den schönen Balustraden und Balkonen achten. Von Interesse ist die Igreja de Santo Estevão: Sie hat eine Renaissancefassade, ist dreischiffig gestaltet, und in der Hauptkapelle finden sich Bilder aus dem 7. Jh. Am Ende der Rua Direita steht die Igreja Matriz, eine romanische Kirche aus dem 12. Jh., die aber im 20. Jh. stark verändert wurde.

Fünf Kilometer östlich von Valença genießt man von dem 563 m hohen **Monte do Faro** 21 einen der schönsten Blicke über den Minho.

Monção

(S. 239) Inmitten grüner Weinstöcke, Felder und Pinienwälder liegt **Monção** 22, das Weinkenner wegen des Alvarinho schätzen, des bekanntesten *vinho verde*. Die kleine Stadt mit ihren 3000 Einwohnern wird durch den Rio Minho von Galizien getrennt. Die hübsche Altstadt ist von den Mauern der alten Festungsanlage umgeben, die alte Festung selbst wurde Ende des 19. Jh. großer Teile beraubt. Von der zentralen Praça Deu-la-Deu aus gelangt man durch die Rua Direita zur Igreja Matriz, einer romanischen Kirche (Ende des 12. Jh.), die aber im 16. und 17. Jh. einige Änderungen erfuhr. Erkennbar ist der romanische Ursprung noch am Portal. In der Capela Manuelina findet man die liegende Statue von Dom Vasco Marinho von 1531. Von 1679 stammt der Kenotaph der Deu-la-Deu Martins, der Heldin der Stadt aus dem Krieg mit den Spaniern im 14. Jh. Höhepunkt des Jahres und Touristenattraktion ist die Festa da Coca an Christi Himmelfahrt. Dann besiegt St. Georg alljährlich das Böse in Form eines Drachen.

Am Flußufer besitzt Monção ein kleines Thermalbad, das vom 15. Juni bis zum 31. Oktober geöffnet ist. Das 49,5° C warme Wasser soll bei Rheumatismus und Bronchitis helfen.

6 km südlich der Stadt steht der Palácio da Brejoeira, den der Adelige Simão Pereira zwischen 1804 und 1828 erbauen ließ. Leider ist der Palast mit seiner gepflegten Parkanlage für Besucher nur von außen zu bestaunen.

Arcos de Valdevez, Ponte da Barca, Ponte de Lima

Wenn man von Monção südlich fährt, gelangt man nach **Arcos de Valdevez** 23. Im Mittelalter war die Stadt wichtig für den Handel zwischen Nordportugal und Galizien, davon zeugen die alten Brücken in diesem gemütlich an beiden Ufern des Rio Vez liegenden Städtchens mit seinen 2500 Einwohnern. Berühmt ist das Turnier von Valdevez, bei dem Dom Afonso Henrique mit seinen Truppen

Allee in Ponte da Barca

1140 gegen seinen Vetter Afonso VII. gewann und sich fortan König von Portugal nannte.

Geht man hinauf durch die aus Granit gebauten Straßen des Stadtkerns, kommt man zur sehenswerten Casa do Terreiro (18. Jh.) mit ihrer Veranda aus Eisen. Die kostbaren Decken sind aus vergoldetem Holz oder bemaltem Stuck. In der Nähe steht die Igreja Matriz von 1372, die aber im 17. Jh. vollständig verändert wurde.

Unterhalb steht ein manuelinischer *pelourinho* von João Lopes o Velho, von dem auch die Brunnen in Caminha und Viana do Castelo stammen.

5 km südlich von Arcos de Valdevez liegt am südlichen Ufer des Rio Lima und umgeben von Bergen **Ponte da Barca** 24. Die 200 m lange Brücke mit ihren zehn Bögen stammt aus dem 15. Jh., wurde aber im 18. und 19. Jh. erweitert. In der Nähe der Brücke am Fluß steht ein alter *pelourinho* (16. Jh.) mit manuelinischem Wappen.

Das bedeutendste Monument von Ponte da Barca liegt 4 km außerhalb in Richtung Ponte de Lima: die romanische Igreja de Bravães. Die schlichte Kirche ließ gegen Ende des 11. oder zu Beginn des 12. Jh. Dom Vasco Nunes erbauen. Das Portal der Westfassade ist reich mit Figuren verziert. Die acht Säulen sind alle unterschiedlich gestaltet, auffallend darunter zwei menschliche Figuren, die vollständig dargestellt sind. An der Türöffnung zwei stilisierte Stierköpfe. Am Südportal ist ein Agnus Dei zu sehen. Das Innere der einschiffigen Kirche ist schlicht, bemerkenswert ist die Fensterrose.

(S. 237) Nach seiner Brücke benannt ist **Ponte de Lima** 25, einer der schönsten Orte im Minho. Mit 15 großen und 12 kleinen Bögen wurde das Bauwerk auf dem Fundament einer römischen

Brücke errichtet. Hier lief die alte Militärstraße von Braga nach Tui entlang. 1360 wurde die Brücke unter der Regierung von Dom Pedro I. restauriert. Von der alten Stadtmauer aus dieser Zeit stehen noch zwei Türme. Des weiteren gibt es einen *pelourinho* und einen Brunnen aus dem 17. Jh. Von den Häusern hervorzuheben sind der manuelinische Palast der Viscondes de Vila Nova de Ceveira sowie der Solar do Conde de Aurora aus dem 18. Jh. *Solares* (Landsitze) gibt es im Minho und besonders in der Gegend um Ponte de Lima zahlreich. Der berühmteste ist der 5 km entfernt in Richtung Viana liegende Solar de Bertiandos. Allein die Front dieses Landsitzes mißt 70 Meter. Sehenswert ist auch der 8 km entfernt am linken Ufer des Lima gelegene Paço do Vitorino (18. Jh.), berühmt vor allem wegen der Gärten.

Auf dem Weg nach Braga lohnt ein Ausflug nach **Tibães** 26, 5 km nördlich gelegen. Zwischen Landhäusern und Weinbergen erhebt sich dort ein ursprünglich romanisches, jetzt aber barock gestaltetes Benediktinerinnenkloster aus dem 18. Jh. Wie viele andere Kirchen der Benediktiner wurde es durch die Ende des 16. Jh. getroffene Entscheidung, alle alten Einrichtungen dieses Ordens abzureißen und neu zu errichten, verändert. Das Kloster wurde umgebaut und dient nun auch für Kongresse und Seminare; der ganze Ort strahlt eine große Ruhe aus.

Braga

(S. 227) Wenn in Porto gearbeitet und in Lissabon gelebt, dann wird dem Sprichwort nach in **Braga** 27 gebetet. Aber die Stadt mit knapp 85 000 Einwohnern hat nicht nur mehr als 30 Kirchen, sondern ist auch ein Industriezentrum des Nordens, besitzt eine wichtige staatliche Universität und expandiert, wie man am weniger schönen Stadtrand erkennt. Braga war in der Zeit der Römer als Bracara Augusta Provinzhauptstadt. Schon im 4. Jh. wurde die Stadt zum Bischofssitz. 715 wurde Braga von den Arabern

In Porto wird gearbeitet, in Lissabon gelebt und in Braga wird gebetet

zerstört, und erst im 11. Jh. erwachte die Stadt nach der Rechristianisierung unter Bischof Dom Pedro zu neuem Leben, Bischöfe bestimmten jahrhundertelang das Schicksal dieser Stadt. Für das architektonische Erscheinungsbild waren besonders die Bischöfe Dom Diogo de Sousa zu Beginn des 16. Jh. und Dom Rodrigo de Moura Teles Anfang des 18. Jh. verantwortlich; Barock ist der in Braga vorherrschende Stil.

Politisch war Braga in diesem Jahrhundert von Bedeutung, hier begann unter General Gomes da Costa am 28. Mai 1926 die Militärdiktatur, die bis zum 25. April 1974 dauern sollte.

Im Stadtzentrum steht die Sé. Das genaue Datum des Baubeginns der Kathedrale läßt sich nicht feststellen, aber vermutlich wurde zu Anfang des 12. Jh. damit auf den Ruinen einer alten, von den Arabern zerstörten Kirche begonnen. Durch die Jahrhunderte wurde die von den Häusern der Altstadt bedrängte Sé dann erweitert und verändert. Der Kreuzgang war 1110 fertig, ab dem 13. Jh. wurden die Seitenkapellen hinzugefügt. Im 16. Jh. wurde die Kirche dann unter Diogo de Sousa verändert, einer der Baumeister war der berühmte João Castilho. Im 17. und 18. Jh. kamen schließlich die barocken Elemente hinzu. Auch wurde der alte Kreuzgang zerstört und der jetzt existierende errichtet.

Von dem ursprünglich romanischen Bau sind noch das Südportal, die Porta do Sol, und Teile des Hauptportals und des Querschiffes erhalten. Der Vorbau mit schönem schmiedeeisernen Gitter und die Hauptkapelle sind gotisch, die Fassade mit den beiden Türmen ist vom Barock bestimmt.

Besondere Beachtung verdient von außen an der Wand des Chors die Nossa Senhora da Leite, eine anmutige Darstellung der stillenden Jungfrau aus der Zeit zwischen Gotik und Renaissance.

Gleich am Eingang der dreischiffigen Kirche steht ein manuelinisches Taufbecken. Beeindruckend sind die gewaltige Orgel aus dem 18. Jh. und das aus exotischen Hölzern gefertigte Chorgestühl. Das Gewölbe im Chor ist ein Meisterwerk aus Stein und stammt von João de Castilho. Die Statue der Santa Maria de Braga aus dem 14. Jh. zeigt die Schutzheilige der Sé. In der Chorkapelle ist das Grab des Märtyrers São Pedro de Rates, Azulejos zeigen Szenen aus seinem Leben.

Gleich beim Eingang in der Seitenkapelle steht das kupferne Grabmal des Infanten Dom Afonso, 1400 im Alter von zehn Jahren gestorben. In der Capela dos Reis stehen die Grabmäler des Grafen Dom Henrique und seiner Frau Dona Teresa mit ihren ruhenden Figuren. In der Capela de São Geraldo ist der erste Erzbischof von Braga beigesetzt; die ihn darstellende liegende Figur ist aus Holz gefertigt. Erwähnenswert ist schließlich noch der Sarkophag des Erzbischofs Dom Gonçalo Pereira, Großvater von Nuno Álvares Pereira, dem Sieger der Schlacht von Aljubarrota.

Zur Kirche gehört auch das Museum für sakrale Kunst, das sich seit 1930 hier befindet. Hier sieht man religiöse Bilder, Azulejos, ein Kreuz aus dem 12. Jh., manuelinische Silberpokale und das Kreuz, das Pedro Álvares Cabral mit nach Brasilien nahm und das dort – der Sage nach – bei der ersten Messe Verwendung fand.

In der Nähe der Sé ist auf den Ruinen des alten Bischofspalastes die Bibliothek erbaut worden. Mit etwa 250 000 Bänden ist sie eine der größten des Landes. Gegenüber steht die Igreja da Misericórdia, eine im Stile der italienischen Renaissance um 1560 errichtete Kirche.

1525 ließ Dr. João Coimbra die Casa do Coimbra und die Capela dos Coimbras errichten. Das Wohnhaus wurde 1909 fast volllständig neu erbaut. Die Kapelle wirkt wie ein gekrönter, mit Skulpturen und Ornamenten reich verzierter Turm.

Der üppigen Küche des Nordens hat Braga noch eigene Gerichte hinzugefügt, etwa die *frigideiras à moda de*

Braga, mit Hackfleisch und Schinken gefüllte Blätterteigpasteten. Und fast alle Restaurants bieten hier traditionsbewußt *bacalhau* an. Zu empfehlen ist das Restaurant Narcisa (Sa geschl.) am Largo 1 do Maio 25.

Die Umgebung von Braga

Unbedingt lohnend ist ein Besuch des 3 km östlich in 400 m Höhe gelegenen **Bom Jesus do Monte** 28. Der Ort wird wegen seiner Lage und der im Sommer angenehm kühlen Temperaturen oft mit Sintra verglichen. Zu der Kirche gelangt man mit dem Auto oder mit der ersten in Portugal gefertigten Zahnradbahn von 1862. Wer gut zu Fuß ist, sollte den Weg über die rund 1000 Stufen der Via Sacra mit ihren Kapellen und Skulpturen wählen. Belohnt wird der Aufstieg mit einem herrlichen Blick. Die Igreja do Bom Jesus wurde 1811 fertiggestellt, wird aber erst seit 1857 für den Gottesdienst genutzt. Die gewaltige Barockkirche ist eines der ersten Werke des Architekten Cruz Amarante.

2 km entfernt steht in 566 m Höhe auf dem Berg Espinho das Santuário de **Nossa Senhora do Sameiro** 29. Von hier hat man wiederum einen herrlichen und weiten Blick über die Region. Die ganze Anlage lebt von ihrer Einbettung in die Landschaft, ansonsten ist sie eher monumental als architektonisch gelungen. Der Ort ist ein bekannter Wallfahrtsort, zu dem Ende Mai und Ende August unzählige Gläubige pilgern. Das Restaurant dort ist bekannt wegen seiner Wildgerichte und auch an kalten Tagen wegen eines schönen Kamins angenehm.

Von Sameiro aus führt eine Straße nach **Falperra** 30 und zur Igreja de Santa Maria Madalena, ein Meisterwerk barocker Baukunst des 18. Jh.

Bom Jesus do Monte

Guimarães

(S. 231) Die Stadt **Guimarães** 31 nennt sich selbst Wiege der Nation, sie war Portugals erste Hauptstadt. An einem Turm am Eingang der Altstadt steht in großen Buchstaben: Hier wurde Portugal geboren. Und wie so viele andere Städte auch, ist sie unterteilt in eine gepflegte, etwas museal wirkende Altstadt und eine weniger ansehnliche Neustadt mit Schuh- und Textilfabriken und Wohnvierteln, denen man ansieht, daß stadtplanerische Konzepte bei der Entstehung keine Rolle spielten.

Am höchsten Punkt der Stadt liegt die Burg. Zwischen 959 und 968 ließ die Gräfin Mumadona die Burg zur Verteidigung erbauen. Ihr heutiges Aussehen verdankt die Burg vor allem Graf Dom Henrique, dem Vater von Dom Afonso Henriques. Der erste König Portugals wurde hier 1109 geboren. Unweit der Burg, in São Mamede, gewann der spätere König dann am 24. Juni 1128 die

Schlacht gegen die Truppen seiner Mutter, ein Sieg, der in der Folge zur Gründung des Königreichs Portugal führte.

Die Burg erhebt sich auf dem Grundriß eines Ritterschilds und hat acht Türme. Im Zentrum der Anlage steht der 27 m hohe Torre de Menagem, ein Teil der Fassade ist begehbar.

Unweit der Burg steht die kleine romanische Igreja de São Miguel do Castelo, in der Dom Afonso Henriques getauft wurde. Das Taufbecken ist noch vorhanden. Die Kapelle soll vom Vater des Königs gegründet worden sein. Aus dem 15. Jh. stammt der hervorragend restaurierte und als Museum genutzte Paço Ducal der Fürsten von Bragança und Guimarães. Ein französischer Architekt erbaute diesen Palast in normannischem Stil (1442 fertiggestellt). Damals galt er als einer der prächtigsten des Landes. Im 19. Jh. diente der Palast teilweise einem Infanterieregiment der Stadt als Kaserne, 1933 wurde er dann vollständig renoviert und mit alten Möbeln ausgestattet, so daß der Besucher eine Vorstellung der feudalen Lebensverhältnisse bekommt. Ein Zimmer ist stets für den Besuch des Staatspräsidenten reserviert.

Unweit der Anlage trifft man auf die Statue von Dom Afonso Henriques. Die 1874 gefertigte Bronzefigur von Soares dos Reis zeigt den portugiesischen König als Kreuzritter. Bis 1940 stand die Figur auf einem anderen Platz, dem Largo do Toural, bevor sie an diesen Standort versetzt wurde.

Weiter unten steht der Convento do Carmo (17. Jh.). Die erst später angebrachten Azulejos passen nicht recht zu der schönen Barockfassade und dem Portal.

Durch die alte Rua de Santa Maria, in der früher die Adeligen, dann die reichen Bürger wohnten, kommt man zum ehemaligen Convento de Santa Clara. Übrig geblieben sind von dem 1735 von José Moreira errichteten Kloster nur die Barockfassade und der Kreuzgang, in den Räumlichkeiten hat nun das Rathaus seinen Sitz. Und in der ehemaligen Klosterkapelle befindet sich das Stadtarchiv.

An der Ecke der Rua Santa Maria zum Largo da Oliveira ist in einem alten Herrenhaus die Pousada da Nossa Senhora da Oliveira untergebracht. An der Nordseite dieses Platzes steht das alte, im 14. Jh. begonnene Rathaus mit seinen gotischen Arkaden.

Auf der anderen Seite befindet sich die Igreja da Nossa Senhora da Oliveira, ursprünglich eine romanische Kirche. Nach dem Sieg von Aljubarrota ließ Dom João I. Ende des 14. Jh. die dreischiffige Kirche vollständig erneuern. Der freistehende manuelinisch gestaltete Glockenturm stammt von 1505. Bei Umbauarbeiten Anfang des 19. Jh. wurde leider vieles zerstört.

Teil des Museums Alberto Sampaio ist der ursprünglich romanische Kreuzgang, es erstreckt sich noch auf den Kapitelsaal und weitere Räume. Im Inneren des Kreuzgangs stehen Skulpturen aus Kalkstein (14. und 15. Jh.) Die Sala de Santa Clara zeigt Werke aus der ehemaligen Konventskirche. Im ersten Stock ist ein Saal alten Holzskulpturen vorbehalten. Patrioten wertvoll ist in der Sala de Aljubarrota der Umhang, den Dom João I. bei dem Sieg über die Spanier trug.

Weiter geht es bis zum Largo da República do Brasil. Am Ende einer Allee steht dort die Igreja dos Santos Passos. Diese Barockkirche mit ihren zwei spitzen Türmen ist besonders auffällig wegen der Azulejos an der Fassade.

Westlich davon findet man die Igreja de São Francisco. Der Bau der ursprüng-

Eines der vielen Bergdörfer im Nationalpark Peneda-Gerês

lich dreischiffigen Franziskanerkirche wurde 1400 von Dom João I. gewährt. Eigentlich gotisch, wurde sie aber im 18. Jh. stark verändert, heute präsentiert sie sich einschiffig. Vom alten Gotteshaus blieben noch der Kreuzgang mit dem Granitbrunnen und der Kapitelsaal. Das Innere ist mit Azulejos aus dem 17. Jh. bestückt, der Altar überreich mit Gold verziert. Sehenswert sind die Sakristeien des Klosters und der Kirche mit bemalten Kassettendecken.

Am Rande des Largo do Toural, in der Rua Paio Galvão, befindet sich hinter einer Art-déco-Fassade das Museu Martins Sarmento mit seiner wertvollen Bibliothek von ca. 70 000 Bänden. Außerdem zeigt man archäologische Funde, die in der 15 km entfernten Citânia de Briteiros im vergangenen Jahrhundert unter der Leitung des Archäologen Martins Sarmento gemacht wurden. Ebenso finden sich hier Stücke aus Sabroso und Penha. Das Museum ist eines der wichtigsten Nordportugals, was die Exponate betrifft; leider sind die Räume bei weitem nicht ausreichend.

Der Nationalpark Peneda-Gerês

■ (S. 231) Über mehr als 71 000 Hektar erstreckt sich der 1971 gegründete Nationalpark entlang der nordöstlichen portugiesisch-spanischen Grenze. Er umfaßt die Bezirke Viana do Castelo, Braga und Vila Real, die Serra do Gerês vom Rio Cávado bis zum Lima, Teile der Gebirge Amarela, Peneda und Soajo. 114 Dörfer mit etwa 11 000 Bewohnern befinden sich in dieser Zone. Das Gebiet ist regenreich, von Stauseen durchzogen. Seine Flora ist außerordentlich vielfältig, sie besteht oberhalb von 1200 m allerdings hauptsächlich aus Pinien. Nir-

Richtig Reisen *Tip*

Wandern in Portugal

Ohne Führer ist es schwer, Wege im Gerês im Alentejo oder durch die verlassenen Dörfer der Serra de Lousã zu entdecken, da es auch kaum geeignetes Kartenmaterial für Wanderungen gibt. Auch die Wege im Park Peneda-Gerês sind ein beliebtes Ziel. Übernachtet wird in einfachen Pensionen, das Natur- und Gemeinschaftserlebnis steht an erster Stelle.

Gruppenwanderungen am Wochenende oder auch länger in den Gebirgen Portugals organisiert: Rotas do Vento, Rua dos Lusíadas 5, 4°K, 1300 Lissabon, ✆ 01-3 64 98 52.

gendwo in Portugal finden sich so viele verschiedene Tierarten wie hier. Auch wenn portugiesische Jäger auf fast alles schießen, was sich bewegt, haben hier Wölfe und Adler, Hirsche und Wildkatzen noch überlebt.

In das kleine Thermalbad **Caldas do Gerês** 32 dringen wegen des Pinienwaldes der umgebenden Hügel nur wenige Sonnenstrahlen. Auch im Sommer sind die Temperaturen angenehm, die Umgebung lädt zum Wandern ein. Vom 15. Mai bis zum 15. Oktober werden hier mit 42° C warmem Wasser vor allem Leberschäden kuriert.

Am nordöstlichen Rand des Nationalparks bei **Tourém** 33 lohnt ein Spaziergang zu den Ruinen des Klosters Pitões das Júnias. Am Friedhof kann man den Wagen parken, von dort führt der Weg in Stille und Einsamkeit zu dem im 12. Jh. gegründeten Benediktinerkloster. Das kleine Dorf selbst vermittelt noch einen Eindruck davon, wie die Menschen jahrhundertelang lebten. Sie waren in einer Art Urkommunismus organisiert, in dem die einzelnen Dörfer ihre Mitglieder bestimmten, um ihre Interessen zu vertreten. Noch heute ist in einigen der sich allmählich leerenden Dörfer davon der Brauch der gemeinsamen Weideplätze erhalten geblieben. In Tourém gibt es den großen *forno do povo,* wo noch immer gemeinsam Brot gebacken wird.

Ebenfalls in Pitões wie auch in Castro Laboreiro, Mezio oder Tourém finden sich jahrtausendealte Dolmen, die auf eine frühe Besiedlung dieser Region hinweisen.

Beim Besuch in **Lindoso** 34, wo ein Stausee seit 1993 das alte Dorf unter seinen Fluten begraben hat, kann man einige der schönsten und für den Norden Portugals typischen *espigueiros* sehen. 48 dieser hochgestellten Getreidespeicher finden sich neben dem alten Schloß.

›Das Land hinter den Bergen‹

Montanhas

Die Region im Landesinneren besteht aus den alten Provinzen Trás-os-Montes und Beira Interior. Während Trás-os-Montes, ›das Land hinter den Bergen‹, durch den Schriftsteller Miguel Torga eine gewisse Bekanntheit erlangt hat, ist die Beira Interior nahezu unbekannt, Touristen durchqueren sie meist recht eilig auf dem Weg an die Küste oder nach Lissabon. Die Gegend wird aber auch von der Hauptstadt Lissabon vernachlässigt, Mittel zur Verbesserung der Lebens- und Arbeitsqualität fließen spärlich, so daß viele Jugendliche wegziehen müssen und die Dörfer sich allmählich leeren.

Landschaftlich ist die Region sehr reizvoll und abwechslungsreich, Stauseen und Flüsse, Naturparks, Berge, Kurorte und ansprechende Städte machen diesen Teil Portugals für den Reisenden attraktiv.

Vila Real

(S. 240) Wo die Flüsse Cabril und Corgo zusammenfließen, am Rande der Serra do Marão, liegt über 400 m hoch **Vila Real** 1, ›die königliche Stadt‹, die wenig Königliches ausstrahlt und insgesamt recht dunkel wirkt. Dennoch gibt es einiges, das den Besuch lohnt.

Sehenswert ist in der Bezirkshauptstadt mit staatlicher Universität die Igreja de São Domingos oder Sé de Vila Real. Das gotische Gotteshaus wurde im 15. Jh. erbaut. Interessant an der dreischiffigen Kirche sind besonders die reich verzierten Kapitelle, hier finden sich, naturalistisch gestaltet, Menschendarstellungen, Tierfiguren und florale Motive.

Die Igreja dos Clérigos mit ihrer harmonisch gestalteten Fassade und den das Portal flankierenden Doppelsäulen wird Nasoni zugeschrieben. Im Inneren der einschiffigen Kirche sind die Azulejos mit biblischen Szenen sehenswert.

Ein kleiner Spaziergang zum Friedhof lohnt wegen des hübschen Blicks über das Tal, das auf der gegenüberliegenden Seite allerdings weniger gelungene Bauten hat.

Nur 3 km östlich von Vila Real liegt in **Mateus** 2 einer der schönsten Landsitze Portugals. Der Ortsname wird Weintrinkern bekannt sein, von hier stammt der in Deutschland bekannteste portugiesische Wein, der Mateus Rosé. Der Palácio de Mateus entstand in der ersten Hälfte des 18. Jh. und gilt als das Meisterwerk von Nasoni. Rund um den Palast sieht es heute etwas anders aus, der Park wurde erst 1933 angelegt, und der Teich stammt von 1961. Beeindrukkend ist die Fassade. Durch die zwei vorgezogenen Seitenflügel entsteht ein offener Innenhof. Die weiblichen Figuren über dem Eingang symbolisieren die Weisheit und die Gerechtigkeit. So kostbar, wie der Palast von außen wirkt, ist er auch im Inneren gestaltet. Hier befindet sich eine Bibliothek, deren beste Stücke aber im Museum des Palastes zu finden sind. Die vielen wertvollen Bücher von und über Camões verdanken wir dem Hausherrn, der sich dem Werk des Nationaldichters verschrieben hatte. Alle Jahre findet in dieser herrlichen Umgebung ein Dichtertreffen statt.

Auf dem Weg von Vila Real in Richtung Norden nach Chaves kommt man an einigen der bekanntesten Kurorte Portugals vorbei (Saison vom 15. 7.–15. 10.): Nach 35 km trifft man in 600 m

In Mateus liegt einer der schönsten Landsitze Portugals

Höhe auf den Ort **Pedras Salgadas** 3 – Água das Pedras ist der Name des bekanntesten Mineralwassers im Lande. Inmitten eines herrlichen Parks liegt das 1879 erbaute Grande Hotel.

18 km vor Chaves liegt **Vidago** 4. Das Mineralwasser dieser Quelle soll vor allem bei Magenbeschwerden helfen. Das Grande Hotel hier wurde 1873 vollendet. Neben dem Kurbetrieb gibt es in dieser schönen Landschaft viele Freizeitmöglichkeiten, Golf, Reiten, Schwimmen und Tennis. Das Entstehen des Kurbetriebs geht auf einen magenkranken Landarbeiter zurück, der 1863 zufällig von der Mineralquelle getrunken hatte und genas. Einige Jahre später weilte dann schon König Dom Luís zur Kur.

Chaves

(S. 229) Gemächlich fließt der Rio Tâmega unter der alten Römerbrücke mit ihren zwölf Rundbögen. Die aus Granit gefertigte, 140 m lange Brücke wurde um das Jahr 100 erbaut. Trauerweiden säumen den Uferrand, und auf dem Fluß schwimmen Tretboote und Schwäne, von den Cafés und Restaurants aus läßt sich das sehr gut beobachten.

Alles in Chaves, das aufgrund seiner Grenzlage zu Spanien wegen der vielen Schmuggler berühmt ist, ist heller und freundlicher als in Vila Real.

Schon zu Zeiten der Römer war **Chaves** 5 eine bekannte Stadt, auch wegen seiner Thermalquellen. Mit 73° C, so warm wie nirgends sonst auf der Iberischen Halbinsel, kommt das Wasser aus der Erde. Hilfreich ist es bei Rheumatismus und Lebererkrankungen.

Der Rio Tâmega teilt die Stadt in zwei Hälften, für den Reisenden interessanter ist die westliche Seite. In den Läden der kleinen Straßen wird man überall auf Schinken treffen, der luftgetrocknete aus Chaves gehört zu den bekanntesten des Landes.

Unter Dom Dinis wurde im 14. Jh. die Burg erbaut. Übrig blieb von der mittelalterlichen Anlage nur der imposante, 28 m hohe Torre de Menagem. Von dem Platz aus genießt man einen schönen Blick.

Unweit der Burg steht die Igreja Matriz oder Santa Maria Maior, eine ursprünglich romanische Kirche, die im 16. Jh. weitestgehend verändert wurde. Erhalten haben sich noch das romanische Portal und Teile des gewaltigen Turms.

Interessant ist noch die Igreja da Misericórdia, Barockkirche aus dem 17. Jh. Sehenswert sind vor allem die Fassade und die Azulejos mit Darstellungen aus der Bibel, u. a. auch des Abendmahls.

Knapp 30 km nordwestlich von Chaves entfernt, inmitten der Serra do

Larouco, liegt das Dorf **Vila de Perdizes** 6. Hier findet unter der Leitung eines Pfarrers seit 1986 einmal im Jahr (Anfang September) ein mittlerweile sehr bekanntes Treffen der *medicina popular,* der Volksmedizin statt, bei dem traditionelle Heilverfahren aller Art präsentiert werden.

Bragança

(S. 227) In den Bergen von Trás-os-Montes, am Fuße der Serra da Nogueira liegt 700 m hoch und 22 km von der spanischen Grenze entfernt **Bragança** 7, die Stadt mit der mittelalterlichen Festungsanlage. Und der Duque de Bragança,

»Das steinerne Floß« – Neue portugiesische Literatur

Wie kaum in einem anderen Land im 20. Jh. wird eine ganze Literatur von einem Namen überstrahlt: Fernando Pessoa. Noch unscheinbarer als seine Nachbildung in Bronze vor dem Café Brasileira war der Dichter in seinem Leben, das er diskret als Übersetzer und Handelskorrespondent bestritt, um sich seiner Leidenschaft, der Literatur, widmen zu können. Am 13. Juni 1888 in Lissabon geboren – das Geburtshaus befindet sich ganz in der Nähe des Brasileira am Largo São Carlos – besuchte er in Durban, Südafrika, die Schule. Nach seiner Rückkehr nach Lissabon verließ er die Stadt nicht mehr. Unter Lissaboner Literaten war Pessoa als wichtiger Vertreter der Moderne und als Mitherausgeber literarischer Zeitungen bekannt und bewundert. Eine umfassende Würdigung seines Schaffens allerdings konnte erst beginnen, als man nach seinem Tode am 20. November 1935 in seinem Zimmer in der Rua Coelho da Rocha (seit 1994 die Casa Fernando Pessoa, ein dem Dichter gewidmetes Literaturhaus) die berühmte Truhe mit mehr als 30 000 Manuskripten fand. Der Nachlaß befindet sich heute in der Lissaboner Nationalbibliothek. Berühmt wurde Fernando Pessoa, der auch einen kleinen Lissabonführer für Touristen verfaßte, durch seine Heteronyme, vor allem Álvaro de Campos, Alberto Caeiro, Ricardo Reis und Bernardo Soares – eigenständige Figuren, die nicht nur ihre jeweiligen Vorstellungen von Dichtung besaßen, sondern denen ihr Erfinder auch eine Biographie und Horoskope zuschrieb. Selbst näheren Bekannten Pessoas blieb verborgen, daß diese Dichter Erfindungen waren und nicht wirklich existierten.

Und wer heute durch die Rua dos Douradores in der Lissaboner Baixa geht, trifft immer noch auf Angestellte, wie der Hilfsbuchhalter Bernardo Soares sie in »Das Buch der Unruhe« beschrieb:

»Und wenn das Büro in der Rua dos Douradores für mich das Leben verkörpert, so verkörpert mein zweites Stockwerk, in dem ich in der gleichen Rua dos Douradores wohne, für mich die Kunst. Jawohl die Kunst, die in derselben Straße wohnt wie das Leben, jedoch an einem anderen Ort, die Kunst, die das Leben erleichtert, ohne daß es deshalb leichter würde zu leben, die so eintönig ist wie das Leben selber, nur an einem anderen Ort.«

Fernando Pessoa war für die portugiesische Literatur auch deshalb ein Glücksfall, weil sie zwar einige national, kaum aber international bekannte Autoren aufzuweisen hatte, sieht man einmal von Eça de Queirós ab. Dank Pessoa hat sich in jüngster Zeit diese Situation deutlich verbessert, und portugiesische Autoren wurden auch vermehrt in Deutschland bekannt. Werke von Miguel Torga, Lídia Jorge, Ilse Losa, Carlos de Oliveira, José

Saramago, António Lobo Antunes und José Cardoso Pires sind mittlerweile auf Deutsch erschienen.

Wer sich schon zu Hause einstimmen möchte, der kann mit den Erzählungen des 1995 in Coimbra verstorbenen Arztes und Schriftstellers Miguel Torga den Norden Portugals, vor allem seine Heimat Trás-os-Montes kennenlernen, die alten Sitten und Traditionen einer ländlichen, langsam versinkenden Welt.

Eine bittere Abrechnung mit dem kolonialen Portugal ist der metaphernreiche Roman »Der Judaskuß« von Lobo Antunes, der wie der zur Zeit wohl bekannteste Autor des Landes, José Saramago, immer wieder als potentieller Kandidat für den Literaturnobelpreis genannt wird.

In »Das steinerne Floß« beschreibt Saramago, wie sich die iberische Halbinsel vom Rest Europas löst. In der räumlichen Distanz drückt sich der Wunsch des Autors nach einer eigenständigen iberischen Entwicklung jenseits der nach seiner Meinung nivellierenden Tendenzen des vereinten Europa aus- eine gerade unter Intellektuellen recht häufig anzutreffende Skepsis. In »Das Memorial«, dem wohl gelungensten Roman Saramagos, wird der Bau des Klosters von Mafra beschrieben – und außerdem ist es eine der schönsten Liebesgeschichten der portugiesischen Literatur.

Auch bei diesen wenigen Hinweisen soll nicht vergessen werden, daß eigentlich die Lyrik für viele Portugiesen die bevorzugte Form der Literatur ist: Namen wie Eugénio de Andrade, Herberto Helder und Florbella Espanca sind allerdings in Deutschland noch kaum bekannt.

José Saramago

Ansicht von Bragança

der in Sintra lebt und wie ein König 1995 heiratete, hätte Anspruch auf den Thron, wäre Portugal keine Republik, denn die Braganças waren die letzte Königsdynastie des Landes, in Brasilien bis 1881 und in Portugal bis 1910.

In der insgesamt überalterten Provinz weist die Stadt mit ihren 15 000 Einwohnern einen normalen Altersdurchschnitt auf, viele der Jugendlichen kommen aus den umliegenden Dörfern. Als typische Stadt des Landesinneren lebt Bragança hauptsächlich von Dienstleistungen und der Land- und Viehwirtschaft der Umgebung.

In römischer Zeit war Bragança eine wichtige Stadt und hieß eine zeitlang Juliobriga zu Ehren von Julius Cäsar. Im Krieg mit den Arabern wurde die Stadt vollständig zerstört. Im 12. Jh. wurde sie unter Fernão Mendes, einem Schwager von Dom Afonso Henriques, wieder erbaut, anschließend wieder zerstört und unter Dom Sancho I. neu bevölkert und befestigt. Unter Afonso IX. erhielt die Stadt ihren heutigen Namen. 1808 begann hier die Erhebung gegen die Besetzung durch die französischen Truppen des General Junot.

Die auf einer Anhöhe gelegene Altstadt – umgeben von einer Mauer mit 18 Türmen – ist noch intakt. Zentral steht der gewaltige, 33 m hohe Torre de Menagem (15. Jh.). Im Turm befindet sich auf zehn kleinere Säle verteilt ein Museum. Den schönsten Blick über die Stadt und ihre Umgebung genießt man vom Torre da Princesa an der Nordseite.

Bis 1860 stand der Pranger beim Torre de Menagem vor dem Domus Municipalis. Der Schandpfahl erhebt sich hier 6 m hoch auf dem Rücken eines

Schweins, *porco da vila,* ›städtisches Schwein‹ heißt er bei der Bevölkerung.

Das auffälligste Monument innerhalb der Festungsmauern ist die fünfeckige Domus Municipalis aus der ersten Hälfte des 13. Jh. In dem romanischen Bau aus Granit trafen sich früher die Abgeordneten der Stadt, darunter war eine Zisterne – die ursprüngliche Bestimmung des Gebäudes.

Hinter dem Domus Municipalis steht die Igreja de Santa Maria, romanischen Ursprungs, aber zu Beginn des 18. Jh. vollständig neu erbaut. Außer dem Eingang (Renaissance) ist die bemalte Decke des Mittelschiffs im Inneren der dreischiffigen Kirche von Interesse.

Im Zentrum der Neustadt, an der Praça de Sé, steht die Kathedrale mit einem schönen Renaissanceportal. Im Inneren ein Altaraufsatz aus vergoldetem Schnitzwerk. Ursprünglich handelt es sich um eine Jesuitenkirche vom Ende des 16. Jh. 1764 wurde sie zur Kathedrale des Bischofssitzes von Bragança und Miranda do Douro. Vor der Kathedrale steht der mit einem Kreuz versehene *pelourinho* (1689).

An der Praça da Sé findet sich auch das in einem schönen Haus untergebrachte Restaurant Solar Bragançano, wo fast alle in der Region typischen Gerichte serviert werden.

Durch die Rua dos Combatentes da Grande Guerra geht es bis zum Largo General Sepúlveda: Dort steht ein Obelisk mit den Namen der Toten des Ersten Weltkriegs, der in Portugal immer noch Grande Guerra, der Große Krieg, heißt, weil das Land in den Zweiten nicht verwickelt war. Am nördlichen Rand des Platzes steht die Igreja de São Vicente, ein romanischer Bau (13. Jh.), der im 17. Jh. neu gestaltet wurde. Zwei historische Ereignisse sind mit der Kirche verbunden. Hier sollen Dom Pedro und seine Inês de Castro heimlich die Ehe geschlossen haben, und vor der Kirche rief im Juli 1809 General Sepúlveda zum Widerstand gegen die französische Besatzung auf.

Unweit der Kirche, in der Rua Abílio Beça findet sich im ehemaligen Bischofspalast in zwei Etagen seit 1897 das Museu do Abade de Baçal mit seinem schönen Garten. Nach seiner Renovierung 1995 gehört es zu den interessantesten Regionalmuseen des Landes. Hier gibt es archäologische und ethnologische Abteilungen sowie sakrale Kunst; eines der schönsten Stücke ist die Barockskulptur der Santa Ana nebst Jungfrau mit Kind auf einem Sockel barocker Engelsgesichter. Darüber hinaus gibt es Bilder, u. a. von Silva Porto, Abel Salazar und Almada Negreiros sowie eine wertvolle Schmucksammlung.

Interessant für den Besucher ist das Centro Cultural: Die Einwohner können hier Kurse in Theater, Tanz und Musik belegen, und oft gibt es Musik- und Kulturveranstaltungen.

Die Umgebung von Bragança lädt zu Ausflügen ein, zumal die Pousada de São Bartolomeu den Aufenthalt in der für ihr Nachtleben bekannten Stadt angenehm macht. Naturfreunde kommen in dem entlang der spanischen Grenze gelegenen Parque Natural de Montezinho auf ihre Kosten.

In **Castro de Avelãs** **8**, 4 km westlich von Bragança gelegen, finden sich die Überreste einer Klosterkirche. Das Kloster aus dem 12. Jh. wurde wegen einer Bulle von Papst Paul III. 1543 aufgegeben, um es der neu gegründeten Diözese von Miranda do Douro anzugliedern. Eine herrliche Aussicht aus 830 m Höhe über die Stadt und das Tal genießt man 5 km südwestlich von dem Berg über der Pousada **São Bartolomeu** **9**.

Miranda do Douro

(S. 236) Aufgeräumt, sauber und freundlich, vielleicht ein klein wenig zu sehr auf den Tourismus aus Spanien eingestellt, präsentiert sich das historische Viertel von **Miranda do Douro** 10, Grenzstadt im Nordwesten des Landes mit schön gelegener Pousada über dem Stausee. Das Städtchen von kaum 2000 Einwohnern war unter Dom Afonso Henriques ein wichtiger Verteidigungspunkt. 1545 wurde es zur Hauptstadt der Diözese, die 1780 mit Bragança vereinigt wurde. Im 13. Jh. ließ Dom Dinis die Burg ebenso wie die Stadtmauern errichten. Von der Burg existieren allerdings nur noch Ruinen, 1762 explodierte dort ein Pulverfaß, als die Stadt wieder einmal von den Spaniern belagert wurde!

Bedeutendstes Bauwerk der Stadt ist die Sé, deren kreuzförmiger Grundriß von Miguel de Arruda stammt. Baubeginn war 1522, fertiggestellt wurde sie erst 50 Jahre später. Viele der Häuser, die in dieser Zeit erbaut wurden, schmücken sorgfältig konserviert noch immer den Ort. Die aus Granit gefertigte Kathedrale gefällt von außen vor allem durch ihre strenge und schlichte Form und ihr Renaissanceportal. Im Inneren der dreischiffigen Sé fällt das granitene Gewölbe auf. Im Chor ein gewaltiges Retabel, in Spanien gefertigt und mit biblischen Szenen versehen.

Unmittelbar bei der Sé finden sich in einem schönen Garten die Ruinen des Bischofspalastes, der im 17. Jh. erbaut und 1706 ein Opfer der Flammen wurde.

Erhalten haben sich in Miranda viele alte Sitten, unter anderem ein eigenes Idiom, *dialecto mirandês,* das immer noch in der Grundschule unterrichtet wird. Und im Museu das Terras de Miranda kann man neben den traditionellen Trachten die Masken sehen, die bei ›heidnischen‹ Festen in den umliegenden Dörfern vom 23. Dezember bis zum 6. Januar getragen werden. Bekannt ist auch der Stocktanz, ein reiner Männertanz, begleitet von Trommeln und Flöten, bei dem die Tänzer in jeder Hand Stöcke halten, die rhythmisch aufeinander geschlagen werden. Wahrscheinlich gibt es einen hellenistischen Ursprung dieses regionalen Tanzes, in ihm sollen kriegerische Attacken dargestellt werden.

Mogadouro

Ein kurzer Aufenthalt in **Mogadouro** 11 lohnt vor allem wegen des alten Stadtteils. Von der Burg, die die Templer 1297 von Dom Dinis erhalten hatten, steht nur noch der Turm. In dem ehemaligen Franziskanerkonvent (15. Jh.), befindet sich heute das Rathaus. Mitte des 19. Jh. wurde das Kloster durch einen Brand zerstört, teilweise auch die wieder renovierte Klosterkirche (S. 236).

Das Restaurant A Lareira (Mo geschl.) in der Avenida Nossa Senhora do Caminho 58 kann empfohlen werden – auch wegen des Rebhuhns nach Großmutters Art.

Etwa 6 km nach Nordosten entfernt ist das Dorf **Penas Roias** 12 mit einem alten *pelourinho* und den Ruinen einer Burg. Von dort oben hat man einen weiten Ausblick über die Landschaft.

Torre de Moncorvo

In 400 m Höhe liegt die mittelalterliche Stadt **Moncorvo** 13 in der Serra de Reboredo. Die Stadt ist berühmt wegen ihrer Mandelbäume, die Blüte im Frühjahr ist ein herrliches Naturschauspiel, aus diesem Anlaß wird vom 15. Februar

Der Douro

Insgesamt 895 km fließt der Douro von seiner Quelle in der spanischen Provinz Soria, bis er in Porto in den Atlantik mündet. Die meisten Orte am portugiesischen Ufer sind relativ jung, bis zum Bau der Staudämme war der Fluß unberechenbar. Bekannt ist die Geschichte des Barons Forrester, der bei einem Schiffsunglück ertrank – weil er einen Gürtel voller Goldmünzen trug, wie die Legende es will. Seine Frau wurde gerettet, sie trug ihre weiten Kleider, die sie oben auf dem Wasser treiben ließen.

In Mesão Frio beginnt das festgelegte Portweingebiet, das sich bis kurz hinter Freixo de Espada-à-Cinta erstreckt. Unvergleichlich ist eine Fahrt mit der Eisenbahn entlang des Douro mit seinen von Weinreben grünen Schieferhängen und den herrlichen Quintas.

Allein dem Portwein verdankt Peso da Régua seine Existenz. 1788 wurde die Ortschaft überschwemmt, als der Fluß 25 m über seinen Normalwert anstieg. Peso da Régua ist seit 1936 Sitz der Casa do Douro, die Produktion und Verkauf des Portweins regelt.

bis zum 15. März die Festa das Amendoeiras em Flor gefeiert.

Von der alten Burg ist nichts erhalten, an ihrer Stelle steht das Rathaus. In der Nähe findet sich die dreischiffige Igreja Matriz, mit deren Bau 1544 begonnen wurde. Vor dem Ende des Jahrhunderts war sie aber nicht fertiggestellt. Es ist eine der größten Kirchen von Trás-os-Montes. Die Strenge der Fassade mit dem viereckigen Turm läßt auf kastilischen Einfluß schließen. Aufmerksamkeit im Inneren verdienen die Skulpturen des zweistöckigen Altaraufsatzes aus dem 17. Jh., sie zeigen u. a. Jesus und Pilatus.

In Torre de Moncorvo finden sich auch noch einige Herrenhäuser ... und vor allem die berühmten Zuckermandeln, die schon 1886 bei der Weltausstellung in Paris geschätzt wurden.

Vila Nova de Foz Côa

Gewissermaßen über Nacht wurde dieser Ort bekannt, als bei den Bauarbeiten zu einem weiteren Stausee die Steinzeitgravuren gefunden wurden. *Paleolítico* ist inzwischen hier auch schon werbewirksam eine Rotweinmarke. Der in einer sehr fruchtbaren Region 4 km vom Douro entfernt gelegene Ort selbst ist recht hübsch mit seinen engen Straßen und den kleinen Plätzen.

Foz Côa 14 war nicht immer freundlich und etwas verschlafen – das Städtchen war Ort blutiger Auseinandersetzungen zwischen Christen und Juden. Als 1496 die Juden des Landes verwiesen wurden, flüchteten die reicheren nach Nordeuropa, die armen versuchten in Trás-os-Montes unterzutauchen. Sie entsagten ihrem Glauben und wurden sogenannte Neuchristen, Marranen. Im Bairro do Castelo brachten sie es bald zu wirtschaftlichem Erfolg. 1808 gab es Pogrome, bei denen viele von ihnen getötet wurden, auch Frauen und Kinder. Die Überlebenden verließen anschließend die Gegend.

Sehenswert ist auf dem Platz vor dem Rathaus der schöne 3 m hohe *pelourinho.* Ganz in der Nähe steht die Igreja Matriz, eine gotisch-manuelinische Kirche aus dem 16. Jh. Bei dem Erdbeben von 1755 wurde die Kirche stark beschädigt, die Neigung der Granitsäulen im Inneren zeugt noch heute davon.

Ca. 40 km nach Nordwesten liegt **Carrazeda de Ansiães** 15 700 m hoch zwischen den Flüssen Douro und Tua. Seine Sehenswürdigkeiten befinden sich 5 km entfernt in Ansiães mit der Burganlage, von der aber fast nur noch Ruinen erhalten sind. Außerhalb der Mauern finden sich die Reste der romanischen Igreja de São João und die Igreja de São Salvador (12. Jh.), die aber wieder restauriert wurde; sie hat ein schönes altes Portal.

Lamego

(S. 232) Die in der ehemaligen Provinz Beira Alta in über 500 m Höhe gelegene, von Bergen und Tälern umgebene Stadt **Lamego** 16 hat eine lange Geschichte. Die Gründung reicht in die Zeit der Kelten zurück. Seit 572 war die Stadt nachweislich Bischofssitz. Bis sie 1057 endgültig von den Christen zurückerobert wurde, hatte sie ein wechselhaftes Schicksal und wurde 987 von den Arabern fast vollständig zerstört. Als die blühende Stadt unter Dom Afonso V. den Adligen übergeben wurde, die städtischen Einnahmen dadurch minimal wurden, verfiel Lamego und hatte 1514 gerade noch 1500 Einwohner. Heute leben etwa 11 000 Einwohner in der Stadt, deren Spezialität der Schinken ist, der in vielen Läden von der Decke herabhängt.

Die religiöse Attraktion Lamegos ist die Wallfahrtskirche Nossa Senhora dos Remédios am Stadtrand. Am Ende einer langen Allee beginnt der Aufstieg über mehr als 700 Stufen, die Via Sacra der Pilger, ähnlich der Treppe zum Bom Jesus do Monte in Braga. Beim Aufstieg kommt man am Pelikanbrunnen vorbei, an dem sich das Tier symbolisch die Brust aufpickt, um mit dem eigenen Blut seine Jungen zu ernähren. Nächster Halt ist auf dem Patio dos Reis: Ein von vier Atlanten getragener und mit einem Morgenstern versehener Obelisk ziert die Mitte. Aus hellem Granit wurde die Kirche in 605 m Höhe vor mehr als 200 Jahren erbaut. Sie hat eine schöne Barockfassade mit zwei Türmen und ist umgeben von einem großen Park. Höhepunkt der religiösen Feierlichkeiten ist die Festa de Nossa Senhora dos Remédios vom 26. August bis zum 11. September.

Am höchsten Punkt der Stadt stehen die Überreste der Burg aus der Zeit der Reconquista. Erhalten sind noch Turm und Festungsmauer. In der Nähe steht die einschiffige Igreja de Almacave (12. Jh.). Sie gefällt vor allem wegen ihrer Schlichtheit und den gelungenen Proportionen.

Weiter südlich, in der Stadtmitte, trifft man auf die Kathedrale, daneben der Torre Guerreira aus dem 12. oder 13. Jh. Die Sé wurde im 12. Jh. begonnen, aber sowohl im 16. Jh. wie auch im 18. Jh. umgebaut. Die Fassade im manuelinischen Stil stammt von João Lopes. Herausragend sind die drei reich verzierten Portale. Die Gestaltung des Inneren der dreischiffigen Kirche wird Nasoni zugeschrieben. Das Museu de Lamego liegt bei der Kathedrale am Largo de Camões.

Blumenverkäuferin

Untergebracht ist dieses sehenswerte Regionalmuseum seit 1917 im ehemaligen, Ende des 18. Jh. erbauten Bischofspalast. Die Sammlung zeigt, daß Lamego eine der reichen Diözesen des Landes war. Aus dem Altarraum der Kathdrale stammen fünf Bilder aus dem 16. Jh., die Grão-Vasco, Meister der Schule von Viseu, malte. Die Sammlung flämischer Wandteppiche des 16. Jh. ist die bedeutendste in Portugal.

Reich mit vergoldetem Schnitzwerk ausgestattet ist die Igreja do Desterro, die 1640 an der Stelle eines kleineren Gotteshauses errichtet wurde. Selbst für Barockkirchen ungewöhnlich prunkvoll wurde Mitte des 18. Jh. das Innere von drei Künstlern aus Lamego gestaltet.

In der Umgebung von Lamego gibt es eine Reihe lohnender Ziele. Nordöstlich liegt zu Fuß 3 km entfernt **Balsemão** 17, mit dem Auto sind es etwa 7 km. Der Ort ist bekannt wegen der Igreja de São Pedro (7. Jh.?), die eine der ältesten Kirchen Portugals ist. Im 17. Jh. wurde die Kirche weitgehend verändert. In einem Seitenschiff befindet sich das Grabmal von Dom Afonso Pires, Bischof von Porto (1362).

In **Tarouca** 18, 11 km südöstlich von Lamego in einem Tal gelegen, ist in der romanischen Igreja Matriz ein manuelinisches Grab zu sehen.

Auf der rechten Seite des Rio Varosa liegt 5 km entfernt Ucanha. Berühmt und einzigartig ist die mittelalterliche Brücke mit dem Wehrturm. Hier verlief eine Römerstraße, später ein Handelsweg. Die Gegend war Lehen des Klosters von Salzedas, hier mußte den Mönchen Wegezoll entrichtet werden.

Beira Alta

Auch Portugal hat Berge: Zur Serra da Estrela

Castro Daire

Etwa auf halbem Weg zwischen Lamego und Viseu liegt das Städtchen in 568 m Höhe. Wie der Name verrät, ging die Ansiedlung aus einer alten Burg hervor. **Castro Daire** 1 ist heute zu einem wichtigen Zentrum des Kunsthandwerks geworden. Im Ort gibt es einen schönen *pelourinho* und die Igreja Matriz (13. Jh.). 7 km nordwestlich steht in dem Dorf Pinheiro die Ermida de Paiva, eine romanische, von den Augustinern gegründete Kirche vom Ende des 13. Jh.

Von Castro Daire aus kann man den Weg über das alte Thermalbad **São Pedro do Sul** 2 wählen. Dort, am Zusammenfluß von Sul und Vouga, gibt es das Kloster Nossa Senhora de Conceição sowie den eindrucksvollen Solar do Marquês de Reriz. 3,5 km vom Ort entfernt liegt das berühmte Thermalbad von São Pedro do Sul. 410 000 Liter sprudeln hier jeden Tag fast 69° C warm aus der Erde. Erleichterung bringt es vor allem bei Rheumatismus und Erkrankungen der Atemwege.

Viseu

(S. 241) Auf einer Hochebene liegt überragt von der alten Kathedrale die Bezirkshauptstadt **Viseu** 3, die Stadt des Viriatus, erster Nationalheld Portugals. Hier ist das wirtschaftliche Zentrum der Beira Alta. Produziert werden Kartoffeln und Weizen, vor allem aber der Dão, ein bekannter und guter Wein.

Ursprünglich entstand die Stadt auf dem Hügel, wo sich die Sé befindet, hat sich aber dann bis zum 12. Jh. unterhalb der Kirche entwickelt. Die sogenannte Cava de Viriato aus dem 2. Jh. ist das älteste Monument der Stadt, die Ruinen des römischen Feldlagers sind zugleich einer der größten Funde aus jener Zeit auf der iberischen Halbinsel. Seit 1057 war die Stadt wieder endgültig in christlicher Hand. Zu Beginn des 16. Jh. wurde Viseu durch den Maler Grão-Vasco zum bedeutenden Kunstzentrum, das Museum mit seinem Namen zeugt davon.

Die Kathedrale am Largo da Sé mit ihren zwei romanischen Türmen rechnet mit der Sé Velha in Coimbra und der von Évora zu den bedeutendsten des Landes. Sie stammt aus dem 12. Jh., wurde aber mehrfach (16. Jh., 18. Jh.) umgebaut. Romanisch sind noch die Säulen im Inneren der dreischiffigen Kirche. Das manuelinische Gewölbe ist als *abóbada dos nós,* Knotengewölbe, bekannt. Sehenswert ist auch der zweistöckige Kreuzgang, der untere Teil stammt etwa von 1540, der obere aus dem 18. Jh. Weißblaue Azulejos zeigen u. a. Szenen aus dem Leben des São Teotónio, dem Stadtheiligen von Viseu.

Ebenfalls am Largo da Sé stehen die Igreja da Misericórdia aus dem 18. Jh. und der große Brunnen aus der gleichen Zeit.

Das Museu Grão-Vasco im ehemaligen Bischofspalast sollte man besichtigen. Der Paço Episcopal dos Três Escalões stammt vom Ende des 16. Jh. Hier finden sich mit Ausnahme von Lissabon die bedeutendsten Gemälde Portugals. Der Maler Grão-Vasco wurde wahrscheinlich 1480 in Viseu geboren, wo er 1543 starb. Er war der Meister der berühmten hiesigen Kunstakademie. Das Museum hat auch eine reiche

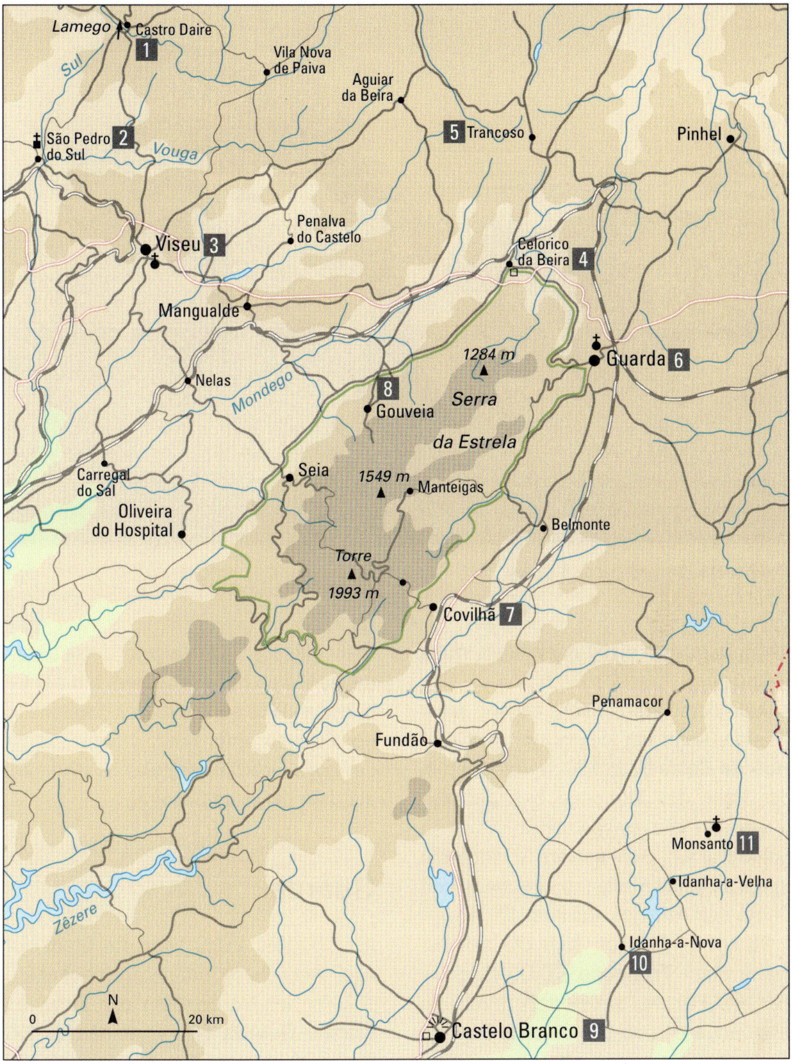

Beira Alta

Sammlung portugiesischer naturalistischer Malerei des 19. und 20. Jh.

Östlich des Largo da Sé steht die kleine Igreja São Miguel do Fetal. Die Legende besagt, daß hier der letzte Gotenkönig, Dom Rodrigo, bestattet ist. Nach der Niederlage in der Schlacht von Guadibeca soll er verkleidet bis in diese Kirche gelangt sein, wo er 711 starb.

Von den vielen guten Restaurants ist zu empfehlen O Cortiço (immer geöffnet), Rua Augusto Hilário 43. Zu *cabrito assado,* Zicklein im Ofen, versuche man einen Rotwein aus der Region, etwa

Dolmengräber südlich von Viseu

einen Duque de Viseu oder einen Vinha Grande.

Auf dem Weg nach Osten, nach Guarda, lohnt ein kleiner Halt in **Celorico da Beira** 4. In 530 m Höhe und in der Nähe des Mondego befindet sich dieser Ort mit seinen eindrucksvollen Schloßruinen. Sehenswert ist auch die Igreja da Santa Maria mit ihrer bemalten Decke und Azulejos aus dem 17. Jh.

18 km im Norden liegt die sehenswerte Stadt **Trancoso** 5. Durch eines der vier Portale, am besten durch die wappengeschmückte, von zwei Türmen flankierte Portas de El-Rei, betritt man die befestigte Anlage. Am 26. Juni 1282 vermählte sich hier Dom Dinis mit Isabella von Aragon, der späteren Rainha Santa.

In der Stadt gibt es immer noch manche Anzeichen, daß hier mehrere Jahrhunderte Christen und Juden friedlich miteinander lebten, obwohl Dom Pedro 1361 verfügt hatte, daß überall, wo mehr als zehn Juden waren, diese ein eigenes Viertel haben müßten. Mit der Inquisition 1543 endete dieses Kapitel blutig. Zeichen einer friedlicheren Zeit ist der *poço judaico,* der jüdische Brunnen, auf dem Largo da Roseira.

Guarda

(S. 231) Wie Viseu liegt die Stadt auf einer Hochebene, nur deutlich höher auf 1075 m im Nordwesten der Serra da Estrela. **Guarda** 6 mit seinen 20 000 Einwohnern ist nicht nur die höchstgelegene Stadt des Landes, hier befindet sich auch das Handels- und Industriezentrum der Region, Textilien, Lederwaren und Holzprodukte werden gefertigt, aber am bekanntesten ist der *queijo da serra,* der beste Käse des ganzen Landes. Wenn die Anfänge der Stadt auch weit zurückreichen, so ist doch sicher, daß sie im 12. Jh. verlassen war. Erst unter Dom Sancho I. wurde sie zu Beginn des folgenden Jahrhunderts wieder bevölkert.

Mittelpunkt und auffälligstes Bauwerk der Stadt ist die Kathedrale. Unvergeßlich ist der Blick auf die Sé, wenn man sie einmal aus dem Herbst- oder Frühjahrsnebel aufsteigen sieht. Erbaut wurde die gotische Kirche ganz aus Granit und auf kreuzförmigem Grundriß in der zweiten Hälfte des 14. Jh., vollendet aber wurde sie erst 150 Jahre später. Architektonische Eingriffe während des 18. Jh. wurden zu Beginn unseres Jahrhunderts wieder korrigiert. Das Gotteshaus mit seinen zwei Türmen wirkt wie eine Festung. Von außen bietet die Nordfassade mit dem gotischen Portal und dem manuelinischen Fenster den schönsten Anblick. Hier sieht man deutlich, daß die Kirche kurz nach der von Batalha entstand.

Die Sé ist dreischiffig, mißt 52 m, ist über 30 m breit und 20 m hoch. Herrlich ist das sternenförmige Gewölbe mit dem Kreuz in der Mitte. Am eindrucksvollsten aber ist der Altaraufsatz, der Mitte des 16. Jh. in der Werkstatt von João de Ruão und größtenteils von ihm selbst in Coimbra gefertigt wurde. Etwa einhundert Skulpturen befinden sich auf den vier Etagen dieses Werks. Unten befinden sich die Apostel, darüber die Evangelisten, dann die Propheten mit der von Engeln umgebenen Maria und schließlich Szenen aus dem Leben Jesu. Von der Dachterrasse aus hat man einen schönen Blick über die Stadt und die Serra da Estrela.

In der Rua de Amparo trifft man auf die Judiaria, das alte Viertel, das den Juden von Dom Manuel I. zugestanden wurde und seinen mittelalterlichen Charakter bewahrt hat. Im Haus Nr. 57 am kleinen Largo da Judiaria soll das Tribunal dos Judeus gewesen sein.

Architektonisch interessant ist das Hotel Turismo, das Raul Lino während der Salazar-Diktatur entwarf.

Alle 14 Tage findet in der Avenida Monsenhor Mendes ein traditioneller Markt statt, bei dem man auch noch Ziegen und Schweine kaufen kann.

Die Spezialität der Region ist eine Suppe, *sopa de grão a moda da Guarda,* die Wurst, Schinken und Schweineohren enthält. Ein gutes und hübsches Restaurant ist O Ferrinho (So geschl.) in der Rua Direita 21–23.

Serra da Estrela

Die Serra da Estrela ist mit 98 000 Hektar das ausgedehnteste Gebirge des Landes, der Torre mit 1993 m der höchste Punkt Portugals. Granit und Schiefer bestimmen die Landschaft. Seit 1976 ist die Serra ein geschützter Naturpark. Im unteren Teil trifft man auf reichen Baumbestand; Pinien und Kastanien wachsen hier, weiter oben wird es kahl. Adler, Kaninchen, Hasen und reichlich Eidechsen vertreten die Tierwelt. In Penhas da Saúde in der Nähe von Covilhã existiert sogar ein Lift, die Gegend stellt allerdings für geübtere Skifahrer keine Herausforderung dar. Schnee gibt es auf den Gipfeln normalerweise von Dezember bis März.

In der Serra wird versucht, traditionelle Lebensweisen zu erhalten, Schafherden gibt es noch, und Wolle wird ebenso wie der *queijo da serra* nach altem Brauch gewonnen und hergestellt. Am höchsten, aber nicht schönsten Punkt der Serra kann man den Käse kaufen, Touristen verwandeln den Platz in ein großes Picknick. Wer noch mehr Käse möchte, kann in Manteigas, wo es eine hübsche Pousada gibt, an Karneval die Feira do Queijo da Serra besuchen.

Wilde Landschaft der Serra da Estrela

Den besten Zugang in die Serra hat man von **Covilhã** 7 (S. 229) aus, der hübschen Stadt am Ostrand des Gebirges. Schon in dem Dokument von 1510, in dem Covilhã das Stadtrecht verliehen wird, ist die Herstellung von Seiden-, Baumwoll- und Leinenstoffen erwähnt. Noch heute ist die Stadt Portugals wichtigste Produktionsstätte dieser Textilien. 1677 wurde gar per Dekret die Benutzung ausländischer Tuche untersagt.

Herausragende Bauwerke besitzt die Stadt nicht, sehenswert aber ist die romanische Capela de São Martinho mit zwei Heiligenbildern, die wahrscheinlich Teil eines Triptychons waren.

Verschiedene Gründe gibt es, in **Gouveia** 8 (S. 231) Halt zu machen. Von hier stammt der 1888 geborene, 1982 verstorbene Maler Abel Manta. In seinem Namen und von seinem Schaffen ausgehend, hat Gouveia ein interessantes Museum eingerichtet. Hier findet sich ein guter Überblick über die zeitgenössische portugiesische Malerei.

In Gouveia gibt es viele Züchter der großen Hirtenhunde *Serra da Estrela*. Die kräftige Rasse war schon fast ausgestorben, bis vor einigen Jahrzehnten ein Züchter diese Tiere wieder gezielt vermehrte; viele der Abnehmer kommen jetzt aus England.

Bei O Júlio in der Travessa do Loureiro 1 (Di geschl.) kann man ausgezeichnet regional essen.

Castelo Branco

(S. 228) Inmitten einer fruchtbaren Landschaft liegt 450 m hoch diese hübsche Stadt, die vor allem durch ihr teils mittelalterliches, teils barockes Aussehen gefällt. Und durch einen außergewöhnlich schönen Garten. Die 26 000 Einwohner leben hauptsächlich vom Handel, aber es gibt auch die Nahrungsmittelindustrie, und Hüte werden hier hergestellt. Insgesamt gilt für **Castelo Branco** 9, was auch für andere Städte im Inland gilt: Der Zerfall der Landwirtschaft und der damit verbundenen Traditionen führt zu einer sowohl materiel-

len als auch kulturellen Verarmung, die durch städtisch geprägte Kultur noch nicht aufgefangen wurde.

Die Region war den Templern als Lehen gegeben, sie restaurierten das alte Schloß und verstärkten die Mauern, unter Dom Dinis wurde 1285 die Anlage erweitert. Von der Burg in 472 m Höhe sind nur Ruinen übrig, der Weg lohnt sich dennoch wegen des weiten Ausblicks. Beim Gang durch die engen Gassen sollte man auf die vielen wirklich alten Hauseingänge (16. Jh.) achten, so in der Rua de Santa Maria oder der Rua da Ega.

Der ehemalige, im späten 16. Jh. erbaute Bischofspalast diente auch schon als Schule und zuletzt als Museum. Bemerkenswert ist vor allem der dazugehörige Garten. Der Bischof, der ihn im

18. Jh. anlegen ließ, hatte sich bei einer Reise nach Rom die italienischen Gärten angesehen und sich davon inspirieren lassen. So entstand ein schönes Zusammenspiel aus Skulpturen, Wasser und Pflanzen. Entlang der Treppen stehen die Figuren der portugiesischen Könige, wobei die aus Spanien stammenden Herrscher nationalbewußt und ironisch ein bißchen kleiner modelliert wurden!

Ausflug in die Beira Baixa

Von Castelo Branco aus fährt man 30 km in nordöstlicher Richtung nach **Idanha-a-Nova** 10. Hier versucht man, mit einem modernen Hotel und einem gut ausgestatteten Campingplatz am Staudamm der Region eine neue Einnahmequelle zu schaffen. Von historischem Interesse ist Idanha-a-Velha, wo heute kaum mehr 100 Einwohner leben. Es handelt sich um eine der ältesten Ansiedlungen Portugals, das Aegitidanorum der Römer, das Egitânia der Wisigoten, damals auch Bischofssitz. Bisher wurde der Ort nicht systematisch archäologisch erforscht, Zeichen der Vergangenheit wie römische Schrifttafeln und Skulpturen finden sich in der alten Kathedrale aus der Zeit der Wisigoten, allerdings schmückt sie nun auch ein manuelinisches Portal. Aus der Zeit der Templer steht noch ein Turm.

Der Besuch von Idanha-a-Velha ist ebenso wie der des 12 km entfernt gelegenen **Monsanto** 11 eine Reise in die Vergangenheit. Monsanto verfügt, im Gegensatz zu Idanha-a-Velha, über eine Pousada. Beide Orte nehmen teil an einem Regierungsprogramm zum Erhalt und zur Wiederbelebung historischer Dörfer.

In Monsanto dienten die größten Steine als Häuserwände, traditionell war die unterste Etage hier den Tieren vorbehalten. 1938 wurde die Gemeinde zum portugiesischsten Dorf des Landes gewählt. Extreme Armut existiert hier in Nachbarschaft mit wappengeschmückten Häusern Adliger. Die Siedlung liegt an einem Berghang, die Burgruinen befinden sich in 800 m Höhe, von wo die Aussicht phantastisch ist. Im Dorf selbst gibt es die romanische Kirche São Miguel und eine manuelinische Kapelle. Jedes Jahr am 3. Mai feiern die Einwohner mit einer Prozession zur Burg, wie die Belagerung durch die Römer beendet wurde: Von den Mauern wurden Nahrungsmittel herabgeworfen, die Römer dachten, daß es noch reichlich zu essen gebe und zogen ab!

Das Bergdorf Monsanto in der Beira Baixa

Information

Unterkunft

Sehenswert

Restaurants

Einkaufen

Aktivitäten

Nachtleben

Flugverbindung

Serviceteil

Serviceteil

So nutzen Sie den Serviceteil richtig

▼ Das erste Kapitel, **Adressen und Tips von Ort zu Ort**, listet die im Reiseteil beschriebenen Orte in alphabetischer Reihenfolge auf. Zu jedem Ort finden Sie hier Empfehlungen für Unterkünfte und Restaurants sowie Hinweise zu den Öffnungszeiten von Museen und anderen Sehenswürdigkeiten. Piktogramme helfen Ihnen bei der raschen Orientierung.

▼ Die **Reiseinformationen von A bis Z** bieten von A wie ›Aktivitäten‹ bis Z wie ›Zeitungen‹ eine Fülle an nützlichen Hinweisen – Antworten auf Fragen, die sich vor und während der Reise stellen.

Bitte schreiben Sie uns, wenn sich etwas geändert hat!
Alle in diesem Buch enthaltenen Angaben wurden vom Autor nach bestem Wissen erstellt und von ihm und dem Verlag mit größtmöglicher Sorgfalt überprüft. Gleichwohl sind – wie wir im Sinne des Produkthaftungsrechts betonen müssen – inhaltliche Fehler nicht vollständig auszuschließen. Daher erfolgen die Angaben ohne jegliche Verpflichtung oder Garantie des Verlages oder des Autors. Beide übernehmen keinerlei Verantwortung und Haftung für etwaige inhaltliche Unstimmigkeiten. Wir bitten daher um Verständnis und werden Korrekturhinweise gerne aufgreifen:
DuMont Buchverlag, Mittelstraße 12–14,
50672 Köln.

Inhalt

Adressen und Tips von Ort zu Ort

Abrantes

Information: Largo 1° de Maio, ✆ 0 41-2 25 55.

Sehenswert: Museu Regional Dom Lopo de Almeida in der Igreja de Santa Maria do Castelo mit archäologischen Funden, religiösen Skulpturen vom 16. Jh. bis zum 18. Jh., 9–12, 14–18 Uhr.

Albufeira

Information: Rua 5 de Outubro, ✆ 0 89-51 21 44.

Alcobaça

Information: Praça 25 de Abril, ✆ 0 62-98 97 63.

Aljezur

Restaurant: Chefe Dimas, Aldeia Velha, ✆ 0 82-9 82 75.

Almansil

Unterkunft: Quinta das Rochas, Fonte Coberta, kleineres Landhaus, sechs Zimmer, ✆ 0 89-39 31 65.

Restaurant: O Tradicional, Estrada da Fonte Santana, französische Küche, gut, aber nicht billig, ✆ 0 89-39 90 93.

Sehenswert: Centro Cultural de São Lourenço, Galerie unter deutscher Leitung mit Veranstaltungsprogramm, 10–19 Uhr.

Aveiro

Information: Rua João Mendonça 8, ✆ 0 34-2 36 80.

Unterkunft: Pousada da Ria, Murtosa, direkt an der Ria gelegen, viele Zimmer mit Blick aufs Wasser, ✆ 0 34-4 83 32.

Restaurant: A Cozinha do Rei, Rua Dr. Manuel das Neves 66, ✆ 0 34-2 68 02.
O Telheiro, Praça do Peixe, ✆ 0 34-2 94 73.

Sehenswert: Museu de Aveiro, Rua Santa Joana a Princesa, Di–So 10–12.30, 14–17 Uhr.
5 km entfernt in Richtung Ílhavo: **Museu da Vista Alegre,** Kristall und Porzellan seit den Anfängen dieser weltberühmten Firma, Di–So 9–12.30, 14–16.30 Uhr.

Azeitão

Unterkunft: Quinta da Piedade, Aldeia da Piedade, ländlicher Tourismus, vier Zimmer, Schwimmbad, ✆ 01-2 18 93 81.
Quinta da Arrábida, Casais da Serra/

Azeitão, ländlicher Tourismus, drei Zimmer, Schwimmbad, ✆ 01-2 18 34 33.

Barcelos

Restaurant: Bagoeira, Avenida Sidónio Pais 495, regionale Küche, ✆ 0 53-81 12 36.

Sehenswert: Museu da Olaria, Largo de São Domingos, Di–So 9.30–12.30, 14–18 Uhr.

Einkaufen: Campo da Feira, jeden Donnerstag einer der größten **Märkte** der Region.

Batalha

Information: Largo Papa Paulo VI., ✆ 0 44-9 61 80.

Beja

Information: Rua Capitão João F. Sousa, ✆ 0 84-2 36 93.

Unterkunft: Pousada de São Francisco, im ehemaligen Kloster geschmackvoll untergebracht, ✆ 0 84-32 84 41.
Casa de Hóspedes Rocha, Largo Dom Nuno Álvares Pereira 12, preiswertes Haus aus dem 18. Jh. ohne viel Komfort, ✆ 0 84-32 42 71.

Restaurant: Os Infantes, Rua dos Infantes 14, ✆ 0 84-2 27 89.
O Alhinho, Rua da Casa Pia 28, beide Restaurants servieren typische Gerichte der Region, ✆ 0 84-2 46 15.

Sehenswert: Museu Regional, Largo da Conceição, Di–So 9.45–13, 14–17.15 Uhr.

Braga

Information: Avenida da Liberdade 1, ✆ 0 53-2 25 50.

Restaurant: Narcisa, Largo 1° de Maio 25, *bacalhau* nach Art des Hauses und Zicklein sind die Spezialitäten, ✆ 0 53-2 29 48.
Sameiro, bei der Kirche, ✆ 0 53-67 51 14.

Unterkunft: Hotel do Castelo de Bom Jesus, Bom Jesus, kleines Landhaus in schöner Lage, ✆ 0 53-67 65 66.

Sehenswert: Museu de Arte Sacra in der Kathedrale, 8.30–18.30 Uhr.

Museu do Mosteiro de Tibães, von Braga aus 6 km in Richtung Ponte de Lima. Der Besuch vermittelt eine Vorstellung vom Leben in diesem Benediktinerkloster, Di–So 10–12.30, 14–18.30 Uhr.

Bragança

Information: Avenida Cidade de Zamora, ✆ 0 73-38 12 73.

Unterkunft: Residencial Classis, Avenida João da Cruz 102, relativ preiswert im neuen Teil der Stadt, ✆ 0 73-33 16 31.

Restaurant: Solar Bragançano, Praça da Sé 34, ✆ 0 73-2 38 75.

Lá em Casa, Rua Marquês de Pombal 7, preiswertes Restaurant mit regionaler Küche, z. B. Forelle mit Schinken *(truta com presunto),* ✆ 0 73-2 21 11.

Sehenswert: Museu do Abade de Baçal, Rua Abílio Bessa, interessantes Regionalmuseum, Di–So 9–17 Uhr.

Buçaco

Unterkunft: Palace Hotel do Buçaco, zählt zu den schönsten des Landes, ✆ 0 31-93 01 01.

Caldas da Rainha

Information: Praça da República, ✆ 0 62-3 45 11.

Restaurant: Supatra, Rua General Amilcar Mota, dieses thailändische Restaurant bietet eine gute Abwechslung zur einheimischen Küche, ✆ 0 62-84 29 20.

Sehenswert: Museu José Malhoa, Parque Dom Carlos, benannt nach dem 1855 in Caldas da Rainha geborenen Maler, portugiesische Naturalisten und Spätromantiker, Keramiken und Porzellan, Di–So 10–12.30 Uhr und 14–17 Uhr.

Caminha/Seixas

Restaurant: Napoléon, Lugar de Coura, serviert regionale Küche, üppig und gut, ✆ 0 58-72 71 15.

Cascais

Information: Rua Visconde da Luz 14A, ✆ 01-4 86 82 04.

Restaurant: Gute Fischrestaurants finden sich zwischen Cascais und Guincho, z. B. **Mestre Zé,** ✆ 01-4 87 02 75.

O Muxaxo, ✆ 01-4 87 20 21.

Castelo Branco

Information: Alameda da Liberdade, ✆ 0 72-21 00 02.

Restaurant: Praça Velha, Largo Luís de Camões 17, *bife na pedra* (Filet auf heißem Stein) ist empfehlenswert, ✆ 0 72-32 86 40.

Castelo de Vide/Póvoa e Meadas

Unterkunft: Quinta da Bela Vista, im Stil des 19. Jh. eingerichtetes Landhaus, fünf sehr schöne Zimmer, ✆ 0 45-9 81 25.

Restaurant: A Castanha, Praça Dom Pedro V., ✆ 0 45-9 11 00.

Chaves

Information, Terreiro da Cavalaria, ✆ 0 76-33 30 29.

Unterkunft: Residencial de Chaves, Rua 25 de Abril, kleineres Hotel mit vernünftigen Preisen, ✆ 0 76-2 11 18.

Restaurant: Restaurante Carvalho, Alameda do Tabolado, ✆ 0 76-2 17 27.

Coimbra

Information: Praça da República, ✆ 0 39-3 32 02.

Unterkunft: Hotel Astória, Avenida Emídio Navarro 21, zentral in der Altstadt gelegen, ✆ 0 39-2 20 55.
Hotel Quinta das Lágrimas in Santa Clara in einem ehemaligen Palast untergebracht, ✆ 0 39-44 16 15.

Restaurant: Dom Pedro, Avenida Emídio Navarro 58, ✆ 0 39-2 91 08.
Taberna, Rua Combatentes da Grande Guerra 86, ✆ 0 39-71 62 65.

Sehenswert: Museu Nacional Machado de Castro, Largo Dr. João Rodrigues, Di–So 10–12.30, 14–16.30 Uhr.
Portugal dos Pequeninos, Avenida João das Regras. Ein Park, in dem in Miniaturform traditionelle portugiesische Häuser und wichtige Bauwerke des Landes und seiner Kolonien nachgebildet sind. 10–19 Uhr, im Winter bis 17 Uhr.

Conímbriga

Sehenswert: Römische Ruinen. Das **Ausgrabungsfeld** ist täglich geöffnet von 9–18 Uhr, das **Museum** Di–So 10–13, 14–17 Uhr, in den Sommermonaten bis 19 Uhr.

Covilhã

Information: Praça do Município, ✆ 0 75-32 21 70.

Elvas

Unterkunft: Estalagem Dom Sancho II., Praça da República 20, ganz zentral gelegen, ✆ 0 68-62 26 84.

Ericeira

Information: Rua Eduardo Burnay 33, ✆ 0 61-6 31 22.

Espinho

Information: Rua 6 Nr. 709, ✆ 02-72 09 11.

Einkaufen: Jeden Montag großer ländlicher **Markt.**

Unterkunft: Hotel do Turismo. Zwar gibt es keinen Straßennamen, aber das Hotel liegt direkt am Strand und ist dort das größte Gebäude. ✆ 0 61-8 68 02 00.

Restaurant: Mar à Vista, Rua de Santo António, bekannt für Meeresfrüchte.
O Barco, Rua Capitão João Lopes, ✆ 0 61-6 27 59.

Estremoz

Unterkunft: Die **Pousada da Rainha Santa Isabel,** Largo Dom Dinis, ist im Schloß von Estremoz untergebracht, ✆ 0 68-33 20 75.
Hospedaria Dom Dinis, Rua 31 de Janeiro 46, nicht so schön wie die Pousada, aber preiswerter, ✆ 0 68-33 28 80.

Restaurant: Águias de Ouro, Rossio Marquês de Pombal 27, gute alentejanische Küche, mittleres Preisniveau, ✆ 0 68-33 33 26.

Évora

Information: Praça do Giraldo, ✆ 0 66-2 26 71.

Unterkunft: Pousada dos Lóios, Largo Conde Vila Flor, in einem ehemaligen Kloster direkt beim römischen Tempel, ✆ 0 66-2 40 51.
Quinta da Nora, Estrada dos Canaviais, Landhaus mit fünf Zimmern, Ruhe und Komfort, ✆ 0 66-2 98 10.

Restaurant: O Fialho, Travessa das Mascarenhas 14, gilt zu Recht als eines der besten Restaurants des Landes, ✆ 0 66-2 30 79.
O Grémio, Rua Alcárcova de Cima 10, nicht so bekannt wie O Fialho, aber auch empfehlenswert, ✆ 0 66-74 29 31.

Sehenswert: In der Kathedrale befindet sich das **Museu de Arte Sacra.** Gemälde, Möbel, Schmuck, 9–12, 14–16.30 Uhr.
Im ehemaligen Bischofspalast aus dem 16./17. Jh. befindet sich das **Museu Regional.** Di–So 10–12.30 Uhr und 14–17 Uhr.

Faro

Information: Rua da Misericórdia 8, ✆ 0 89-80 36 04.

Flughafen (Ankunft/Abflug) ✆ 0 89-80 08 00.

Autovermietung: Flughafen, Alamo ✆ 0 89-80 08 83 und Europcar ✆ 0 89-81 87 77.

Unterkunft: Pensão Residencial Casa da Lumena, Praça Alexandre Herculano 27, kleine Pension mit mexikanischem Restaurant darunter, ✆ 0 89-80 19 90.

Restaurant: Taska, Rua do Alportel 38, ✆ 0 89-82 47 39.
Camané, Avenida Nascente, Praia de Faro, ✆ 0 89-81 75 39.

Sehenswert:
Museu Marítimo, Capitania do Porto de Faro, Mo–Fr 10–13, 14–17.30 Uhr.
Museu Arqueológico Infante Dom Henrique, Praça Dom Afonso III., Mo–Fr 9–12, 14–17 Uhr.
Ethnographisches Museu Regional, Mo–Fr 9.30–18 Uhr.

Fátima

Restaurant: Tia Alice, Rua do Adro, gute Küche, in der Stadt gelegen, ✆ 0 49–53 17 37.

Figueira da Foz

Information: Avenida 25 de Abril, ✆ 0 33-2 21 26.

Sehenswert: Im Rathaus befindet sich das **Museu Municipal Dr. Santos Rocha,** Rua Calouste Gulbenkian, Fundstücke aus der Steinzeit und der Epoche der Römer sowie regionale Kunst, Di–So 9–12, 14–17.30 Uhr.

Gerês

Unterkunft: Estalagem São Bento da Porta Aberta, São Bento da Porta Aberta, ✆ 0 53-39 11 06.

Gouveia

Unterkunft: Casa Grande, Paços da Serra, Landhaus aus dem 18. Jh., ✆ 0 38-4 33 41.

Restaurant: O Júlio, Travessa do Loureiro 1, schlichtes Ambiente, aber die Küche gewann schon viele Preise, ✆ 0 38-4 21 42.

Sehenswert: Museu Abel Manta, Rua Direita 44, zeitgenössische portugiesische Malerei, Di–So 10–12, 14–17.30 Uhr.

Guarda

Information: Câmara Municipal, ✆ 0 71-22 18 17.

Unterkunft: Solar de Alarcão, Rua Dom Miguel de Alarcão 25, Landhaus des 17. Jh. aus Granit,
✆ 0 71-21 43 92.
Hotel de Turismo, Praça Município, ✆ 0 71-22 33 66.

Restaurant: O Ferrinho, Rua Francisco de Passos 21, zentral gelegen, regionale Küche, ✆ 0 71-21 19 90.

Guimarães

Information, Largo Carlos José Maria Gomes, ✆ 0 53-51 51 23.

Unterkunft: Pousada da Nossa Senhora de Oliveira, Rua de Santa Maria, im Zentrum des historischen Viertels gelegen, ✆ 0 53-51 41 57.
Casa de Sezim, Nespereira, altes Landgut aus dem 18. Jh., individuell gestaltete Zimmer und eigene Weinproduktion, ✆ 0 53-52 31 96.

Sehenswert: Museu Alberto Sampaio im Carmo-Kloster, Di–So 10–17 Uhr.
Museu Martins Sarmento am Rande des Largo do Toural in der Rua Paio Galvão, Di–So 10–12.30, 14–18 Uhr.

Lagos

Information: Largo Marquês de Pombal, ✆ 0 82-76 30 31.

Unterkunft: Hotel Lagos, Rua António Crisogno Santos, ✆ 0 82-76 99 67.

Restaurant: Taverna da Foraleza da Ponta Bandeira, Cais da Solaria, ✆ 0 82-76 49 32.

Sehenswert: Museu Municipal de Lagos, Rua Silva Lopes, Di–So 9.30–12.30, 14–17 Uhr.

Lamego

Information: Avenida Visconde Guedes Teixeira, ✆ 0 54-6 20 05.

Unterkunft: Hotel Parque, Parque Nossa Senhora dos Remédios, ✆ 0 54-6 21 05.

Sehenswert: Museu de Lamego, Largo de Camões, Di–So 10–12.30, 14–17 Uhr.

Leiria

Information, Jardim de Camões, ✆ 0 44-81 47 48.

Restaurant: Tromba Rija, Rua Professor Portelas 22, eines der besten und bekanntesten des Landes, ✆ 0 44-85 50 72.

Lissabon

Information: Direcção Geral de Turismo, Avenida António A. Aguiar 86, ✆ 01-3 57 50 86.
Palácio Foz, Praça dos Restauradores, ✆ 01-3 42 52 31 und 01-3 46 36 43.
Bei diesen Büros sind auch kostenlos **Veranstaltungskalender** erhältlich.

Flughafen (Ankunft/Abflug) ✆ 01-8 41 37 00.

Eisenbahnauskunft ✆ 01-8 88 40 25.

Autovermietung: Flughafen, Interrent ✆ 01-9 42 23 06 und Alamo ✆ 01-8 48 61 91.

Unterkunft: Gleich bei der Ankunft am Flughafen kann man sich über Hotels informieren. Ansonsten sollte man sich an die Tourismusinformation wenden, um dort direkt und in allen Preisklassen zu buchen.

Restaurant: Antiga Casa de Pasto Estrela da Sé am Largo de Santo António da Sé 4. Altes Restaurant und Konditorei. Die Separées waren für das Liebesleben früherer Zeiten von Bedeutung und eignen sich auch heute noch für eine intime Mahlzeit, ✆ 01-8 87 04 55.
Bota Alta, Travessa Queimada 35, ✆ 01-3 42 79 59.
Casa do Alentejo, Rua de Portas de Santo Antão 58, ✆ 01-3 46 92 31.
Casa do Leão, Castelo São Jorge. Nicht gerade preisgünstiges Restaurant, aber im Inneren des Schlosses

hervorragend gelegen und mit guter Küche. Besonders schön ist die Terrasse mit Blick über die Stadt, ✆ 01-8 87 59 62.

Cervejaria da Trindade, Rua Nova da Trindade 20, ✆ 01-3 42 35 06.

Commenda, Centro Cultural de Belém, ✆ 01-3 64 85 61.

Gambrinus, Rua de Portas de Santo Antão 23–25, ✆ 01-3 42 14 66.

Gargalhada Geral, Costa do Castelo 7. Das Restaurant bietet einen der schönsten Blicke über die Stdt, ✆ 01-8 87 82 25.

Martinho da Arcada, Praça do Comercio 3, ✆ 01-8 86 62 13.

Mercado do Peixe, Estrada Pedro Teixeira, ✆ 01-3 63 69 42.

Tavares, Rua da Misericórdia 37, eines der ältesten und bekanntesten Restaurants der Stadt, ✆ 01-3 42 11 12.

Pap' Açorda, Rua da Atalaia 57, inmitten des Bairro Alto, ein Klassiker, ✆ 01-3 46 48 11.

Restaurants auf der anderen Seite des Tejo:

Mit der Fähre fährt man von der Praça do Comércio nach Cacilhas. Direkt am Kai in Richtung Brücke, etwa 15 Minuten zu Fuß, gibt es zwei schöne Restaurants mit herrlichem Blick auf Lissabon:

Atira-te ao Rio, Rua do Cais do Gingal 69, serviert vor allem brasilianische Küche, ✆ 01-2 75 13 80.

Ponto Final, Rua do Cais do Gingal 72, ✆ 01-2 76 07 43.

Unterhaltung

Fado:

Parreirinha de Alfama, Beco do Espirito Santo 1, typischer *fado* und gutes Essen. Wie die meisten Lokale dieser Art nicht eben preiswert, ✆ 01-8 86 82 09.

Cabacinha, Largo do Limoeiro. Dieses kleine Lokal, das nur Fr–So öffnet, ist noch ›normaler‹ geblieben und richtet sich an Kenner und Verehrer des Fado.

Restaurante Típico Taverna De'l Rei, Largo Chafariz do Dentro 14, ✆ 01-8 87 67 54.

Cafés:

Á Brasileira, Rua Garrett 120. Lissabons bekanntestes Café – man sollte es besuchen! ✆ 01-3 46 95 41.

Versailles, Avenida da República 15 A, schönes, vielbesuchtes Jugendstilcafé, ✆ 01-3 54 63 40.

Fábrica dos Pasteis de Belém, Rua de Belém, ✆ 01-3 63 43 38.

Sehenswert: Biblioteca/Museu República e Resistência (›Republik und Widerstand‹), Est. de Benfica 419, Mo–Fr 10–18 Uhr, Sa 11–17 Uhr, So und an Feiertagen geschlossen.

Casa Fernanda Pessoa, Rua Coelho da Rocha 16–18, Mo–Sa 10–18 Uhr, So und an Feiertagen geschlossen.

Das Haus, in dem Pessoa die letzten 16 Jahre bis zu seinem Tode lebte, ist heute ein Haus der Poesie mit einem Ausstellungssaal und einer Bibliothek. Das Zimmer des Dichters wird regelmäßig von Künstlern neu gestaltet.

Centro de Arte Moderna, Rua Dr. Nicolau Bettencourt, Di–So 14–19.30 Uhr, Mo und an Feiertagen geschlossen. Ausstellungen moderner portugiesischer Kunst.

Centro Cultural de Belém, Praça do Império, tägl. 11–20 Uhr.

Museu Aquário Vasco da Gama, Rua Direita, Dafundo, tägl. 10–18 Uhr, Süßwasser- und Atlantikfauna, einbalsamierte Fische.

Museu Arpad Szenes – Vieira da Silva, Praça Jardim dos Amoreiras 58, Mo–Sa 12–20 Uhr, So 10–18 Uhr, Di und an Feiertagen geschlossen. Dieses neue Museum (1994) zeigt Bilder einer der bekanntesten portugiesischen Malerinnen und ihres Lebenspartners im schönen Ambiente einer ehemaligen Seidenfabrik.

Museu Arqueológico do Carmo, Largo do Carmo in der Carmo-Kirche, Mo–Sa 10–13, 14–17 Uhr, So und an Feiertagen geschlossen.

Museu de Arte Popular (Volkskunstmuseum), Avenida da Brasília, Di–So 10–12.30, 14–17 Uhr, Mo geschlossen. Die meisten Exponate stammen von der Ausstellung der portugiesischen Welt 1940: Volkskunst, Möbel, Kleidung, Webstühle, Keramik, Papier etc.

Museu de Arte Sacra (Museum für religiöse Kunst), Largo da Misericórdia, Di–So 10–17 Uhr, Mo und an Feiertagen geschlossen. Arbeiten aus Gold und anderen Edelmetallen, Gewänder und Gemälde mit Bezug zur Kirche São Roque, hauptsächlich italienische Kunst des 18. Jh.

Museu Calouste Gulbenkian, Avenida da Berna 45, Di–So 10–17 Uhr, Mo und an Feiertagen geschlossen. Die bedeutende Privatsammlung des einstmals reichsten Mannes der Erde umfaßt Malerei, Lalique-Schmuck, ägyptische Kunst, Skulpturen, Teppiche, Porzellan, Münzen und Möbel. Zu empfehlen wegen der besonderen Qualität der einzelnen Stücke und der Kollektion insgesamt.

Museu da Cidade (Stadtmuseum), Palácio Pimenta, Campo Grande 245, Di–So 10–13 und 14–18 Uhr, Mo und an Feiertagen geschlossen. Hier kann man sich anhand von Zeitdokumenten über die Geschichte der Stadt vor und nach dem Erdbeben von 1755 bis zur Gründung der Republik 1910 informieren.

Museu do Chiado, Rua Serpa Pinto 4, Di 14–18 Uhr, Mi–So 10–18 Uhr, Mo geschlossen. Zur Kulturhauptstadt 1994 nach 13 Jahren wiedereröffnet. Ein Besuch lohnt schon wegen der schönen Räumlichkeiten. Malerei und Skulpturen des 19. Jh., portugiesische Naturalisten.

Museu dos Coches (Kutschenmuseum), Praça Afonso Albuquerque, Di–So 10–17.30 Uhr, Mo geschlossen. Im alten Reitstall des Palácio de Belém befindet sich die weltweit oder zumindest doch in Europa bedeutendste Sammlung von Luxuskarossen vom 16. bis zum 19. Jh.

Museu da Marinha (Marinemuseum), Praça do Império, Di–So 10–17 Uhr, Mo und an Feiertagen geschlossen. Seekarten, Navigationsgeräte, zahlreiche Modelle aller Arten von Schiffen.

Museu da Marioneta (Marionettenmuseum), Largo Rodrigues de Freitas 19a (Eingang zum Schloß São Jorge), täg. 10–13, 14–19 Uhr. Marionetten aus allen Teilen der Erde, an den Wochenenden gibt es oftmals Vorstellungen.

Museu Militar de Lisboa, Largo Museu de Artilharia, Di–Sa 10–16 Uhr, So 11–17 Uhr, Mo und an Feiertagen geschlossen. Große Sammlung von Waffen, Schlachtplänen und Bilder portugiesischer Künstler des 19. Jh.

Museu da Música, Rua dos Soeiros, U-Bahn Alto dos Moinhos, Di–Sa 13.30–20 Uhr, So und Mo geschlossen. Große Sammlung von Musikinstrumenten mit akustischen Beispielen.

Museu Nacional de Arqueologia, Praça do Império (Jerónimo-Kloster), Di 14–18 Uhr, Mi–So 10–12 und 14–17 Uhr, Mo und an Feiertagen geschlossen.

Museu Nacional de Arte Antiga (Nationalmuseum), Rua das Janelas Verdes 9, Di 14–18 Uhr, Mi–So 10–18 Uhr, Mo geschlossen. Das Museum wurde 1884 eröffnet und aus Anlaß der Kulturhauptstadt 1994 renoviert und mit einem neuen Raum für Zeichnungen und Schmuck ausgestattet. Bedeutende Sammlung portugiesischer, deutscher und flämischer Malerei; portugiesische und ausländische Keramik; portugiesisch-indische Kunst; Teppiche. Wichtigstes portugiesisches Bild ist der Polyptychon vom Vinzenz-Altar (15. Jh.) von Nuno Gonçalves. Von den vertretenen deutschen Malern sind vor allem Dürer, Cranach und Holbein der Ältere zu erwähnen. Das wohl bekannteste Werk ist das Triptychon von Hieronymus Bosch »Die Versuchung des heiligen Antonius«. Bedeutend ist weiterhin die Glas- und Keramiksammlung, darunter Originale des Porzellans von Vista Alegre. Lohnend ist auch ein Besuch des Gartens mit seinem schönen Blick auf den Fluß.

Museu Nacional do Azulejo, Rua da Madre de Deus 4, Di 14–18 Uhr, Mi–So 10–18 Uhr, Mo geschlossen. Große Sammlung einheimischer und ausländischer Kacheln vom 15. Jh. bis heute.

Museu Nacional da Etnologia (Völkerkundemuseum), Avenida Ilha da Madeira, Di 14–18 Uhr, Mi–So 10–12.30 und 14–17 Uhr, Mo geschlossen. Die ethnographische Sammlung umfaßt vor allem Zeugnisse der Völker, mit denen die Portugiesen direkten Kontakt hatten.

Museu Nacional do Teatro, Palácio do Monteiro-Mor, Estrada do Lumiar 10, Di 14–18 Uhr, Mi–So 10–18 Uhr, Mo geschlossen.

Museu Nacional do Traje (Trachtenmuseum), Largo Júlio Castilho, Di–So 10–18 Uhr, Mo geschlossen.

Museu do Palácio Nacional da Ajuda, Largo da Ajuda, Do–Di 10–17 Uhr, Mi geschlossen.

Museu Rafael Bordalo Pinheiro, Campo Grande 382, Di–So 10–13 und 14–18 Uhr, Mo geschlossen. Das Museum ist dem Werk des portugiesischen Künstlers (1845–1905) gewidmet.

Einkaufen: Espaço Oikos, Rua Augusta Rosa 40. Von der Baixa aus den Straßenbahnschienen Richtung Schloß folgend, gelangt man zu dieser Galerie, die sich auf afrikanische Kunst spezialisiert hat. Mo–Sa 11–19.30 Uhr.

Aktivitäten: Fahrradtouren und **Kanuwanderungen** für ganz Portugal organisiert Actisporte, Rua Robalo Gouveia, ✆ 01-8 46 34 31.

Mafra

Information: Avenida 25 de Abril, ✆ 0 61-81 20 23.

Malveira da Serra

Einkaufen: An jedem Donnerstag findet ein bekannter und vielbesuchter **Wochenmarkt** statt, am 25. März der Jahrmarkt.

Manteigas

Restaurant: Pousada de São Lourenço, Penhas Douradas. Gutes Beispiel für die regionalen Kochkünste in den Pousadas, ✆ 0 75-98 24 50.

Marvão

Information: Rua Dr. Matos Magalhães, ✆ 0 45-9 32 26.

Unterkunft: Pousada Santa Maria, Rua 24 de Janeiro 7, herrlich gelegen mit Panoramablick, ✆ 0 45-9 32 01.

Mealhada

Restaurant: Pedro dos Leitões, an der Nationalstraße 1, hier ißt man *leitão* (Spanferkel), ✆ 0 31-2 20 62.

Mértola

Information: Largo Vasco da Gama, ✆ 0 86-6 25 73.

Unterkunft: Casa das Janelas Verdes, Rua Dr. Manuel Francisco Gomes 38, traditionelles Haus im alten Teil der Stadt, ✆ 0 86-6 21 45.

Aktivitäten: Auskunft über **Flußfahrten** erteilt das Tourismusbüro (s. o.).

Miranda do Douro

Information: Largo do Menino Jesus, ✆ 0 73-4 11 32.

Unterkunft: Pousada de Santa Catarina, zentral, über dem Stausee gelegen, ✆ 0 73-4 10 05.

Restaurant: O Mirandês, Rua Dom Dinis, preiswerte und gute regionale Küche, ✆ 0 73-4 14 18.

Mogadouro

Restaurant: A Lareira, Avenida Nossa Senhora do Caminho 58, ✆ 0 79-3 23 63.

Monção

Restaurant: Os Machados, Rua Dr. Luís Dias, hier serviert man auch *lampreia* (Neunauge), ✆ 0 51-65 28 58.

Monchique

Unterkunft: Estalagem Abrigo da Montanha, ✆ 0 82-9 21 31.

Óbidos

Information, Rua Direita, ✆ 0 62-95 92 31.

Unterkunft: Pousada do Castelo, neun Zimmer im Schloß, ✆ 0 62-95 91 05.

Sehenswert: Museu de Óbidos, Praça de Santa Maria. Bilder der Josefa de Óbidos und Werke ihres Vaters, Baltasar Gomes Figueira, des weiteren Skulpturen, Barockmöbel und Waffen, 10–12.30, 14–18 Uhr.
Museu José Malhoa, Di–So 10–12.30, 14–17 Uhr.

Olhão

Information, Rua Martins Mestre, ✆ 0 89-71 39 36.

Sehenswert: Museu Municipal, Largo Sebastião Martins Mestre, Regionalmuseum, Mo–Sa 14–18 Uhr.

Palmela

Information, Castelo de Palmela, ✆ 01-2 35 00 89.

Unterkunft: Pousada in der auf dem Berg gelegenen Burg, ✆ 01-2 35 12 26.

Peniche

Sehenswert: Museu Fortaleza, Di–So 10–12.30, 14–19 Uhr.

Ponte de Lima

Information, Praça da República, ✆ 0 58-94 23 35.

Unterkunft: In Ponte de Lima informieren zwei Einrichtungen über ländlichen Tourismus: **Turihab,** Praça da República, ✆ 0 58-74 28 27 und **Privetur** am Largo das Pereiras, ✆ 0 58-74 14 93.

Portalegre

Information, Estrada de Santana 25, ✆ 0 45-2 18 15.

Restaurant: Churrascaria Rollo, Avenida Pio XII. Lote 7. Bekannt für Gegrilltes, ✆ 0 45-2 56 46.

Sehenswert: Museu Municipal bei der Kathedrale, Mi–Mo 9.30–12.30, 14–18 Uhr.
Casa Museu José Régio, Di–So 9.30–12.30, 14–18 Uhr.

Portimão

Information, Largo 1° de Dezembro, ✆ 0 82-2 36 95.

Restaurant in Mexilhoeira Grande: **Adega Vilalisa,** Rua Francisco Bivar, ✆ 0 82-9 64 78.

Portinho da Arrábida

Restaurant: In dem kleinen Ort gibt es mehrere direkt am Meer gelegene Restaurants, in denen man gut und mit schönem Blick essen kann.

Porto

Information: Rua Clube dos Fenianos 25, ✆ 02-32 33 03.

Flughafen (Ankunft/Abflug), Aeroporto de Sá Carneiro, ✆ 02-9 41 32 60.

Autovermietung: Flughafen, Alamo ✆ 02-9 41 59 39 und Europcar ✆ 02-31 77 37.

Unterkunft: Hotel Boavista, Esplanada do Castelo 58. Im Stadtteil Foz gelegen, da wo der Douro in den Atlantik mündet, ✆ 02-6 18 31 75.

Restaurant: Dom Tonho, Cais da Ribeira 13, ✆ 02-2 00 43 07.
Tripeiro, Rua Passos Manuel 195. Wie schon der Name verrät, Portuenser Küche, ✆ 02-2 00 58 86.
Casa de Chá, Boa Nova, Leça de Palmeira. Frühwerk von Siza Vieira, Portugals Stararchitekt, mit schönem Meerblick, ✆ 02-9 95 21 28.
O Macedo, Rua do Passeio Alegre 552. Kleines Fischrestaurant in Foz, ✆ 02-6 17 01 66.

Sehenswert: Museu de Soares dos Reis, Rua de Dom Manuel II. Di–So 10–12.30, 14–17.30 Uhr.
Museu Romântico, Rua de Entre-Quintas 220. Das Museum zeigt die Inneneinrichtung eines Landhauses Portuenser Bürger. Di–Sa 10–12, 14–17 Uhr, So 14–18 Uhr.
Fundação de Serralves, Rua de Serralves 977, Di–So 14–20 Uhr.

Einkaufen: Mercado do Bolhão in der Rua de Sá de Bandeira, sehenswerter Wochenmarkt.

Queluz

Restaurant: Die **Conzinha Velha** im Palácio Nacional, ✆ 01-4 35 00 39.

Sagres

Unterkunft: Pousada do Infante, ✆ 0 82-6 42 22.

Santarém

Information: Rua Capelo e Ivens, ✆ 0 43-39 15 12.

Restaurant: Adiafa, Campo da Feira, ✆ 0 43-2 40 86.

Sesimbra

Information, Largo da Marinha 26, ✆ 01-2 23 57 43.

Unterkunft: Hotel do Mar, Rua General Humberto Delgado 10, mittelgroßes Hotel (160 Zimmer) mit Schwimmbad und Tennisplatz, ✆ 01-2 23 33 26.

Restaurant: Ribamar, Avenida dos Náufragos 29, ✆ 01-2 23 48 53.

Pedra Alta, Largo Bombaldes 13, ✆ 01-2 23 17 91.

Setúbal

Information: Travessa de Frei Gaspar 10, ✆ 0 65-52 42 84.

Unterkunft: Pousada de São Filipe, Castelo de São Filipe, ✆ 0 65-52 38 44.

Albergaria Solaris, Praça Marquês de Pombal 12, ✆ 0 65-52 21 89.

Sehenswert: Stadtmuseum, Praça Miguel Bombarda, Malerei seit dem 15. Jh., Skulpturen und Schmuck, Di–So 9–12, 14–18 Uhr.

Einkaufen: Mercado do Livramento in der Avenida Luísa Todi wegen der großen Vielfalt des Angebots in dem Art-déco-Gebäude.

Silves

Information: Rua 25 de Abril, ✆ 0 82-44 22 55.

Restaurant: Marisqueira Rui, Rua Comendador Vilarinho 25, ✆ 0 82-44 26 82.

Sehenswert: Museu Municipal de Arqueologia, Rua das Portas de Loulé, 10–17 Uhr, an Feiertagen geschlossen.

Sines

Information: Jardim das Descobertas, ✆ 0 69-63 44 72.

Sintra

Information: Praça da República 3, ✆ 01-9 23 11 57.

Unterkunft: Hotel Palácio Seteais, Rua Barbosa du Bocage 8. Herrliches, wunderbar gelegenes Fünf-Sterne-Hotel mit guten Sportmöglichkeiten – Tennis, Schwimmen, Reiten. Teuer, aber eines der schönsten Hotels des Landes, ✆ 01-9 23 32 00.

Quinta da Capela, Estrada de Monserrate, aus dem 18. Jh., von März bis Oktober geöffnet, ✆ 01-9 29 01 70.

Restaurant: Viele der Restaurants sind entweder wegen der Touristen oder, wie im Hotel Seteais, wegen der gebotenen Qualität recht teuer. Annehmbar sind:

O Apeadeiro, Rua Dr. Miguel Bombarda 3 A (am Bahnhof), ✆ 01-9 23 18 04.

Toca do Javali, Rua 1° de Dezembro 18, ✆ 01-9 23 35 03.

Tavira

Information: Rua da Galeria 9, ✆ 0 81-2 25 11.

Unterkunft: Convento de Santo António, Atalaia 56, ehemaliges Kloster, Meerblick und Schwimmbad, ✆ 0 81-32 56 32.

Quinta do Caracol, São Pedro, Landhaus aus dem 17. Jh., Tennis und Schwimmbad, ✆ 0 81-2 24 75.

Tomar

Information: Avenida Cándido Madureira, ✆ 0 49-32 26 01.

Unterkunft: Estalagem de Santa Iria, Parque de Mouchão, schön im Park in der Altstadt gelegen, ✆ 0 49-31 33 26.
Quinta da São Pedro. In São Pedro, 5 km vom Staudamm entfernt gelegenes Landhaus mit sieben Zimmern, ✆ 0 49-38 23 33.

Restaurant: Chico Elias, Algarvias 70, ✆ 0 49-31 10 67. Vorbestellung erforderlich!

Valença do Minho

Unterkunft: Pousada de São Teotónio, in der Festung gelegen, ✆ 0 51-82 43 97.

Viana do Castelo

Information: Praça da Erva, ✆ 0 58-82 26 20.

Unterkunft: Pousada de Santa Luzia, Monte de Santa Luzia, herrlicher Panoramablick vom Berg über die Stadt, ✆ 0 58-82 88 89.
Antiga Casa dos Costa Barros, Rua de São Pedro 22, zehn Zimmer im Zentrum der Altstadt, ✆ 0 58-82 37 05.

Restaurant: Cozinha das Malheiras, Rua Gago Coutinho 19, ✆ 0 58-82 36 80.

Sehenswert: Museu Municipal, Largo de São Domingos, große Fayencen-Sammlung, Di–So 9.30–12, 14–17 Uhr.

Vidago

Unterkunft: Vidago Palace Hotel, Parque das Termas, ✆ 0 76-9 73 56.

Vila do Bispo

Restaurant: Café Correia, Rua 1° de Maio 4, ✆ 0 82-6 61 27.

Vila Nova de Milfontes

Unterkunft: Moinho da Asneira, geschmackvoll gestaltete Ferienhäuser am Flußufer, ✆ 0 83-9 61 82.

Vila Real

Information: Avenida Carvalho Araújo 94. ✆ 0 59-32 28 19.

Restaurant: Espadeiro, Avenida Almeida Lucena, regionale Küche im ersten Stock, ✆ 0 59-32 23 02.

Sehenswert: Das **Museu dos Presuntos,** Avenida Cidade de Ourense 43, hat sich – wie der Name schon sagt – ganz dem Schinken verschrieben, ✆ 0 59-32 60 17.

In Mateus: **Museum des Palastes,** Di–So 10–12.30, 14–17.30 Uhr.

Vila Viçosa

Information: Praça da República, ✆ 0 68-9 83 05.

Viseu

Information: Avenida Gulbenkian, ✆ 0 32-42 20 14.

Restaurant: O Cortiço, Rua Augusto Hilário 45, regionale Küche im Familienbetrieb, ✆ 0 32-42 38 53.

Sehenswert: Das **Museu Grão-Vasco** im ehemaligen Bischofspalast, Di–So 9.30–12.30, 14–17.30 Uhr.

Reiseinformationen von A bis Z

Aktivitäten

Durch seine unterschiedlichen Landschaften bietet Portugal fast alle Sportmöglichkeiten. Golf wird vor allem an der Algarve gespielt, Wassersport wird in allen Varianten angeboten, ebenso gibt es im Alentjo und an der Algarve viele Reitmöglichkeiten, über die die lokalen Touristenbüros informieren.

Wanderer hatten es bis vor kurzer Zeit noch schwer, viele Wege sind privat und dadurch nicht zugänglich. In der Serra de Sintra in Buçaco oder im Gerês aber kann man recht ordentliche Strecken zurücklegen; Karten bieten die örtlichen Touristenbüros an.

Anreise

Im Europa ohne Grenzen ist die Anreise mit dem **Auto** kein Problem, die Autobahngebühren in Frankreich und Spanien sind jedoch recht hoch. Außerdem ist auf den Ferienbeginn in Frankreich zu achten, dann fahren viele dort lebende Portugiesen in ihre Heimat, und Anfang und Ende August muß mit beträchtlichen Staus und zahlreichen Unfällen gerechnet werden.

Mit der **Bahn** dauert es gut anderthalb Tage; zu empfehlen ist das nur bei ausreichend Zeit und Ermäßigungen wie z. B. Interrail.

Mit dem **Flugzeug** geht es am schnellsten, knapp drei Stunden dauert der Flug von Frankfurt oder Düsseldorf. Für Einzelpersonen ist dieser Weg oft günstiger als mit Auto oder Bahn. Angeflogen werden Porto, Lissabon und vor allem Faro.

Apotheken

Normalerweise sind sie von 9–13 und von 15–19 Uhr geöffnet, samstags von 9–13 Uhr. Die Apotheken, die am Wochenende Notdienst haben, werden immer auf einem Anschlag im Schaufenster bekanntgegeben. Der Unterschied zu deutschen Apotheken besteht vor allem darin, daß wesentlich mehr Medikamente rezeptfrei zu erhalten sind.

Autofahren

Notwendig sind der Führerschein sowie eine internationale Versicherungskarte. Die Alkoholgrenze liegt bei 0,5 Promille. Autobahnen sind gebührenpflichtig, die Höchstgeschwindigkeit ist 120 km, auf Landstraßen 90 km und in Städten 60 km.

Der Verkehr in Portugal ist extrem gefährlich, prozentual mehr Tote gab es 1996 nur noch in Südkorea! In den Sommermonaten erhöht sich der Verkehr noch und damit auch die Anzahl der Unfälle. Äußerste Vorsicht und bewußt defensives Fahrverhalten sind besonders wichtig.

Im Falle einer **Panne** kann man sich an den portugiesischen Automobilclub wenden: Lissabon ✆ 01-9 42 50 95, Porto ✆ 02-8 30 11 27.

Werkstätten *(oficina)* haben in der Regel von 8.30–13 und 14.30–18 Uhr geöffnet, an Wochenenden geschlossen.

In Portugal bekommt man bleifreies **Benzin** *(sem chumbo)* mit 95 oder 98 Oktan, Super und Diesel *(gasôleo)*. Preisunterschiede gibt es auch auf Autobahnen (noch) nicht. Der Preis für einen Liter Diesel beträgt ca. 1,10 DM, für bleifreies Benzin 1,65 DM.

Diplomatische Vertretungen

Botschaft der Bundesrepublik Deutschland
Campo dos Mártires da Pátria 38
1100 Lissabon
✆ 01-8 81 02 10

Konsulat der Bundesrepbulik Deutschland
Avenida da Boavista 5004
4150 Porto
✆ 02-6 10 23 36

Einkaufen

Die Geschäfte in Portugal sind von 9–13 und von 15–19 Uhr geöffnet, samstags bis 13 Uhr. Kleine Lebensmittelläden haben oft noch zwei, drei Stunden länger auf. Die großen Einkaufszentren *(Centro comercial)* öffnen um 10 Uhr und sind bis 23 Uhr geöffnet. Sie schließen nur an zwei Tagen im Jahr, am 25. Dezember und am 1. Mai, auch sonntags sind sie geöffnet.

Essen

Das Genörgel über das Essen in Portugal hat Tradition und ist gelegentlich auch literarisch bezeugt – sehr zu Unrecht! Die portugiesische Küche ist eine Volksküche, bisher aber kaum verfeinert. Nationalgericht ist *bacalhau*, getrockneter Kabeljau, der vor allem vor Kanada und Norwegen gefangen wird. Das ehemalige Armeleuteessen wird auf angeblich 1000 verschiedene Arten zubereitet.

Traditionell aß man vor oder nach dem Essen Suppe, so daß das Hauptgericht ohne Gemüse auskam. Einen Salat muß man oft extra bestellen. Am besten ißt man Meeresfrüchte und frischen Fisch, der gegrillt, nur mit grobem Salz und Zitrone gewürzt, hervorragend schmeckt. Vor allem im Norden, wo das Essen deftiger ist, gibt es im Ofen zubereitete Gerichte mit Lamm- oder Rindfleisch. Alles was einfach ist und im Land selbst angebaut wird, ist meist ausgezeichnet. Dasselbe gilt für die Weine.

Portugiesische Speisenkarte

Ementa	**Speisenkarte**
SOPAS	SUPPEN
Caldo Verde	Kohlsuppe
ENTRADAS	VORSPEISEN
Tapas	Schinken, Käse, Oliven
Melão com presunto	Melone mit Schinken
Chouriço assado	Gegrillte Wurst
Salada de polvo	Tintenfischsalat
PRATOS DO DIA	TAGESGERICHTE
Sardinhas assadas	Gegrillte Sardinen
Bacalhau à Gomes de Sá	Kabeljau im Ofen mit geschichteten Kartoffeln und Zwiebeln
Ensopado de borrego	Lamm mit Brot
Entrecosto na brasa	Gegrillter Rippenspeer
CARNES	FLEISCHGERICHTE
Febras de porco grelhadas	Gegrilltes mageres Schweinefleisch
Carne de porco à alentejana	Schweinefleisch mit Muscheln
Frango no churrasco	Hähnchen
Cozida à portuguesa	Portugiesische Schlachtplatte
Iscas de cebolada	Leber mit Zwiebeln
Alheira	Wurst aus Geflügel und Brot
PEIXES	FISCH
Pescada cozida	Gekochter Schellfisch
Cherne grelhado	Gegrillter Silberbarsch
Linguado grelhado	Gegrillte Seezunge
Robalo grelhado/cozido	Seebarsch gegrillt/gekocht
Garoupa grelhada/cozida	Barsch gegrillt/gekocht
Arroz de tamboril com gambas	Seeteufelreis mit Garnelen
MARISCOS	MEERESFRÜCHTE
Arroz de marisco	Reis mit Meeresfrüchten
Ameijôas à Bulhão Pato	Muscheln in würziger Soße
Percebes	Muschelart (meist kalt serviert)
Gambas	Garnelen
Sapateira	Taschenkrebs

SOBREMESAS	DESSERT
Arroz doce	Milchreis
Leite creme	Karamelisierter Vanillepudding
Doce da Avó	Kekse, Sahne, Mousse
Bolo de Bolacha	Kekskuchen mit Buttercreme
Tarte de amêndoa	Mandelkuchen

FRUTA	OBST
Salada de Fruta	Obstsalat
Maçã assada	Bratapfel (oft kalt serviert)
Laranja	Orange
Morangos com chantilly	Erdbeeren mit Schlagsahne
Uvas	Weintrauben

Kaffee

Die verschiedenen Kaffeesorten, die in den zahlreichen Cafés angeboten werden, sind eine Wissenschaft für sich. Ein kleiner Überblick:

Bica (in Porto: Cimbalino)	Espresso
Bica pingada	Espresso mit wenig Milch
Italiana	kleiner, starker Espresso
Garoto	Espresso mit Milch
Carioca	schwacher Espresso
Bica cheia	volle Tasse Espresso
Bica em chávena escaldada	Espresso in vorgewärmter Tasse
Bica com cheirinho	Espresso mit Schnaps
Meia de leite	Milchkaffee
Galão	Milchkaffee im Glas

Feiertage und Feste

Neben den normalen katholischen Feiertagen hat Portugal **vier Nationalfeiertage:** 25. April – Sturz der Diktatur, 10. Juni – Camões-Tag, 5. Oktober – Tag der Republik, 1. Dezember – Befreiung von der spanischen Herrschaft.

Zu Weihnachten ist nur der 25. Dezember Feiertag. Außerdem hat jede Stadt und jeder Ort einen Heiligen, den es zu feiern gilt.

Anders als in Brasilien ist der Karneval in Portugal recht gemäßigt. **Loulé** in der Algarve ist für seinen Umzug bekannt, auch in **Nazaré** wird gefeiert.

In **Porto** und vor allem in **Coimbra** ist die Queima das Fitas Anfang Mai das wichtigste studentische Fest. Dabei werden von den Absolventen farbige Bänder, die die verschiedenen Fakultäten anzeigen, verbrannt. Mit viel Musik und Wein wird die ganze Nacht gefeiert.

Als religiöses Fest ist an jedem 13. des Monats **Fátima** Wallfahrtsort. Wichtigste Tage sind der 13. Mai und der 13. Oktober.

Vom 14.–29. Juni wird in **Lissabon** das Stadtfest zu Ehren des heiligen Antonius gefeiert. Vor allem in der Alfama und im Bairro Alto gibt es Tänze, Sardinen und Rotwein.

Porto feiert seinen São João in der Nacht vom 23. auf den 24. Juni. Mit Plastikhämmern bewaffnet ziehen etwa zwei Millionen Menschen gemütlich durch die Stadt und klopfen sich freundlich auf die Köpfe; es soll Glück bringen!

Fernsehen

Das portugiesische Fernsehen hat zwei staatliche Sender, RTP 1/RTP 2, und zwei private, SIC und TVI. Die meisten der großen Hotels verfügen aber inzwischen über Parabolantennen oder Kabelanschluß. Deutsche Programme sind zwar über Kabel kaum zu bekommen, die meisten Filme werden aber in der Originalsprache mit portugiesischen Untertiteln ausgestrahlt.

Geld

Landeswährung ist der Escudo. 1997 bekam man für 100 Escudos etwa 1,– DM.

Die **Banken** sind normalerweise von 8.30–15 Uhr geöffnet, Geld kann man in allen Geldinstituten tauschen, ein Schild mit der Aufschrift *Cambio* weist darauf hin. Außerdem kann man an Geldwechselautomaten tauschen. Am praktischsten ist allerdings die EC-Karte, mit der man am Automaten bis zu 40 000 Esc., etwa 400,– DM, abheben kann. Die meisten Restaurants und Geschäfte akzeptieren inzwischen Scheckkarten.

Haustiere

Mit einem gültigen Impfausweis können Hunde und Katzen mitgenommen werden. Wenn inzwischen auch viele Hotels und Pensionen keine Einwände gegen die Vierbeiner haben, dürfen sie in Restaurants und Cafés jedoch nicht hinein.

Kleidung

In Kirchen und Museen ist dezente Kleidung erwünscht. Ansonsten gilt prinzipiell, daß der Norden konservativer ist als der Süden. Sieht man in der Algarve auch viele Portugiesen mit freiem Oberkörper in Restaurants sitzen, ist es doch in den meisten Lokalen des Landes weder erwünscht noch gestattet.

Notruf

Polizei oder Feuerwehr haben die Nummer 1 15 in ganz Portugal.

Post

Normalerweise sind die *Correios* während der Woche von 8.30–18 Uhr geöffnet und am Wochenende geschlossen. Sa und So haben die Hauptpost an der Praça dos Restauradores und am Flughafen in Lissabon und in Porto an der Avenida dos Aliados geöffnet.

Pousadas ...

sind staatliche Hotels der gehobenen Klasse, die es im ganzen Land und fast immer in ausgezeichneter Lage gibt. Oft sind sie in alten Klöstern oder Burgen untergebracht. Sie sind normalerweise im Stil der jeweiligen Region ausgestattet und verfügen über eine sehr gute Küche. Für Informationen und Reservierungen: ENATUR, Avenida Santa Joana Princesa 10, 1700 Lissabon, ✆ 01-8 48 12 21 und 8 48 46 02, Fax 01-8 48 43 49.

Reisen in Portugal

Mit dem **Auto** kann das Land dank der vielen neuen Straßen relativ schnell bereist werden. Der Nachteil ist, daß viel Sehenswertes nicht mehr wahrgenommen wird.

Die **Bahnverbindungen** von Lissabon in den Norden sind gut und preiswert. In entlegenere Orte kommt man allerdings besser mit dem **Bus**, da Anschlußzüge oft lange Wartezeiten bedeuten. Auf die Regionalzüge sollte man verzichten, wenn man nicht sehr viel Zeit hat. Am schnellsten sind *Alfa* und *Inter-Cidades*.

Ebenfalls preiswert sind Busreisen, Lissabon–Porto kostet etwa 21,– DM, allein die Autobahngebühr auf dieser Strecke beträgt 27,– DM. Busse nach Porto und an die Algarve fahren in Lissabon am Campo de Cebolas ab, von Porto aus am Torre dos Clérigos. Die Busunternehmen sind privat; Qualität der Busse recht unterschiedlich.

Seit einigen Jahren hat sich in Portugal ein **ländlicher Tourismus** entwikkelt, der *Turismo em Espaço Rural*. Schön gestaltete Landhäuser stehen einer kleinen Anzahl von Gästen zur Verfügung. Für Reisende, die Erholung und Ruhe suchen, eine gute Alternative zu Großhotels. Alle zu dieser Form des Tourismus gehörenden Einrichtungen sind in einem Katalog zusammengefaßt, den man bei den lokalen Tourismusbüros oder über die Direcção Geral de Turismo in Lissabon kaufen kann. Avenida António A. Aguiar 86, 1050 Lissabon, ✆ 01-3 57 50 86.

Sicherheit

Portugal ist noch immer ein vergleichsweise sicheres Reiseland. Dennoch gilt: Wo Touristen sind, da wird auch geklaut! Von Süden nach Norden nimmt die Kriminalität deshalb auch deutlich ab. Vor allem in den Sommermonaten sollte man darauf achten, keine Radios im Auto zu lassen und auch keine Bade- oder sonstige Taschen, denn die Diebe wissen ja nicht, ob etwas Wertvolles darin versteckt ist.

In Lissabon sind in den vermehrt von Touristen benutzten Transportmitteln Taschendiebe mit schier unglaublichem Geschick am Werke, Hand- und Brieftaschen sollte man im Auge behalten. Trostreich ist bei alledem, daß körperliche Angriffe selten sind.

Sprache

Portugiesisch gehört zu den romanischen Sprachen. Zur gleichen Zeit entstanden wie das Kastilische, hat es sich zu einer eigenen Sprache entwickelt, die zur Zeit von 137 Millionen Menschen in Portugal, Teilen von Afrika, Asien und Südamerika gesprochen wird. Außer in Portugal ist es offizielle Sprache in den ehemaligen Kolonien Mozambique, Angola, Guinea-Bissau, Kapverdische Inseln, São Tomé e Príncipe und in Brasilien. Diese sieben Länder haben sich im Juli 1996 nach mehreren gescheiterten Versuchen zu einer Gemeinschaft zusammengeschlossen.

Anders als das mit offenen Vokalen gesprochene Portugiesisch in Brasilien wird es in Portugal selbst nasal und weniger akzentuiert gesprochen. Wer des Spanischen mächtig ist, kann Zeitung lesen, hat aber anfangs gewiß Probleme, gesprochene Sprache zu verstehen.

Vor allem ältere, gebildete Portugiesen sprechen Französisch, aber bei den Jugendlichen wird Englisch – auch bedingt durch den Schulunterricht – immer populärer. In den Ferienzentren der Algarve wird der Reisende keine Probleme haben, dort wird meistens auch Deutsch gesprochen, in den Bars von Lagos oder Albufeira müssen selbst Portugiesen schon auf Fremdsprachen zurückgreifen – die Angestellten dort kommen oftmals aus dem Ausland.

Im Landesinneren und im Norden muß man sich gerade bei den Älteren mit Zeichensprache behelfen; dank großer Hilfsbereitschaft der Portugiesen stellt einen auch das kaum vor Probleme. Besonders in den Sommermonaten trifft man auch auf Arbeitsmigranten, die Deutsch oder Französisch sprechen.

Ein wenig Reiseportugiesisch

ja	sim
nein	não
danke	obrigado (Frauen: obrigada)
bitte	por favor, se faz favor
ich möchte	eu quero, höflicher: queria
guten Morgen	bom dia
ab mittags	boa tarde
am späten Abend	boa noite
auf Wiedersehen	adeus (bom dia, boa tarde, boa noite)
bis morgen	até amanhã
Entschuldigung	desculpe, perdão
Deutschland	Alemanha
Strand	praia
Meer	mar
Zeitungen	jornais
Bücher	livros
Polizei	polícia
das Postamt	o correio
Ich möchte anrufen	quero telefonar
Postkarte	bilhete postal
Brief	a carta
Briefmarke	o selo
darf ich…, gestatten Sie	com licença (wichtig: wird immer benutzt, wenn man an einer Person vorbeigehen möchte. Oft stehen Leute mitten auf der Straße und unterhalten sich, alle anderen müssen ausweichen oder sich mit einem gemurmelten *com licença* vorbeidrängen)

Hotel

Zimmer zu vermieten	quartos a alugar
Doppelzimmer	quarto duplo
Haben Sie Zimmer frei?	Tem quartos livres?
Garage	garagem
Wie teuer ist es?	Qual é o preço?
Frühstück	pequeno almoço

Krankheit

Arzt	médico
Krankenhaus	hospital
Fieber	febre
Kopfschmerzen (Hals-, Bauch-)	dores de cabeça (garganta, estômago)
Durchfall	diarreia
Pflaster	adesivos
Watte	algodão

Telefonieren

Ins Ausland kann man von den Postämtern oder von Telefonzellen aus telefonieren. Letztere funktionieren allerdings mit Karten, die man auf der Post, in Zeitungs- und Tabakgeschäften kaufen kann. Die meisten Cafés haben auch ein Telefon, verlangen allerdings mehr Geld.

Vorwahl nach Deutschland ist 00 49, nach Österreich 00 43 und in die Schweiz 00 41.

Trinkgeld

Bei allen Getränken und Speisen ist wie in Deutschland immer schon ein Trinkgeld im Preis enthalten, aber dennoch sollte man noch zusätzlich etwas geben. Bei einem einfachen Mittagessen rundet man oft die Summe einfach auf oder läßt ein paar Münzen liegen. Bei einem festlicheren Anlaß darf es etwas mehr sein. In Taxis und bei Reiseführern ist ebenfalls ein Trinkgeld üblich.

Uhrzeit

Unter der Regierung Cavaco Silva wollte Portugal sich bei der EU auch durch die Angleichung der Zeit als europäisches Musterland ausweisen. Die Bevölkerung war aber mit der neuen Regelung, die die Kinder im Dunkeln zur Schule gehen ließ, dafür aber Strandaufenthalte bis 22 Uhr erlaubte, nicht zufrieden. Die sozialistische Regierung führte deshalb 1996 wieder die übliche Zeit ein, d. h. Portugal hat wie England die westeuropäische Zeit, **es ist eine Stunde früher als in Deutschland**.

Zeitungen

Internationale Zeitungen und Zeitschriften sind in den Großstädten ganzjährig zu erhalten. In Lissabon gibt es außer am Flughafen an der Praça dos Restauradores verschiedene Geschäfte, die deutsche Zeitungen anbieten, außerdem gibt es dort ein internationales Pressezentrum. Auch das Einkaufszentrum Amoreiras sowie die großen Hotels bieten ausländische Zeitungen an. Meistens bekommt man schon am Nachmittag die Zeitung vom Tage.

An der Algarve gibt es vor allem in den Sommermonaten an vielen Kiosken deutsche Zeitungen und Magazine.

Kleines Glossar

Azulejos	Fliesen für Boden oder Wände, weißblau oder farbig, von den Arabern übernommen
Basilika	Kirchenbau mit erhöhtem Mittelschiff
Capela-mor	Hauptkapelle
Castelo	Burg, Schloß
Chafariz	Brunnen
Convento	Kloster
Igreja	Kirche
Igreja Matriz	Hauptkirche
Largo	kleiner öffentlicher Platz
Miradouro	Aussichtspunkt
Mosteiro	Kloster(kirche)
Paço	Palast
Padrão	Gedenksäule, -stein
Palácio	Palast
Pelourinho	Schandpfahl oder Pranger
Praça	Platz
Quinta	Landgut
Sé	Kathedrale
Solar	Landhaus
Talha Dourada	vergoldetes Schnitzwerk

Literaturtips

Zu Portugal allgemein:
Gudrun und Alexander Decker, Portugal. München: Beck, 1992.

Literatur:
Das Werk von Fernando Pessoa erscheint im Zürcher Ammann Verlag und wird vom S. Fischer Verlag (Taschenbücher) nachgedruckt. Besonders zu empfehlen:

Fernando Pessoa: Das Buch der Unruhe: Zürich: Ammann Verlag, 1985.
Fernando Pessoa, Álvaro de Campos. Gedichte. Zürich: Ammann Verlag, 1987.
José Saramago, Hoffnung im Alentejo. Reinbek bei Hamburg, 1987.
José Saramago, Das Memorial. Reinbek bei Hamburg, 1986.

Ganz besonders um die portugiesische Literatur verdient gemacht hat sich in Deutschland der Freiburger Verlag Beck & Glückler.

Curt Meyer-Clason, Dieter Offenhäußer (Hrsg.): Portugiesische Erzählungen des zwanzigsten Jahrhunderts. Freiburg: Beck & Glückler Verlag, 1988.

Einen Eindruck des ländlichen Portugal vermittelt das Werk von Miguel Torga.

Miguel Torga, Tiere. Freiburg: Beck & Glückler Verlag, 1989.
ders., Neue Erzählungen aus dem Gebirge. Freiburg: Beck & Glückler Verlag, 1990.
ders., Die Erschaffung der Welt. Freiburg: Beck & Glückler Verlag, 1991.

Literaturnachweis

Hans Magnus Enzensberger, Ach Europa! © Suhrkamp Verlag Frankfurt am Main 1987, S. 184, 188 (S. 54/55).

Curt Meyer-Clason, Portugiesische Tagebücher. Königstein: Athenäum Verlag 1979, S. 79 (S. 56/57).

Fernando Pessoa, Das Buch der Unruhe © 6. Auflage 1994, Ammann Verlag & Co. Zürich (S. 204)

Abbildungsnachweis

Aldo Acquadro / LOOK, München
S. 33, 170, 188, 191

action press, Hamburg
S. 39, 181

Archiv für Kunst und Geschichte, Berlin
S. 31

Gerd Hammer, Lissabon
S. 26, 68, 80, 152

Gerald Penzl, Köln
S. 5 u., 9, 11, 12, 17, 49, 63, 77, 95, 98, 113, 119, 126, 131, 162, 182

Ulli Seer / LOOK, München
S. 90, 100, 105

Dietmar Spengler, Köln, Rückseite und S. 2 u., 6 o., 24, 44, 110, 139, 142, 167

Ullstein, Berlin
S. 37, 41, 205

Alle übrigen Abbildungen stammen von Karl-Heinz Raach / LOOK, München.

Kartographie:
Berndtson & Berndtson Productions GmbH © DuMont Buchverlag

Register

Ortsregister

Personen- und Sachregister

Titelbild: Am Meer bei Aveiro
Umschlaginnenklappe: Dorfszene in der Serra da Estrela
Umschlagrückseite: Fischersfrau

Über den Autor: Dr. Gerd Hammer, geb. 1959, lebt seit fünf Jahren in Portugal und arbeitet als Lektor für Deutsch an der Universität Lissabon. Daneben ist er freier Mitarbeiter bei Hörfunk und Zeitungen.

Fremde Kulturen kennenlernen und gastfreundlichen Menschen begegnen – wie sehr genießen wir das auf Reisen. Zu Hause bei uns jedoch wird mancher Ausländer von einer kleinen Minderheit beschimpft, bedroht und sogar mißhandelt. Alle, die in fremden Ländern Gastrecht genossen haben, tragen hier besondere Verantwortung. Deshalb: Lassen Sie uns gemeinsam für die Würde des Menschen einstehen.

Verlagsleitung und Mitarbeiter des DuMont Buchverlages

Die Deutsche Bibliothek – CIP-Einheitsaufnahme

Hammer, Gerd
Portugal / Gerd Hammer – Köln:
DuMont, 1997
(Richtig Reisen)
ISBN 3-7701-3645-4

Satz und Druck: Rasch, Bramsche
Buchbinderische Verarbeitung: Bramscher Buchbinder Betriebe

Printed in Germany ISBN 3-7701-3645-4